朱熹与怀特海哲学比较研究

王锟◎著

上海三联书店

序

【美】小约翰·柯布（John B. Cobb, Jr.）

（当代著名过程哲学家，美国人文与科学院院士）

记得几年前，读王教授的《怀特海与中国哲学的第一次握手》一书，我得知：在上世纪，中国人与怀特海的第一次相遇，他们的反应通常比美国人更深刻；怀特海思想与中国思想相契性的说法，绝非空穴来风，是证据确凿的。今天，当我读到王教授的新作——《朱熹与怀特海哲学比较研究》时，这种感受就更为强烈。其实，怀特海哲学研究经过几十年的发展，熟悉中国哲学的西方人士注意到朱熹思想和怀特海思想很相似。王教授也详细论证了确实如此，但他给人的总体印象是：怀特海与朱熹二者在细节上是互补而不是相同，朱熹关注人、道德和精神，而怀特海在这些方面都不及朱熹。其实，怀特海确实涉猎了这些方面，并且认同怀特海的哲学家和神学家们使得这些方面都以不同的形式得到了发展。但差异性至关重要，怀特海的宗教著作强调我们忠于什么或忠于谁，他谈到的忠诚并非是朱熹提出的那种忠诚。虽然二者并不相互矛盾，但王教授表明，怀特海几乎没有回答朱熹及其同时代的中国人所最感兴趣的问题。

显然，怀特海和他的著作都极其关注基于人文主义的科学世界观。以同样支撑人文主义的不同哲学设想为基础去重新思考科学是他的伟大成就，但这在朱熹的时代可能没有立足之地。

今天，中国已经吸收了西方的科学文化，并且至少在某种程度上，西方科学文化所蕴含的常识性的世界观及其反人文主义的内涵也给中国带来了一丝紧张和一些问题。使中国人接受怀特海的独特科学世界观也可以加强和巩固中国传统智慧的长久关联性。王教授表明，在最重要的问题上，怀特海并未与这一智慧相反，他的确支持朱熹的宇宙论。

朱熹和孔子为西方提供了许多关于如何思考与如何生活的智慧。相比于西方传统中对上帝或整个世界的忠诚，如今的许多西方人对中国古典哲学中讨论的问题更感兴趣，但他们所提出的见解往往缺乏朱熹的深度和智慧。希望朱熹的思想能够在西方越来越具普及性和影响力。

还有，我在《怀特海与中国哲学的第一次握手》的序文中曾说过：现代中国人面临着自己伟大传统智慧的再发现问题，而怀特海的思想能帮助和推进中国发现传统智慧。毋庸置疑，朱熹哲学是中国伟大传统智慧的杰出代表，把朱熹与怀特海二人置于平等的地位进行比较对话，这对于再发现和推进中国传统智慧非常重要。

最后得指出，在我接触的中国学者中，王教授既能对自己的传统智慧欣赏理解，又能对怀特海思想欣赏理解。在他有关怀特海与中国哲学专题的另一新书出版之际，我很高兴写下几句话。感谢王教授让我们看见并理解了朱熹与怀特海之间的深刻差异，同时也认识到了他们之间的相似和互补之处。

再一次谢谢你的出色工作，王锟教授。

目 录

下 篇

导论 朱熹与怀特海哲学比较何以可能

为了便于读者尽快了解本书，故打破书写常规，把该书的主要内容观点和旨趣以提要的形式概括出来并置于导论卷首，兹把“内容提要”述之如下并以特别字体呈现。

方东美说过，如果把怀特海所讲的有机主义（organism）拿来同中国华严宗的哲学，作一本体论上的比较、方法学上的比较、概念的比较、思想范畴的比较，那么你将会在哲学上异常崭露头角，给人们以深刻的印象。他的这一观点，同样适用于怀特海与朱熹哲学的比较。本书对中西两大哲学家朱熹与怀特海进行比较研究，以探寻二人在有机主义和过程哲学上的“家族相似性”，并分析各自特色和差异。本书导论部分，是从中西比较视野中的朱熹以及怀特海与中国哲学的因缘际遇两方面，来回应朱熹与怀特海哲学比较何以可能的问题。本书正文部分有上、下两篇，则是围绕朱熹与怀特海的重要理论、概念进行对比研究。

在上篇，第一至第四章是在俯瞰二人学术人生的基础上，从哲学体系建构历程、宇宙论、本体论、认识论、价值论等方面对朱熹与怀特海哲学进行深入阐述：**在哲学建构历程上**，朱熹与怀特海都以现实存在的具体事物为前提，朱熹以“格物穷理”为起点，综合宋代诸儒而熔铸佛、道，建构了以“理”为基调的理学体系；怀特海以“现实存在”（actual entity）或“事件”（event）为逻辑起点，综合哲学、生物学、物理学、神学、美学观念，建构了以“创造性”（creativity）为基调的思辨哲学体系。**在宇宙论上**，朱熹与怀特海都主张人与万物相互依存、相互摄涵的有机主义宇宙论，但朱熹以阴阳气化流行讲宇宙生命大整体，强调人作为天地万物生命“协同创造者”、参与者的主体地位和价值，而怀特海则从“现实存在”或“事件”主体的生成与转化过程讲宇宙，没有特别突显人的主体性和价值。**在本体论上**，朱熹的“太极”、生生之理与怀特海的“创造性”都具有“生生”的动力和过程特性，主张超越性与内在性的统一，**但朱熹的“太极”以“天地生物之心”为实质内容，归根到底主张“生本体”、“仁本体”，并认为通过涵养和力行工夫便可上达至人与天地“一体之仁”的境界，成就了道德形上学；而怀特海的“创造性”只以创造力、组织力为内涵，后面有神学和科学哲学的影子**。**在认识论上**，朱熹与怀特海都重视体验和情感、主张感受与理智统一，但朱熹的三种认识形式——即“体认之知”、“见闻之知”、“德性之知”，其“体认之知”虽接近于怀特海的“因果效应性知觉”，但他更强调躬身践履，其以“一体之仁”为内涵的“德性之知”则是怀特海闻所未闻的。**在价值论上**，朱熹讲“性”与怀特海讲“价值”，都承认人与万物的内在价值，人与万物生命展开的过程就是价值实现的过程；但朱熹讲“心统性情”，重视个人通过修养工夫而上达天道，追求“仁、义、礼、智、信”的价值内涵，而怀特海则推崇人类对“美、真、道德、冒险、平和”价值的追求，对个人的修养工夫讨论不多。

在下篇，第五至九章则分别将朱熹与怀特海哲学的几对重要概念、范畴——如**“太极”**、**“生生之理”与“创造性”**(creativity)、**“事物”与“现实存在”**(actual entity)、**“一物之理”与“永恒客体”**(eternal object)、**“感应”与“摄涵”**(prehension)、**“天”与“上帝”**(God)等成对进行异同比较分析，以进一步透视朱熹与怀特海在宇宙本体论、认识论、价值论等方面共享的有机性、过程性、整体性及其各自特色。

第十章则以怀特海有机主义和过程哲学为借镜，来开显出**朱熹独特的生生哲学**：朱熹主张“万物一体论”，认为世界是人与万物相互依赖、相互涵摄、互相感应，形成一广大贯通、和谐共生的共同体；人与万物生生不息、无时无处不发育创进；禀受天地生命之流的人，他的意义和价值，就是在参与赞助万物生命化育过程中实现自己，活出自己的生命光彩，并为周围他人、他物的生命添彩。

结语部分，则是受朱熹与怀特海洞见的启示而提出了**“一道三态说”**——即以“生生之道”统贯生态、心态、政态的有机模式，以尝试回应当代问题和危机。当然，本书是在继承熊十力、贺麟、牟宗三、唐君毅、方东美、程石泉、唐力权、陈荣捷以及李约瑟、小约翰·柯布、哈茨霍恩、王治河、樊美筠、俞检身(David C. Yu)、秦家懿(Julia Ching)、成中英、白诗朗(Berthrong)、俞懿娴、沈清松等研究成果的基础上，通过对朱、怀二氏在概念、理论、脉络及特质方面进行全方位比较与平等对谈，以“相互照明”的方式揭示二者的差异性和相通性。同时警惕“强制阐释”，以怀特海的有机主义和过程哲学为镜子，来“朗现”**朱熹的生生哲学，揭示其有机性、整体性、过程性、生命性及重德性的特质**，反思和展望中西哲学对话交流的新视角、新思路。

读者看到此书名和内容提要，或许还未进一步展读，脑海中便跳出这样的疑问：为什么将朱熹与怀特海进行比较，两者具有可比性吗？怀特海与朱熹（或中国哲学）有何关系？其实，把朱熹与怀特海哲学进行比较既非本书首创，怀特海与朱熹及中国哲学的相契又非臆测，这其中都有切实的理由。首先，朱熹一直是中西比较哲学视野中的焦点；其次，怀特海与中国哲学相契合且因缘颇深。这两点就构成了将朱、怀二氏进行比较的充足理由，下面试详之。

一、朱熹是中西比较哲学视域中的焦点

朱子是孔、孟、老、庄之后的大哲学家，朱子理学是集宋代思想之大成而创建的哲学体系。在中国，朱子理学从 14 世纪初开始就处于主流地位。不仅如此，朱子理学还远播四海，在 15 世纪支配朝鲜思想，16 世纪支配日本思想，前后达数百年之久。欧洲人接触朱子理学，可远溯至 15、16 世纪的基督教教士来华。在向欧洲人介绍中国历史文化的过程中，传教士也把儒学（当时的儒学，实际上多指的是占支配地位的朱子理学）零星地介绍给欧洲。然而，欧洲人真正注意朱子理学，始于 17 世纪传教史上的“礼仪之争”。在“礼仪之争”过程中，天主教徒在译 God 为“上帝”以及对“天”的解释上发生了内讧和分歧，这就促使西方人更加关注朱子理学的翻译和研究。以此，中西比较哲学视域中的朱子开始登场。

（一）基督教神学背景下的朱熹比较研究

对朱子论著的翻译，是中西比较哲学最初、也是最重要的一环。

在“礼仪之争”的过程中，传教士开始零星译介朱子论著。如利玛窦的《天主实义》、罗明坚的《天主实录》等书，都对朱子理学的概念、理论做了某些解释。另外，竺赫德在《中华帝国全志》(1735 年出版）第二卷中就有朱熹《论文选录》的译文。[1] 1777—1785 年，迈拉（J.A. Marie de Moyriace de Mailla）译朱子的《通鉴纲目》。[2]《通鉴纲目》虽是朱子同其弟子所完成的史学著作，但也间接反映了朱子的理学思想。

在 19 世纪，朱子著作的翻译主要是围绕着《朱子全书》的内容展开的。《朱子全书》刻于 1714 年，是朱子文献的结集。毕治文（E.C. Bridgeman）是最早从事朱子理学的译介者之一。1849 年，他采录了《朱子全书》关于宇宙、天地、日月、星辰、人物、鸟兽等若干章节译成英文。毕治文的翻译虽仅有七页，但却是欧洲人研究朱子哲学的直接材料。此外，毕治文之前还翻译了朱子所编的《小学》(1836—1837 年）。1874 年，马可拉采（Thom Maclatchie）把《朱子全书》卷 49 的“理气”条译为英文。1876 年 Georg von der Gabelentz 译周敦颐的《太解图说》及朱子的《太极图说解》。1879 年葛鲁伯（Whihelm Grube）选译了朱子有关“理气”的条目。1880 年，他又从《性理精义》中选译周敦颐的《通书》及朱子的《通书解》。以上三书皆为德文，算是较早以德文翻译的朱子文献。法国的哈勒兹（Charles de Harlez）教士则翻译了较多的朱子论著。1887 年，他翻译高攀龙的《朱子节要》，对其中的第三至第五章悉数翻译，而对其他各章则进行节译；1889 年他又译《小学》及陈选所作的注释；

[1] 朱谦之:《中国哲学对欧洲的影响》，河北人民出版社，1999 年，第 199 页。
[2] 朱谦之:《中国哲学对欧洲的影响》，第 77—78 页。

同年他译《家礼》,《家礼》是朱子及其弟子完成的礼学著作；1890年，他又节译了《性理精义》中周敦颐、张载、邵雍的著述，并附带翻译张载《正蒙》及《性理精义》中性命类、理气类、治道类所采用的朱子解说；1891年，他又译张载的《西铭》及朱子的《西铭解》。由此可见，哈勒兹对朱子著述的翻译，可谓坚持不懈。进入20世纪,《朱子全书》的翻译在广度和深度上都有所提高。1906年，威格尔（Leon Wieger）所编的《中国哲学文选》就有朱子一章，其中辑译了《朱子全书》所录的《朱子语类》中关于理气、阴阳、祭祀、性命、善恶、人心之语共62条，内容颇多。1922年英国人卜道成（J. Percy Bruce）以“朱子的人性论”为题目，选译了《朱子全书》第42至48章，总目为性理，分目为性命、人物之性、气质之性、才、心、心性情、定性、情意、志气与志想、思虑、道、理、德、仁、仁义礼智信、诚、忠信、忠恕、恭等。哲学文本的翻译，是比较哲学研究的起点。西方人在译介朱子哲学的同时，也开始对其进行研究。如上所述，早期译介朱子哲学的西方人[1]，大多为传教士，他们对朱子理学的研究，其意旨并非单纯的哲学研究，而是为传播基督教信仰来服务。因此，早期西方人对朱子的研究集中于朱子的上帝观问题。

在“礼仪之争”过程中，天主教学者对“上帝”、“天”的翻译和理解发生了激烈争论。当时，以利玛窦为首的一派从《尚书》《诗经》出发，认为儒家所言的“上帝”、“天”与天主教之“天主”相同，具有“人格神”的涵义，此意在说明信奉儒家经典的中国人有可能（或甚至已经）信仰天主教的“上帝”。为此，他们不惜把先

---

[1] 以上所提西方人对朱子学的译介，参见陈荣捷的《欧美之朱子学》,《朱学论集》，华东师范大学出版社，2007年，第273—275页。

秦儒学与朱子理学截然对立起来。而以龙华民为代表的另一派则从《性理大全》出发，认为儒家所言的“上帝”、“天”与天主教的“天主”不同，孔子儒学与朱子理学均无人格神的上帝观念，并认为理学家是唯物论者，他们是不信上帝的。[1]以上两派的争论，引起了当时欣赏儒学的大哲学家莱布尼茨对朱子的注意。在研究了朱子哲学后，莱布尼茨认为：朱子哲学的基础诚然是理性，朱子所说的“理”是抽象的、无人格性的，然而从“理”作为最初的创造者和万物的原理来看，“理”也具有精神性的一面。因此，“理”并不是物质论，在“精神性”的面向上，朱子的“理”等于基督教的“神”。[2]很明显，莱布尼茨对朱子的理解，是对利玛窦和龙华民观点的折中。有趣的是，在这场有关“上帝”与“天”的争论中，龙华民的观点占了上风，其观点也随之成为在华传教士的普遍看法，加之当时的教皇不准中国的教徒参加祭祖典礼而发生了康熙帝限令教士出境的事件，这使得一般教士更以为朱子及理学家没有上帝观念，中国人不信上帝了。而这种观点，集中反映在马勒伯朗士于1708年所著的《基督教哲学家与中国哲学家关于神的存在及其本性的问答》一书中。必须说明的是，这里所谓的“中国哲学家”，实际是指朱子的门人。马勒伯朗士在该书中指出，朱子的“理”是依存于物质（即“气”）的，它不是如“神”那样是独立的、永久不变的完全存在。因此，朱子及其门人是无神论者和唯物论者。值得一提的是，正是不满于马勒伯朗士的观点，中国学者庞景仁后来译《朱

[1] 相关讨论，参见朱谦之：《中国哲学对欧洲的影响》，河北人民出版社，1999年，第141—164页。

[2] 朱谦之：《中国哲学对欧洲的影响》，河北人民出版社，1999年，第242—249页。

子全书》卷49，[1] 希望能让西方人更好地理解朱子理学。

值得一说的是，这场始于17、18世纪的有关朱子上帝观的争论，一百多年后仍余波荡漾。其中最著名的是哈勒兹（de Harlez）和勒噶尔（Le Gall）的争论。在哈勒兹译《朱子节要》（1887年）和《性理精义》（1890年）之后，勒噶尔就评论他不应只依照自己所节录的文献来解释朱子，因为这样会使朱子哲学失去它的本来面目。为此，勒噶尔于1894年著《朱子的教义与影响》一文，阐述了朱子的哲学并附译了《朱子全书》卷49。1895年，哈勒兹批评勒噶尔，认为其著作最大的缺点，就是把朱子看作绝对唯物论者。1896年，勒噶尔发表公开信以坚持原来的观点，认为朱子是完全的唯物论与无神论。于是，哈勒兹便写了《朱熹是无神吗——朱熹与勒噶尔神父》一文，指出勒噶尔神父既然认为《朱子全书》卷49为朱子哲学的全部，那么他就应知道该卷内朱子对“天”的几种理解：即“天”字有说为“苍苍者”；也有说为“主宰者”；也有说为“理者”。朱子以“主宰”言“天”，可见朱子不是无神论者。1896年哈勒兹又写成《朱子之教义与影响》一书，来论证勒噶尔把朱子作为无神论是错误的。另外，卜道成在《宋代哲学中的神义》（1918年）一文中，认为理学不分精神与物质，而分气质与道德。“理”是万物之源，具有宗教性；“理”包含仁智而具有道德性；“道”有条理之义而具有伦理性。太极是道德之全，天是主宰，人性由天所赋予，人之行动，皆须对天负责。卜道成的结论是，朱子理学是有神的，朱子不是唯物论。后来卜道成又著《朱子与其老师》（1923年）一书，并将

[1] 该卷翻译，见庞景仁：《马勒伯朗士的“神”的观念与朱熹的“理”的观念》一书的“附录一”，北京商务印书馆，2005年。

《朱子全书》的第42至48卷译成英文。他在该书中认为，朱子的“天”是内在的圣灵，是最尊贵的上帝，天具有人格。因此，朱子并不是唯物论者。卜道成的著作出版后，瓦纳（G.G. Warren）牧师便撰“朱熹是唯物论者吗”一文，赞同卜道成的观点，并认为朱子以“天”为万物的本源，他又屡言天命，实际上是相信最高的主宰——“天”为人格神。[1]

总之，经过最近一个多世纪的争论，西方人不再把朱子当作唯物论者，而是把他当作有神论者了。然而在二十世纪五六十年代，李约瑟在《科学思想史》一书中评价说：卜道成以基督教之上帝附会朱子，不如勒噶尔更能认识朱子。他认为，朱子思想中没有人格神的观念。[2]

以上关于“有神无神”的争论，是几百年来朱子研究的焦点。对朱子上帝观的讨论，是20世纪之前中西比较哲学视域中朱子研究的真实情况。究其原因：一方面是因为朱子哲学的译介者和研究者大多是传教士和神学家，他们的兴趣必然集中于朱子上帝观与基督教上帝观的比较和会通上。另一方面，在20世纪30、40年代之前，基督教仍是西方思想文化的主流，在这种思想学术氛围下，对朱子的纯哲学研究还难以开展。

（二）纯哲学背景下的朱熹比较研究

上文所述的卜道成的译文，内容较详，对西方学者影响较大，

---

[1] 以上有关朱子上帝观的争论，参见陈荣捷的《欧美之朱子学》，《朱学论集》，华东师范大学出版社，2007年，第279—280页。

[2] 李约瑟：《中国科学技术史》第二卷《科学思想史》，科学出版社，上海古籍出版社，1990年，第493页。

然其翻译常有错误，对后人的误导也多。遗憾的是，由于卜道成所译全是涉及《朱子全书》的“性理”部分，而对非常重要的“理气”部分没有翻译。1942 年，中国学者庞景仁将《朱子全书》第 49 章“理气”部分译为法文，弥补了此缺憾。关于庞景仁的翻译，后文将有论及。

以上所翻译的朱子论著，虽对西方人了解朱子哲学的帮助很大，但就朱子论著的翻译来说，这些翻译不仅内容很少，而且翻译者都从自己的观点出发，零星采辑，缺少对朱子文献的系统译介。更重要的是，由于受文化背景和中国学养的限制，所译的文献多有误解，且有时犯常识性的错误，这都对朱子理学在西方的研究设下障碍。实际上，理想的翻译者，应是熟悉中西两种哲学传统并在其中来回穿梭的人。陈荣捷，就是这种朱子学的理想翻译者。陈荣捷是朱子学研究权威，也是欧美学术界公认的把中国哲学最为完备地介绍给西方的学者。陈荣捷 1901 年生于广东开平，在私塾教师指导下习读《四书五经》，1924 年赴美留学，1929 年以《庄子哲学》为题的毕业论文获哈佛大学哲学博士学位。回国后在国内多所大学担任教授。1935 年之后，他在美国多所大学教授中国哲学，并致力向西方介绍中国哲学和朱子学，成为战后欧美朱子研究的权威。

1960 年，陈荣捷为哥伦比亚大学编《中国传统诸源》[1] 一书，在其中的“理学”部分，他摘译了《朱子全书》有关理气、太极、天地、鬼神、人物、性命、心性与仁各类数条。1963 年，他又

---

［1］ Wm. Theodorede Bary, Wing-tsit Chan（陈荣捷）, Burton Watson 编，*Sources of Chinese Tradition*, New York: Columbia University Press, 1960 年，第 534—557。

编译《中国哲学文献选编》[1]，在其中“朱子章”所选《朱子全书》一百四十七条，包括为学、存养、持敬、主静、省察、知行、性情、仁、理气、太极、天地、鬼神、评佛等目。另外，他慧眼独具，翻译了朱子的《仁说》、《论性书》、《与湖南诸公论中和第一书》、《观心说》四篇重要的论文。在翻译的过程中，陈荣捷不仅对所有名词加以解释，还能溯其出处；对所提人物，加以略传；对所有时间地点，均加以指明，而且还加长短案语十五条，指出朱子理学在中国哲学史上的特殊意义。例如他指出：《仁说》的要旨在体用合一；《论性书》是融合前人之矛盾，去除程颢“性无善恶”之含混。其他案语还讨论了朱子的科学精神、朱子是否是二元论、朱子的有机哲学、朱子与怀特海的比较，朱子与亚里士多德、柏拉图的比较等等。[2]这些翻译不仅内容齐备准确，而且还从多方面抓住朱子理学的神髓，对西方人正确理解朱子产生了重要影响。

除对《朱子全书》的摘译外，陈荣捷还全译了《近思录》。《近思录》是朱子与吕祖谦合作所摘编的周、张、二程的言论集，该书虽是合作，但主要以朱子思想为根据。《近思录》集北宋理学之大成，体现了数百年来理学的基本轮廓。《近思录》的西译本，有1953年葛拉夫（Olaf Graf）神父的德文译本。1967年，陈荣捷的《近思录》英文译本出版。[3]陈荣捷不仅全译了《近思录》本文，而且还采译了《朱子语类》、《朱子文集》、《四书集注》、《或问》，周敦颐、

---

[1] Wing-tsit Chan 编译，*A Source Book in Chinese Philosophy*, Princeton University Press, 1963年。

[2] 参见陈荣捷编著，杨儒宾等译：《中国哲学文献选编》第三十四章，台北巨流图书公司出版，1993年。

[3] Wing-tsit Chan 译，*Reflections on Things at Hand*, Columbia University Press, 1967年。

张载等书的注释共二百八十一条，同时还采译了中国人张伯行、茅星来、江永等十人，以及朝鲜人金长生，日本人中村惕斋、贝原益轩等六人的注释共二百一十五条，附于本文各条之下。另外，对《近思录》所选之文、所引之语的来源各注家尚未指明出处的，他在《近思录》译本中全部补出；对指明出处却又有错误的都一一刊正。[1] 可以说，陈荣捷的《近思录》译本，是现今最完备、最权威的本子，不仅西方学者，就是中国学人在研习《近思录》时，该译本是不可缺少的。总之，陈荣捷熟悉中西方两种哲学传统，加上他深厚的哲学训练、精审的考据功夫以及几十年的孜孜奉献，使得朱子哲学的面目在西方世界逐渐清晰。可以说，陈荣捷是向西方世界介绍朱子哲学的大家，其贡献不可磨灭。

20 世纪 30、40 年代以后，中西哲学交流和朱子文献的翻译促进了朱熹比较研究。近几十年来，中外学者把柏拉图、亚里士多德、圣托马斯·阿奎那、马勒伯朗士、斯宾诺莎、莱布尼茨、康德及怀特海等西方哲学家与朱子进行比较，下面一一述之。

朱熹与柏拉图、亚里士多德： 将柏拉图、亚里士多德与朱子哲学进行比较者有冯友兰、劳思光、张君劢等。在阐述朱子的“理”、“气”范畴时，冯友兰认为，朱子的“理”即如同希腊哲学的“形式”(form)，“气”即希腊哲学的“质料”(matter)。[2] 劳思光也认为，“理”在基本意义上是亚里士多德的“形式”，而“气”是亚里士多德的“质料”，“性”相当于亚氏的“本性”(essence)。[3] 张君劢则对朱子与亚里士多德的形而上学、自然哲学、伦理学等方面进行精

[1] 参见陈荣捷：《近思录详注集评》，华东师范大学出版社，2007 年。

[2] 冯友兰：《中国哲学史》(下)，华东师范大学出版社，2000 年，第 259 页。

[3] 劳思光：《新编中国哲学史》(卷三上)，广西师范大学出版社，2005 年，第 21 页。

细的比较。张君劢认为，朱子与亚里士多德有许多相同之处：朱子的“理”，显示出亚里士多德的目的、形式和最后原因，它相当于“形式”；“气”相当于亚氏的“质料”。朱子认为，理在气中，而理不能脱离气而存在，正如同亚里士多德的“共相”不能离开“殊相”而内在于“殊相”一样。亚里士多德认为，质料不能脱离形式而存在，朱子则认为气不能没有理而存在。亚里士多德认为，作为非物质的“形式”的确存在；朱子则认为，“理”先于“气”，而且它永远存在。他们两人都认为只有个别的事物才存在，个别的事物是由物质和形式的结合所产生的整体。他们两人都认为，具体事物是创造性的有机整体，而有机整体中存在的形式或理，同时是形式、目的和原因。他们两人都认为，气或质料是事物中不完美成分的最后根源，是个体化和杂多性的原则。他们两人都认为，亚里士多德的“神”，朱子的“天”都是万物运动变化的终极根源。朱子说的“天”即理；亚里士多德也说“神”是非物质的永恒形式、自觉的理、绝对的精神。神或天理，它的本质一定是纯粹的能力，一定是纯粹的永恒形式。在本质上，神或天理是善良的，万物都以此为目标，它是一切发展的永恒目标。朱子的“太极”相当于亚里士多德的第一推动者。张君劢最后的结论是：朱子与亚里士多德既有那么多一致的地方，所以在某些方面把朱子视为亚里士多德主义者不会太错。不过，如果我们以为朱子只是亚里士多德主义者也不对，因为他非常重视“理”，因此，他也可以说是柏拉图主义者。[1]

朱熹与斯宾诺莎：最早把朱子与斯宾诺莎进行比较者是卜道成。1923 年，卜道成在其著作《朱子与其老师》一书中认为，朱子的

[1] 张君劢：《新儒家思想史》，中国人民大学出版社 2006 年，第 172—188 页。

太极有阴阳二气，即如同斯宾诺莎的上帝分为“能创造之自然”与“所创造之自然”。后来葛拉夫（Graf）神父继承了卜道成的此观点，在他所翻译的《近思录》的“概论篇”里，有“朱子与斯宾诺莎的一元论”一节，他把朱子与斯宾诺莎相比较。葛拉夫认为，朱子的“天”与斯宾诺莎的“上帝”相近；朱子的“仁”等于斯宾诺莎的“知识的爱上帝”。他还指出，朱子与斯宾诺莎两人都以“至善”为最终极理想，肯定知识的目标是为了获得道德。后来，葛拉夫把上述观点在《道与仁》一书中详加发挥，指出朱子与斯宾诺莎在天地的创造、万物的根源、太极与道、天（或上帝）即理等观念方面有相同之处。[1] 葛拉夫神父对朱子理学的讨论充实而深入，推动了西方学界对朱子哲学研究的新进步。

朱熹与圣托马斯：较早把圣托马斯与朱子进行比较者是卡拉翰（Paul E. Callahan），而真正把圣托马斯与朱子进行深入比较者还是葛拉夫神父。他在所译的《近思录》“概论篇”中，就形而上学、知识论和伦理学等方面把圣托马斯与朱子进行比较。《道与仁》一书则进一步发挥，认为朱子的理、气虽是二元而又终归于统一；朱子的太极、理有其创造性与神秘性。所不同者在于：理学的上帝不如基督教的上帝那样有明显的人格性；理学之道不如基督教的 Logos（道）。因此，葛拉夫极力反对勒噶尔等人把朱子当作唯物论者，认为朱子与圣托马斯两者都是有神论，只是朱子理学还没有成熟圆满到永恒哲学的境界（即基督教哲学的境界）。另外，将朱子与圣托马斯深入比较的另一人就是中国台湾学者黎建球。在《朱熹与多玛斯形上

[1] 具体论述，参见陈荣捷的《欧美之朱子学》，《朱学论集》，华东师范大学出版社，2007 年，第 279—280 页。

思想的比较》一书[1]中，黎建球将朱熹与圣托马斯的哲学从存有论、理气与形质、存有的分享、太极、上帝与万物的关系等方面进行比较，他得出的结论认为：在存有论上，朱子的太极与圣托马斯的第一原理（或“无限有”）是相一致的，所不同者是朱子的太极没有“位格神”；从理气与形质看，朱子的“理”相当于圣托马斯的形式，“气”相当于“质料”；从存有的分享上，朱子与圣托马斯都存在“无限有”与“有限有”的分享观念。在太极与万物、上帝与万物比较上，认为朱子的太极也有如上帝那样的“创造性”特征。黎建球最后指出，朱子与圣托马斯的相一致是主要的，所不同者是朱子的形而上学缺乏基督教上帝那样的“位格”，这是朱子形而上学不成熟、不完整的地方。这些结论与葛拉夫神父的结论相一致。

朱熹与莱布尼茨：关于莱布尼茨与朱子哲学的异同，关于莱布尼茨是否受朱子的影响问题，学术界一直争讼不断。卜道成认为，朱子与莱布尼茨有根本的差异。但他又指出，莱布尼茨的“单子”是灵魂与肉体的统一，此与朱子心物一元的思想相近。[2]把莱布尼茨与朱子进行深入比较者是李约瑟。李约瑟在其名著《中国科技史》第二卷（科学思想史）“朱熹、莱布尼茨与有机主义哲学”一节中，详细考证了莱布尼茨与朱子理学的有机自然主义的密切关系。李约瑟指出，莱布尼茨的“单子”与朱子的“物物一太极”极其相似，而且其宇宙的“预定和谐”与朱子“理”为一有机体的秩序的观点极其相似。李约瑟指出，莱布尼茨的哲学虽有欧洲思想的根源，然而朱子理学的有机主义与自然主义对其哲学必有影响。正是受李

[1] 黎建球:《朱熹与多玛斯形上思想的比较》，台湾商务印书馆，1978年。

[2] J. Percy Bruce, *Chu His and His Masters*, London: Probsthain, 1923，p.241.

约瑟观点的启发，美国汉学家孟德卫撰《莱布尼茨和儒学》一书，他令人信服地追述了莱布尼茨研读儒学的经过，并在“论中国哲学”部分，细致地分析莱布尼茨与朱子哲学的一致性，即他认为，莱布尼茨的“第一原理”与朱子的“太极”有一致性；莱布尼茨的“单子”与朱子的“理”有一致性；朱子的有机论与莱布尼茨的宇宙的“预定和谐”有一致性。孟德卫的分析进一步强化和细化了李约瑟的观点。[1] 值得一提的是，我国学者朱谦之也指出，莱布尼茨哲学体系的基础建立在“理由律”之上，而“理由律”(principe de raison)的提出是受朱子“理”的影响。[2]

朱熹与马勒伯朗士：将朱子与马勒伯朗士哲学的比较发生很早，而且还是马勒伯朗士本人展开的。前面提到，1708 年，马勒伯朗士写了《一个基督教哲学家和一个中国哲学家的对话——论上帝的存在和本性》一书，认为朱子的“理”与马勒伯朗士的“神”观念类似，但朱子的“理”依存于物质，既然“理”存在于物质之中，那么“理”就不如马勒伯朗士本人的“神”那样是永久不变的完全存在。马勒伯朗士认为，朱子的“理”有唯物论、无神论的面向，只有剥去“理”的全部无神论的外壳，才能使它和“神”的观念相一致。可见，他认为朱子的“理”有无神论的色彩而与自己“神”的观念不同。[3] 之后，中国学者庞景仁不满马勒伯朗士的观点，撰写了《马勒伯朗士的“神”的观念与朱熹的“理”的观念》一书，该

---

[1] 孟德卫（美）:《莱布尼茨和儒学》，张学智译，江苏人民出版社，1998 年，第 64—80 页。

[2] 朱谦之:《中国哲学对欧洲的影响》，河北人民出版社，1999 年，第 247—248 页。

[3] 该书的翻译，参见庞景仁著，冯俊译的《马勒伯朗士的“神”的观念与朱熹的“理”的观念》(附录二)，北京商务印书馆，2005 年。

书摹仿马勒伯朗士的风格而采用对话体的形式写成。庞景仁把马勒伯朗士与朱熹哲学的比较归结为“神”与“理”这两个范畴的比较。他指出，“理”与“神”有许多共同点：如“理”是无限的、永恒的、广大的、无处不在的，是纯粹的善；“理”虽然是一个整体，但它有不同功能，因而有不同的名字。当“理”是至高无上的权威、世界的创造者和保持者时，叫作“天”；当它是一切事物的原因和作为宇宙的根源时，它叫作“太极”。因此，就“理”和“神”是世界唯一真正的原因这一观点上，朱子与马勒伯朗士是很相似的。在伦理学上，“理”作为纯粹的道德律起作用，理是“最高的善”，因而“理”也就像马勒伯朗士的“神”一样是人类生活的最高目的。庞景仁的结论是，朱子哲学中的“理”或“天”，可以决定人物的命运，因而有人格神的意思，但这种“人格”不是像活生生的、有头有手、穿衣戴帽的人。[1] 也就是说，朱子哲学虽不是无神论，但也不是基督教意义上的“有人格的神”。

朱熹与康德：将朱子与康德进行比较研究，其路径实际是牟宗三开拓出来的。牟宗三的理学研究，就是在康德哲学的背景下，以康德的理性思辨方式诠释并挖掘理学的道德形而上学。在牟宗三看来，形而上学的道德义理，不是用纯粹理性的方法通过思辨获得的，而是在外围的理性批判逼近之后，以当下确证、直接承担的方式获得的，正如程颢所说，“天理却是自家体贴出来”。牟宗三指出，理学的性善、天理、良知以及康德的上帝、自由意志和灵魂，都是不能以批判、思辨的方式理解，它们只能直接承担、当下确认，或者

[1] 庞景仁：《马勒伯朗士的“神”的观念与朱熹的“理”的观念》，冯俊译，北京商务印书馆，2005年，第106—111页。

说通过“智的直觉”获得[1]。由此可见，牟宗三是以实践理性的“智的直觉”路径，重新肯定理学家的“道德形而上学”。但有趣的是，牟宗三认为，朱熹之理是外在的虚悬之理，是客观的认知之理。朱子是以讲知识的方式讲道德，朱熹的道德功夫，是外在的、客观的，是一种“他律道德”。他认为朱子的道德是他律道德，它不同于康德的“自律道德”。很明显，牟宗三是从道德哲学角度，对朱子与康德进行比较。也正是此研究路径影响了其他学者。后来，杨祖汉著《儒学与康德的道德哲学》一书，王志铭写《朱熹与康德道德哲学之比较研究》的博士论文，都是比较了朱子与康德在道德形而上学方面的异同。这些研究是在牟宗三的直接或间接影响下产生的，使得朱子与康德道德哲学研究进一步深化。然而，值得一提的是金春峰在此问题上的看法。金春峰在《朱熹哲学思想》一书中认为，朱熹所论之“理”，确实是康德《实践理性批判》中在实践之后所见的“实理”；但所不同者，朱子的“实理”是由实践的途径而见证起来的，而康德的“实理”是通过理性的、批判的途径而构建起来的。为此，他不同意牟宗三以“朱子为道德功夫是他律”说，认为朱熹的功夫论，恰恰都是主体的自觉或自律。最后他希望，我们应该继承儒家的心性论，继承儒家通过主体实践和体认来表达道德形上学的传统，即我们不必借助康德式思辨理性来表达道德形上学。[2]另外，张君劢也看到了朱子与康德的一致之处。他认为，程朱的“理”，很接近康德《实践理性批判》和《纯粹理性批判》中所说的“理性”，而朱熹非常看重的程颐的“性即理”，即是指“思想形式先

[1] 牟宗三:《人文讲习录》，广西师范大学出版社，2005 年，第 140—142 页。

[2] 金春峰:《朱熹哲学思想》，台北东大图书公司，1998 年。

天地万物存在于心中”，这与康德把先验存在的思想形式作为我们的判断基础是相一致的。[1]

朱熹与怀特海：朱子与怀特海哲学比较是近几十年西方朱子学研究的重要拓展。其实，怀特海与中国哲学之间的相似性，不仅怀特海本人提及过，而且当怀特海哲学在20世纪前半期影响很大时，现代新儒家熊十力、牟宗三、唐君毅、方东美、贺麟等人都注意到怀特海哲学与儒学之间的亲和性，并对他们的中西比较哲学研究及各自思想构建产生过相当大的影响。

20世纪50年代后，西方学者开始把朱子与怀特海哲学进行比较。其中，李约瑟的功绩不可磨灭。李约瑟在《中国科学技术史》第二卷《科学思想史》中，讨论了中国思想史的有机自然主义。在李约瑟看来，中国科学思想的根基在有机自然主义哲学。起初他研究庄子、管子的有机自然主义，之后他系统地研究了阴阳五行家的“关联性思维”，将它们作为朱熹理学有机自然主义的思想背景，然后他细致地分析了朱熹的有机自然主义思想。李约瑟说：“中国的这种有机自然主义最初以‘通体相关的思维’体系为基础，公元前3世纪已经由道家做出了光辉的论述，又在12世纪的理学思想家那里得以系统化。”李约瑟指出，中国最伟大的思想家朱熹建立了有机哲学体系。而朱熹的有机哲学的体系，核心就是有机的自然主义。李约瑟把有机的自然主义也称为“有机的唯物主义”，指出朱熹的“有机的唯物主义”，首先体现在他对“理”、“气”的讨论上。李约瑟认为，“理”就是“宇宙的组织原理”。李约瑟反对把“理”说成是主观精神性的东西，也反对把“理”当作柏拉图的“理念”或等同

[1] 张君劢:《新儒家思想史》，中国人民大学出版社，2006年，第18页。

于亚里士多德的“形式”，他认为，理“不如说是在自然界之内以各种层次标志着的看不见的组织场或组织力”。也就是说，李约瑟实际上把“理”看作内在于自然界的“模式”和“秩序”，或者确切地说是“组织力”或“场力”，它不是任何精神性的东西或超越性的“律则”；而“气”，他则解释为“物质—能量”。在“理”与“气”关系的讨论中，李约瑟指出，朱熹既说“理气本无先后可言”，又说“理在气先”，似乎相互矛盾。而这种矛盾，是朱熹混淆了宇宙生成论问题和形而上学问题造成的。就“理气本无先后可言”，即宇宙生成论说，朱熹与唯物主义完全吻合。李约瑟认为，在朱熹理学中，理气本无先后比理在气先更重要。他说：“物质—能量和组织原理在宇宙中是同时的和同等重要的，二者‘本无先后’。”李约瑟还指出，后者略为“优先”这种信念残余极难舍弃，“理由乃是无意识地具有社会性的，因为理学家所能设想的一切社会形式中，进行计划、组织、安排、调整的管理人，其社会地位要优先于从事‘气’——因而是‘气’的代表——的农民和工匠。”在理气不可分离——即“天下未有无理之气，亦未有无气之理”的讨论中，李约瑟认为，这反映了“朱熹以其中世纪的方式肯定理和气的普遍的互相渗透，反映了近代科学的立足点。”而太极派生万物又寓于万物之中的“理一分殊”的观点，与近代科学上所用的概念并无不同。此外，李约瑟还对朱熹关于宇宙结构及演化，生命及人类意识的产生等进行了分析，认为这接近现代有机主义。李约瑟称赞朱子是“中国历史上最高的综合思想家”，他“通过哲学的洞察和想象的惊人努力，而把人的最高伦理价值放在以非人类的自然界为背景。或者（不如说）放在自然界整体的宏大结构（或如朱熹本人所称的万物之理）之内的恰当位置上。根据这一观点，宇宙的本性从某种意义上，乃是道德的，并不是因为在空间与时间之外的某处还存在着一个指导一切的道德人格神，而是因为宇宙就具有道德价值和道德行为的特性，当达到了那种组织层次时，精神价值和精神行为有可能自行显出来。”朱熹把社会伦理与自然界综合为更高层次的有机体，这一思想非常接近怀特海的有机主义世界观。李约瑟指出，朱熹的理学不仅非常接近怀特海的有机主义世界观，而且还是“现代有机自然主义的先导”。在“朱熹、莱布尼茨与有机主义哲学”一节，李约瑟详细考证了莱布尼茨与中国理学的有机自然主义的密切关系，并得出结论说：“即使他本人的哲学体系并非来源于新儒学家，至少他从新儒学家的有机主义中得到不少宝贵的资料和论证。”在李约瑟看来，中国理学的有机自然主义，通过莱布尼茨传入西方而成为有机主义的直接材料，经过恩格斯、黑格尔的辩证唯物主义而与怀特海有机主义有密切的关联，隐含着朱熹—布尼茨—黑格尔—恩格斯—怀特海的有机主义传承谱系。总之，李约瑟认为，按朱子理学的观念，宇宙乃是有机体，万物之间相互联系并按一定的方式组织成宇宙。宇宙形成有组织的有机体，是由于“组织力”，而此“组织力”不是来自神，而是在有机体之自身。他认为，朱子理学的这些观点与怀特海的有机主义哲学一致。最后他的结论是：朱子哲学根本上是有机主义。……宋儒主要靠领悟力，达到了与怀特海的有机主义类似的立场，而未曾经历对应于牛顿和伽利略的阶段。[1]

值得一说的是，陈荣捷对李约瑟的朱子理学研究有细致的评价。他在评价《科学思想史》一文中指出，李约瑟认为朱子理学大

---

［1］ 以上关于李约瑟观点的引文，均见于李约瑟的《科学思想史》，第507—516；527—537页。

盛于宋是由于融合了科学发展的说法是准确的。的确，宋代“中国科学大放异彩”，理学家于药草、指南针、化石、数学、地理、制图学等均有著述，而理学家之所以有科学的见解，则是因为其哲学基本上为有机体主义之哲学也。李氏此论言之成理。彼云据理学观念，宇宙乃一机体。万物联系，而每一关系必有其一定之方式，万物依其方式在若干层次组成宇宙。其组织并非由神指点，其组织力亦不局限于某时某地，而其组织中心即机体之本身。李约瑟屡屡指出理学与怀德海相同之点，又强调朱子对于德哲莱布尼兹之影响。书中“朱熹、莱布尼兹，与机体主义之哲学”一篇，诚为卓越无上之杰作。李约瑟译“理”为“结构”（organization）或“结构原则”，译“气”为“亦质料亦力”（matter-energy），比起其他研究把以理与气比柏拉图与亚里士多德哲学中之“形相”与“质料”更加出色。但陈荣捷不同意李约瑟把朱子等同于怀特海的观点，认为朱子理学与怀德海亦有所不同。怀德海以上帝为具象原则，亦为非理性之究竟，而理学之中，则无此上帝可言。李氏谓朱子以世界为一结构，而理又非亚里士多德之形相可比，甚是。然朱子哲学中之世界不止一结构而已，盖理亦为形上者也。**李氏过于侧重理之内在性而忽视了理之超越性的一面**。因为朱子即从张、程之说，李氏虽未视朱子之理气如相形与资料之绝对分离，然仍不免如怀德海所谓划分自然为二，以形上形下为两不相容。其实朱子以理为亦内在，亦超越，与怀德海“永存事物”之亦内在，亦超越…… 并无不同。“理”字本作秩序解，程颐则解作普通原则，于是理双重性之观念予以成立。[1]

---

[1] 陈荣捷：《评价〈科学思想史〉》，王钱国忠编，《李约瑟文献50年》（下），贵州人民出版社，1999年，第508—509页。

在笔者看来，李约瑟所提出的朱熹有机主义成为怀特海有机主义的先驱这一观点虽是猜测的，但他指出朱熹与怀特海哲学相似性的观点，则大大刺激了西方学术界对朱熹与怀特海哲学的比较研究。1959年，俞检身撰成了“朱熹与怀特海形而上学比较研究”的博士论文，[1]该论文内容虽然主要以研究怀特海为主，但在“经验与知识”、“自由与人生实现”两节里考察了朱子与怀特海的异同，其中知识论最有特色，这部分后来以“朱子的知识论”为题发表。俞检身指出，朱子“格物穷理”的知识论，是主观与客观不分，一面讲即物，一面讲推理，主张直觉与理论并用。这与怀特海的认识论相一致，而所不同者，朱子把修身当作追求知识的先决条件，认为知识的目的在于实现自由与自然的广大境界，怀特海却没有表达这样的观点。[2]俞检身所说的“主客不分”、“理论与直觉并进”确实抓住了朱子与怀特海知识论相一致的地方。后来，他又在“怀特海与朱熹的自我概念”一文中，比较了朱子与怀特海哲学范畴的异同，认为朱子的“理”与怀特海的“永恒物相”相近；朱子的“太极”与怀特海的“上帝的原初性”在形而上学的角色上相似；朱子的“诚”相近于怀特海的“主体目的”；朱子的“事物”（或气）相近于怀特海的“现实事态”（或“现实存在”），而他们都认为现实事物都有“物质极”与“精神极”等。他的结论是，朱子与怀特海的相同处更多于相异之处。[3]另外，秦家懿在“上帝与世界：朱子与怀特

---

[1] David Yu, *A Comparative Study of the Metaphysics of Chu Hsi and A. N. Whitehead,* (Ph.D. disserertation, University of Chicago, 1959).

[2] David C. Yu, *Chu Hsi's Approach to Knowledge*, Chinese Culture, vol.10, no.2 (1969).

[3] David C. Yu, *The Conceptions of Self in Whitehead and Chu Hsi*, Journal of Chinese Philsophy, vol.7, no.2 (1980).

海”一文中指出：朱子的“理”可看作怀特海的“永恒物相”；朱子的“事物”可看作怀特海的“现实事态”。该论文的精彩之处是把朱子的“太极”、天地之心与怀特海的“上帝”进行比较，并指出：朱子的“太极与无极”可比作怀特海上帝的“原初性”与“后显性”；“天地之心”相当于“上帝的原初性”，而“仁”相当于上帝的后显本性[1]，这些观点值得我们反思。此外，白诗朗[2]与成中英[3]在朱子与怀特海的比较中，指出朱子的“太极”与怀特海的“创造性”概念相近与一致。

可能是受李约瑟的启发，海外汉学界也展开了怀特海与中国哲学相关性的研究。这些研究大体分为两类：第一类是从事中国哲学研究的著名汉学家，如葛瑞汉、安乐哲和郝大维以及南乐山、白诗朗（即所谓的“波士顿儒学”）等，他们在中西哲学比较研究中既讨论了儒学与怀特海哲学的相似性，又零星提到怀特海的过程哲学与现代新儒学的关系。如在《论道者》“关联思维与关联宇宙建构”一节中，葛瑞汉提到怀特海与唐君毅的相似性。安乐哲和郝大维在《孔子哲学思微》、《期望中国——中西哲学文化比较》、《汉哲学思维的文化探源》、《和而不同：比较哲学与中西会通》的著作里，在有关“宇宙论”、思维方式的章节多次谈到怀特海过程哲学与先秦儒家和道家哲学的相似性。此外，南乐山的论文：*From nothing to being: The notion of creation in Chinese and Western thought*，白诗朗

[1] Julia Ching, *God and the World: Chu Hsi and Whitehead*, Journal of Chinese Philsophy, vol.3, no.3 (1979).

[2] John Berthrong, *Inventing Zhu Xi: Process of Principle*, Journal of Chinese Philosophy, vol.32, no.2 (2005).

[3] Cheng, Chung-Ying, Categories of Creativity in Whitehead and Neo-Confucianism. Journal of Chinese Philosophy, no.6 (1979).

的著作：*Concerning Creativity: A Comparison of Chu His, Whitehead and Neville*，大卫的论文*The Conceptions of Self in Whitehead and Chu His*，都在朱熹与怀特海的比较中提到怀特海哲学与儒学的相关性。**第二类**是怀特海哲学的传人、当代著名过程哲学家哈茨霍恩和科布，还有唐力权、成中英、王治河、樊美筠等学人，他们在不同学术场合谈到怀特海哲学与中国哲学的相关性。其中，哈茨霍恩在Process Themes in Chinese Thought一文，明确提到怀特海过程哲学与现代新儒学的关系，可惜未展开论述。在上述海外汉学家的研究中，最值得一提的是安乐哲和郝大维的研究。安乐哲和郝大维两人合作，经过几十年的中西比较哲学研究，出版《孔子哲学思微》、《期望中国——中西哲学文化比较》、《汉哲学思维的文化探源》、《道不远人——比较哲学视域中的〈老子〉》等大著。在这些著作中，安乐哲和郝大维在广泛吸收和批评西方几百年的汉学研究成果的背景下，以怀特海哲学的反实体主义思路为媒介，运用语言考据和分析法，通过大量而详细的概念比对，令人信服地得出了先秦时期的中国哲学所具有的反实体主义及其神与世界、存在与非存在、主体与客体、心与物、本质与现象等相统一的特征，指出中国哲学具有强烈的“怀特海式”的过程哲学色彩，与熊十力、唐君毅、方东美、牟宗三等人的中西哲学比较成果有异曲同工之妙。总结上述研究，可以**归纳以下特点：其一，在中西哲学比较研究中，国内外重要学者一致认为，怀特海与中国哲学尤其是儒学具有相似性的有机主义和过程哲学特质。其二，在儒学和怀特海哲学的比较和会通中，学者的焦点放在先秦儒学特别是《周易》上，这以唐力权为代表。其三，个别海外学者开始注意到朱子与怀特海哲学的相似性或相关性，而且这方面的研究比较零星和狭窄，成中英主要集中在“创造性”**

（creativity）以及“天道”与“上帝”概念的比较中，没有对朱熹与怀特海范畴和理论进行全方位比较研究，更不要说在比较基础上进行会通创新了。

（三）在平等对谈中反思与评价

中西比较哲学的前提和基础是哲学文本的译介。因此，比较视域中朱子研究，非常重要的就是对朱子哲学文献的译介，而文献的译介，表现在量和质两方面。从“量”的方面，就是要如何全面而完整的把朱子文献译介给西方。然而就现有的译介成果来看，除陈荣捷的《近思录》一书外，其余人的翻译基本上还是辑录，并且集中于《朱子全集》42至49卷及《朱子语类》的理气、天地、鬼神、心性等章节，而《朱子文集》仅涉及《论性书》、《中和第一书》、《观心说》、《仁说》等篇，这仅占朱子哲学文献的少量部分，很难让西方人了解朱子学博大精深的全貌。从“质”的方面，便关系到跨文化研究的难题，即如何把朱子哲学的基本概念、范畴准确地翻译出来，不能曲解原意。朱子哲学的概念、范畴能否在西方思想的“概念库”里找到相对应的词，实质就是朱子与西方哲学比较研究的问题。就现在的翻译成果来看，曲解实在不少，比较令人满意者还是如陈荣捷、庞景仁、安乐哲等熟悉中西两个传统并从中往来穿梭的学者。正是基于“量”与“质”的困境，我们说，朱子哲学文献的译介还任重而道远，有待于东西方中国哲学的研究专家之努力和奉献。

至于近百年朱子哲学的比较研究，集中在朱子与柏拉图、亚里士多德、圣托马斯、莱布尼茨、斯宾诺莎、康德和怀特海等人身上，他们都是西方哲学史上最伟大的形而上学家，这从侧面印证了朱子在哲学史的地位。诚如张君劢说：如果我们看东西方古今的思想家，便可以毫不犹豫地说，朱熹是最伟大的思想家之一，他的地位相当于柏拉图和亚里士多德在希腊时期，或笛卡儿、莱布尼茨和康德在现代的地位。朱子创立了一个伟大的思想体系，他心思敏锐，分析力特强，求知欲特大，领悟力广博。他的思想体系建筑在对所有经验事物的体会上，并围绕一中心形成整体。

比较哲学对朱子的研究，似乎有一个永久不变的焦点：即朱子的上帝观，这关涉着其作为终极原理或第一原理的“理”（或者“太极”、“天”），与西方的“神”或“上帝”的理解问题。其实，朱子哲学的“天”即是“理”，“理”即“太极”，而西方哲学史上的“上帝”却是一个非常复杂的概念。但是从上述比较研究的结论来看，不管承认朱子是有神论还是无神论，他们一般都肯定朱子的理或“太极”是永恒的、无所不在的第一原理，是世界万物的根源；它是创造的动力，是至善的原则。因此，朱子的理或太极相当于基督教意义上的“神”，只是它没有“位格”，没有被“人格化”。确切地说，作为世界万物的根源的“太极”，可以说是亚里士多德的“不动的推动者”，或者说，“太极”相当于怀特海的“创造性”。当然，朱子的“太极”，究竟是不是等同于亚里士多德的“不动的推动者”，或者是不是等同于怀特海的“创造性”，它们之间有没有差异，以及它们在各自哲学传统的功能等问题，仍值得我们进一步探究。还有，朱子的“理”与“气”，是否就如古希腊哲学的“形式”与“质料”。很显然，“理”相比于“理念”，可能更接近于亚里士多德意义上的“形式”。正如张君劢指出的，朱子的“理”，不仅有“形式”（秩序）的意味，而且还有“目的”和“原因”的意味。然而，这种将形式与理对比，却大大忽视了朱子对“性”这一概念的理解。同样，“气”与“质料”（物质）的对照，也忽视了朱子同属形而下之概念“物”、“器”的讨论。

总之，对朱熹哲学的中西比较研究已经走过了较长的历史，产生了较丰富的成果。这些成果大致分为两大类：一是基督教神学背景下的朱熹比较研究，二是纯哲学背景下的朱熹比较研究。前一类是西方传教士在译介朱熹理学时，对朱熹是否为“有神”或“无神”展开激烈辩论，形成了对立的两派：利玛窦、莱布尼茨等倾向于认为朱熹“有神”的观念，而龙华民、马勒伯朗士等则倾向于认为朱熹“无神”，是唯物论者；当时明代学者徐光启、李之藻等人也加入了讨论，该争论至今还余波荡漾。后一类是将朱熹与西方诸大哲进行比较。其中，冯友兰、张君劢把朱熹与柏拉图、亚里士多德进行比较；黎建球在《朱熹与多玛斯形上思想的比较》一书中把朱熹与托马斯·阿奎那进行比较；庞景仁在《马勒伯朗士的“神”的观念与朱熹的“理”的观念》一书中把朱熹与马勒伯朗士进行比较。还有贺麟把朱熹与黑格尔进行比较，汉学家孟德卫则把朱熹与莱布尼茨进行比较。而研究最丰硕的是牟宗三、杨祖汉等人对朱熹与康德的比较。以上这两类研究，开朱熹比较研究之先河，但最大的问题是他们要么把基督教神性的观念强加于朱熹思想，要么把柏拉图—亚里士多德主义强加于朱熹思想，要么把西方科学主义的理性法则的概念比附于朱熹思想，犯了“以西解中之谬误”，有“强制阐释”之嫌疑，未能把握朱熹哲学的精神和特质。近年来学界兴起的朱熹与怀特海哲学比较，是在反思朱熹比较研究中所犯的“以西解中之谬误”的基础上形成的。

前面已提到，在反思前两类研究的基础上，海外学者开始把朱熹与怀特海哲学进行比较，著名汉学家李约瑟有首倡之功。李约瑟撰《朱熹、莱布尼茨与有机主义哲学》一长文，考证了怀特海与中国理学的有机自然主义之间的关系，指出朱熹理学非常接近怀特海的有机主义世界观。受李约瑟的激发，海外学者尤其美国学者开始关注朱熹与怀特海的比较，出现了一些研究成果，主要有：俞检身（David C. Yu）的《朱熹与怀特海的自我概念》，秦家懿（Julia Ching）的《上帝与世界：朱子与怀特海》，成中英的《创造性范畴之分析：怀特海与宋明儒学的相通与分野》，白诗朗（John Berthrong）的《论创造性：朱熹、怀特海和南乐山的比较研究》、《是否道学是过程哲学？》等论文。其中，秦家懿指出朱熹的“理”可看作怀特海的“永恒物相”；朱熹的“事物”可看作怀特海的“现实事态”，并把朱熹的“太极”、天地之心与怀特海的“上帝”进行比较。白诗朗、成中英则指出朱熹的“太极”与怀特海的“创造性”概念相近甚至一致。或许正如俞检身、秦家懿等人所说的，朱子的“理”与“气”可能接近于怀特海的“永恒物相”与“现实存在”（现实事态），但其中许多问题仍未澄清。例如，关于怀特海的“永恒物相”与朱子的“性”、怀特海的“现实存在”与朱子的“气”的差异等等，这些都没有很好地说明，本书将对此进一步研究。

最后必须指出，从比较哲学视域研究朱子，是为了让人更好理解朱子，还是为了诠释出一种新的哲学，或者是为了向西方人介绍朱子学呢？如果是为了后两者之目的，那么比较哲学研究是无可厚非的，而如果是为了前者，那么这就会使人产生疑问，即借助西方哲学的视野我们就能更好理解朱子？我们何不直接从朱子文本去理解朱子呢？这是关乎着比较哲学存在意义的根本问题，值得进一步深思。其实，在笔者看来，**我们不是借用怀特海哲学来重新诠释朱子，而是借怀特海的某些概念与理论在平等对谈中来“朗现”朱子在语录或散文体短文看似零散、未明言的而实际蕴含的生生哲学**。有时候，我们需要通过认识“他者”而“迂回”地认识“自己”，这才是本著作的立意所在!

二、怀特海与中国哲学之因缘际遇

众所周知，怀特海是20世纪伟大的形而上学家，在当时西方哲学反形而上学的潮流中他逆流而上，提出了有机主义和过程哲学，再次肯定思辨哲学，肯定西方的形而上学传统。怀特海最早提出“事件哲学”以图解构西方哲学传统的“实体哲学”(即把刹那生灭的、变动不居、相互关联的“事件之流”作为最终的真实，以代替西方自亚里士多德以来所强调的永恒不灭、独立自足的、静态的“实体”作为最终的真实)，并建构了迥异于传统形而上学的有机哲学。怀特海所建构的综合性、整体性的有机哲学，是吸收了二十世纪新物理学、新逻辑学、新数学、生物学和人文价值哲学等方面的成果，并力图调和科学与价值、机械论与目的论之二元对立。可以说，在建立系统、综合和圆融的形上学方面，怀特海在当代为第一人。怀特海《过程与实在》一书，被誉为20世纪的“纯粹理性批判”(贺麟语)。怀特海是一位具有原创性的、现代化的、综合性的哲学家。正如波兰哲学家波亨斯基（I. M. Bohenski）所说:“他的确是一个原创性的物理学家，具有非凡的心智力……在这个全盘托付给二十世纪物理学、数学、生物学和哲学的时代里，怀氏是居于领导地位的，是最现代化的哲学家。”[1] 也就是说，怀特

[1]（波）波亨斯基著:《当代欧洲哲学》，郭博文译，台北协志出版社，1969年，第172页。

海是力图创造性地运用有机主义、过程哲学来综合西方哲学传统和科学思想以形成新形而上学体系的哲学家，他是西方哲学继康德之后又一个高峰。还有，怀特海的贡献不仅在西方传统思想的融合，而且在于兼容东方思想，他称得上是东西方思想融合的铺路者。

（一）怀特海眼中的中国思想

怀特海与中国传统思想有相当多的因缘际会。在《过程与实在》一书中他说："就从讨论终极实在的一般立场而言，有机哲学似乎更接近于印度和中国思想的某些特征，而不是更接近于西亚或欧洲人的思想。一方面视过程为终极实在，另一面视事实为终极实在。"只要把这种"创造性"视为终极性的，那么有机哲学就"与西亚和欧洲思想有别，而更接近印度和中国思想所具有的内涵。"[1] 有机哲学强调活动过程是终极的，而过程是流变的、活动的，这与中国哲学传统强调变易、生生是相互一致的。在怀特海看来，事物本身就是活动过程，此即其所谓"实在即过程"之观点。那么，怀特海心目中的"中国思想"到底是儒家思想、道家思想，还是佛教思想呢？由于怀特海不是汉学家，对中国传统文化没有系统研读，所以这个问题很难回答。而要尝试回答这个问题，就不得不先回顾怀特海本人对中国历史文化的一些看法。

据罗素回忆，怀特海是兴趣异常广泛的人，他的历史知识多得

[1] Alfred North. Whitehead: *Process and Reality*, New York: The Free Press, 1978, p.6，其中译本有：周邦宪译《过程与实在》(二卷)，贵州人民出版社，2006年；杨富斌译：《过程与实在》，中国城市出版社，2003年。本书有关《过程与实在》的引文是在原文基础上，参照这两个中译本而成。

令他吃惊[1]（不要忘记，罗素被公认为是 20 世纪最博学的智者）。因此，怀特海不可能对中国历史文化没有了解。

在《科学与近代世界》一书中，怀特海说："我们越了解中国艺术，中国文学和中国生命哲学，我们越仰慕中国文明的高度成就。几千年来，中国有许多聪明睿智的学者致力于学问。就历史的延续与所影响人口之广众来看，中国文明之伟大是世所仅见。……可是中国的科学毕竟微不足道。"[2]他称赞中国文明，特别欣赏中国生命哲学的高度成就。而怀特海以"生命哲学"来概括中国哲学，不能不说是抓住了中国传统哲学的特质。要知道，中国的儒、释、道哲学都以"生命"追问为焦点。在《观念的冒险》一书里，怀特海多次把中国与巴比伦、埃及、印度和古希腊等古代文明相提并论，并承认中国和这些古代文明在其发展高峰时，展示了比西方人更为优雅的生活形态。[3]他指出，中国文明虽遭到蒙古人的摧残，但中国人和希腊人一样创造了令人赞叹的文明，只是这种文明经不起"不断重复"的耗损，以致它衰落了。有意思的是，怀特海认为，现代欧洲在 17 世纪开始探索自然之际，中国却停滞不前了。在《思想方式》一书中他指出，当人类文明在最富有创造力的时期，最先出现了荷马史诗和儒家思想，最后出现维吉尔、约翰福音以及罗马帝国的政治构架。[4]他认为，要维持一个文明，既要保持文化的连续性，又必须有不断追求创新的冒险精神。中国文明的衰落，就是由于其

[1]（日）田中裕著：《怀特海：有机哲学》，包国光译，河北教育出版社，2001 年，第 23 页。

[2] A.N.Whitehead, *Science and the Modern World*, p.7.

[3] 怀特海：《观念的冒险》，周邦宪译，贵州人民出版社，2000 年，第 92—93 页。

[4] 怀特海：《思维方式》，韩东晖、李红译，华夏出版社，1999 年，第 61 页。

不断重复而缺乏冒险的创新精神和连续性进展造成的。1945 年，和普赖斯谈论战后英国是否应该归还东亚殖民地时，怀特海指出："我弄不明白中国人，他们的文化发展没有显示出任何过程的连续性。从大约公元前 500 年到公元 1200 年，似乎都没有值得一提的发展；在近代，他们似乎努力尽量让自己像美国人；即便他们做到了那点，他们有能力以那为起点以他们自己的方式发展下去吗？或者他们将一连数个世纪仅仅维持像 20 世纪美国人那样？"[1] 对于这段话，如果联系怀特海批评胡适的情节，就可以得到更好的理解。据贺麟回忆，当胡适拜访怀特海时，怀特海对胡适抛弃中国传统文化的态度相当不满，他非常关心中国人现在是否还读老子和孔夫子的典籍，认为文化是有连续性的，新文化的建立，是不能与儒家和道家传统相脱离的。[2]

以上怀特海对中国历史文化的看法，虽比较稀疏甚至还有误会的地方，但却给我们透露了重要信息：即怀特海认为，中国人创造了和希腊人相媲美的文化；中国的生命哲学高度发达，中国文化的代表就是儒家思想；从公元前 500 年起到公元 1200 年之间，中国文化基本上是儒家思想的不断重复，没有创造性的发展。1200 年后，随着北方蒙古人的摧残，中国文化的连续性被打断了。进入 20 世纪，中国人（指以胡适为首的反传统派）不顾文化的连续性，要彻底弃绝传统文化而"美国化"。正是基于自己对中国文化缺乏"连续性进展"的强烈感受，以至于他怀疑：如果 20 世纪的中国人即使成为美国人，是否还有能力使自己的文化进一步发展。由此可见，怀

[1] 卢西恩 · 普赖斯编著：《怀特海谈话录》，周邦宪译，商务印书馆，2020 年，第 335 页。

[2] 张学智：《贺麟选集》，吉林人民出版社，2005 年，第 290 页。

特海对中国历史文化还是比较了解和颇有兴趣的。据曾在哈佛哲学系长期追随怀特海学习、并与之关系颇深的瞿世英回忆，怀特海想去中国看看，可惜未能成行。[1]

了解了怀特海所具有的中国历史文化知识背景后，我们再来探讨前面所引怀特海的“中国思想”究竟指什么？回答这个问题，不能如有的研究者那样，从“印度”与“中国”二字的并举就简单得出“中国思想”是指中国和印度共有的思想——即佛教思想，因为怀特海知道中国人有时相信孔教有时又相信佛教的情况。[2] 怀特海指出，孔子仅仅关注单纯的事实，而不浪费时间追问事实之下的终极原则，与杜威的实用主义一致。因此，他说：“如果你想懂得孔子，请去读杜威。如果你想懂得杜威，请去读孔子。”[3] 能说出这样的话，可见怀特海还是相当了解孔子思想的，虽然他没有从头至尾读过孔子的作品。[4] 因此，我们应该回到“引文”的具体语境中，联系他所具有的中国文化背景去理解。从引文的上下文来看，这段关于有机哲学更接近于某些印度和中国思想而不是更接近西亚或欧洲人的思想的话，是在讨论有机哲学的根本原理时得出的。引文的上文是说，“创造性”（creativity）是其有机哲学的根本原理，“创造性”——这种根本原理通过具体的事物实现自己，它内在于具体事物，而不像西方思想中的“上帝”或“绝对”那样作为某种终极的、超越于具体事物之上的自足存在。他强调，即使是上帝，也不过是

---

[1] 王锟：《怀特海与中国哲学的第一次握手》，北京大学出版社，2014 年，第 33 页。

[2] 怀特海：《科学与近代世界》，何钦译，商务印书馆，1989 年，第 73 页。

[3] 卢西恩 · 普赖斯编著：《怀特海谈话录》，周邦宪译，商务印书馆，2020 年，第 190 页。

[4] 怀特海：《教育的目的》，徐汝舟译，生活 · 读书 · 新知三联书店，2002 年，第 82—83 页。

“创造性”的原初偶然性（或者他所说的“特殊例子”）而已。也正是在“创造性”——即有机哲学的终极原理这一标尺下，怀特海才认为其哲学更接近中国思想和某些印度思想，因为它们把“创造性过程”作为根本原理。在这点上，怀特海是极具洞察力的，前面说过，他欣赏中国的生命哲学成就，而“生生之道”正是中国儒家和道家思想共享的根本原理。

另一方面，怀特海的“上帝观”接近中国哲学的“天道”观念。在《形成中的宗教》一书中，怀特海比较不同宗教对上帝及超越者（Supreme Being）的意义。他说，“所有印度与中国的宗教思想，那些已被加以精确解释的，都否认人们有对于作为宇宙本体的‘终极人格’的直观。就中国儒家哲学来说如此，对佛教哲学与印度哲学来说也如此。有时或许有负担道的个人出现，但道体本身却是非人格的”。[1] 在分析“三种上帝观”类型时他还说：“东亚思想主张上帝是世界所遵从的一种非人格的秩序。这种秩序是世界本身的秩序，而不是世界去服从某个强力的超越者指派的法则。这一观念表达出内在性的极端学说。”[2] 在这里，怀特海的两个结论值得重视：一是他正确指出了中国儒家哲学和佛教哲学否认有超自然的人格神的信仰；二是指出了中国儒家哲学、佛教哲学（即“东亚思想”）的“终极秩序”是非人格的，它内在于世界本身，是一种内在论。值得意味的是，怀特海不满于西方“一神论”纯超越的上帝观念，他看重中国哲学的“内在论”，并把这种思想引入了基督教神学，形成自己

[1] Alfred North. Whitehead, *Religion in the Making*, New York: Macmillan Company, 1927, p.39.

[2] Alfred North. Whitehead, *Religion in the Making*, New York:Macmillan Company, 1927, p.46.

特有的非人格的“上帝观”。怀特海特别欣赏早期基督教文书中一句话——“劈开树一看，吾即在那里”，这与儒家和道家共有的“道在万物”之说是一致的。

综上所述，怀特海的有机哲学与“中国思想”的相似性，既表现在“创造性”的根本原理上，又表现在非人格神的、内在于世界的“终极秩序”上——即“生生之道”，故他所谓的“中国思想”主要是指儒家（可能还包括道家）思想，这可从贺麟与怀特海的谈话中得到印证。贺麟留美期间曾去拜访怀特海，在二人交谈中怀特海指出，他的著作蕴涵着中国哲学极其美妙的“天道”（Heavenly order）观念（虽然他说不清此“天道观”是道家的还是儒家的），中国人容易欣赏和理解。[1]

至此，我们可以说，怀特海本人实际上承认有机哲学与中国的儒家（包括道家）思想在创造性原理和天道观上更接近。正是怀特海哲学与中国思想的某种契合，才促进了怀特海与现代中国哲学界的接触。20世纪，中国哲学界的重要人物，如熊十力、张君劢、张申府、张东荪、贺麟、谢幼伟、瞿菊农、牟宗三、金岳霖、张岱年、方东美、唐君毅、谢扶雅、罗光、程石泉、陈荣捷等人均接触到怀特海哲学并受其影响。由于现代中国哲学是借鉴、吸收西方哲学的概念和范畴，并对儒家思想进行某种创新性继承和创造性转化的哲学活动，因此，在绍介怀特海哲学的过程中，中国现代哲学家自觉或不自觉地借鉴儒家思想和怀特海哲学的一些概念和理路，以比较中西哲学的特质，并力图建构自己的哲学，下面将详述之。

---

［1］ 张学智编：《贺麟选集》，吉林人民出版社，2005年，第290页。

（二）怀特海哲学之传入与绍介

20世纪20年代以来，现代中国哲学开始兴起。也正是在这一时期，怀特海哲学在西方兴起并与中国哲学家际遇。怀特海的哲学运思过程，大体分为三个时期：前期是数理逻辑时期，重要著作有《普遍代数学》《数学导论》《数学原理》（与罗素合著）；中期是自然哲学时期，主要著作有《自然的概念》《自然知识原理》《相对论原理》，内容是从爱因斯坦的相对论出发对牛顿式的科学概念进行了批判；最后是形而上学时期，主要著作是《过程与实在》和《观念的探险》。而在自然哲学与形而上学两个时期之间，有一过渡性著作，这就是影响很大的《科学与近代世界》。由此可见，怀特海首先是从逻辑分析主义和新实在论阵营中走出，然后又批判性地超越了逻辑分析主义和新实在论而进入形而上学的。因此，怀特海哲学是随着逻辑分析主义和新实在论进入中国哲学界的。

张申府作为研究西方数理逻辑和新实在论的著名学者，是较早介绍怀特海的中国人。早在介绍怀特海与罗素合著的《数学原理》时，张申府就向国人介绍了怀特海。张申府说，1925年的收获，就是重刊百提（即罗素）与怀老教授（即怀特海）的大书《数理》（即《数学原理》）。[1] 众所周知，《数学原理》全书分3卷，由剑桥大学出版社出版（第1卷于1910年、第2卷于1912年、第3卷于1913年）。1925年出了第1卷的第2版，1927年出了第2和第3卷的第2版。这里所说的“重刊”，实际就是指《数学原理》第1卷的再版，这可能是张申府最早提到怀特海了。1929年，怀特海《过程与实在》刚一出版，张申府便向国人进行介绍。一方面他对《过程与实在》

---

[1] 张申府：《所思》，生活·读书·新知三联书店，1986年，第104页。

深致赞叹，另一方面又令人泄气地说，该著作没有人能懂，也无懂得必要。[1]这似乎是“负气式的”调侃，可见他那时深受《过程与实在》一书的“折磨”。当然，对怀特海哲学的绍介来说，张申府只做了零星工作，但这种工作却有开创之功。正是在他的影响下，牟宗三、张岱年等开始更深入地绍介和研究怀特海哲学。

方东美相当推崇怀特海，曾称许他为“英美当代第一大哲”。[2]留美期间较早就接触并研究了怀特海哲学。其博士论文——《英美新实在论之比较研究》(A Comparative Study of the British and American Neo-Realism)，就是对怀特海、詹姆斯、罗素等人哲学研究的结晶。1925年毕业归国后，方东美任教于南京中央大学，主讲怀特海、詹姆斯、罗素等人的哲学。1927年，方东美写成《科学哲学与人生》(出版于1937年)一书，该书大量引用怀特海《自然的概念》《科学与近代世界》中的概念和观点，批判西方近代机械唯物论宇宙观，阐发中国哲学传统中的有机主义宇宙观。他认为怀特海的代表作《过程与实在》中的“过程哲学”与《易经》的“生生之德”及华严宗的“广大和谐”哲学精神相通。1929年，方东美曾在中央大学讲授“易经与怀特海哲学”，并计划将要开设“怀特海哲学与华严宗哲学”的课程，却因事未果。受方东美讲课影响，其学生唐君毅、程石泉日后展开了对怀特海哲学与中国哲学的比较研究。方东美曾说过：“能与华严宗的大宗师的思想最相似的，就是近代英国的哲学家怀特海，他可以在许多的著作中与华严宗相契合……，近代西方怀特海所讲的机体主义(organism)把他拿来同

[1] 牟宗三:《五十自述》，台湾鹅湖出版社，1989年，第52页。

[2] 孙智燊主编、俞懿娴校注:《广大和谐：比较哲学与文化——纪念方东美先生诞辰双甲子》，台湾时英出版社，2019年，第341页。

中国华严宗的哲学，作一本体论上的比较、方法学上的比较、概念的比较、思想范畴的比较。那么你将会在哲学上异常崭露头角，给人们以深刻的印象。”[1] 正是在方东美的激励和影响下，八十年代以来，台湾及旅居美国的一批华裔学者如程石泉、郭文夫、杨士毅、傅佩荣、俞懿娴、成中英、唐力权、吴森（还有方东美的美籍弟子安乐哲）等人关注着怀特海哲学与中国哲学的比较和会通研究。

张东荪也非常推崇怀特海哲学。他曾说过：“我们对于怀特海……的学说没有批评，因为我们除全部承认外，亦只有惊服而已。”[2] 1927 年，他写《名相与条理》一文，讨论了怀特海哲学最基本的范畴“物相”(object) 和“事”(event)，指出怀特海哲学是“通体说”，与他自己提出的“架构论”有一致之处。[3]

贺麟在 1928—1930 年就读于哈佛大学哲学系时，曾聆听怀特海讲授的“自然哲学”课，期间发表了《道德价值与美学价值》《论自然的目的论》等文章，向国人介绍怀特海的价值论和目的论思想。回国之后，贺麟虽将精力放在德国哲学和中国哲学的研究上，但在 1948 年，也就在怀特海逝世不久，他写了《怀特海》一长文，系统而客观地评述了怀特海的哲学，这可能是国内较早系统绍述怀特海哲学的文章之一。

谢幼伟于二三十年代游学哈佛大学哲学系，亦曾亲身聆听怀特海的授课，且经常参加怀特海举办的周末茶会，他服膺怀特海哲学并以其为师。1942 年谢幼伟曾为怀特海的《思想方式》一书写

---

[1] 方东美：《华严宗哲学》(上册)，台湾黎明出版社，1981 年，第 412—413 页。

[2] 张东荪：《新哲学论丛》，上海商务印书馆，1929 年，第 309 页。

[3] 张东荪：《名相与条理》，《东方杂志》1927 年第 24 卷第 4 号。

书评，又翻译《理性之职能》(The Function of Reason）一书（惜译稿遗失未予出版)，以向国人介绍怀特海。1943年他撰《怀黑德论教育》，1948年写《怀黑德之生平与思想》，阐述怀特海的哲学和教育思想。其中，“《思想方式》书评”和“怀黑德论教育”两文收入1947年出版的《现代哲学名著述评》一书，并在该书的“导论”中，谢幼伟以西方现代哲学演变为大背景，论述了怀特海哲学及其地位。

谢扶雅1926—1927年在哈佛大学求学时，深受怀特海宗教哲学的影响。他说：“读其《宗教在创造》(Religion in the Making, Macmillan, 1926）一书，深深服膺‘Religion deals with solitude’一言点醒，遂由社会化一百八十度转到个体化（Individualization)。这便是我那一阶段（1926—1946）二十年间的生活重心。”[1]

牟宗三在1920年代末入北大哲学系读书期间，一面喜读怀特海的书，一面喜读《易经》。在张申府的帮助和指导下，他翻译了怀特海的《自然知识的原理》和《自然的概念》二书，只可惜藏于故居被焚毁而未能出版。他对怀特海中期的自然哲学与后期的价值哲学钻研甚深，并在此背景下撰写了《周易的自然哲学与道德函义》（写于1932年，出版于1936年）一书，以怀特海的自然哲学来阐发《易经》有机主义宇宙观。1937年，他又写成《觉知的因果说与知识的可能说》一文，吸收怀特海观点以成就自己的知识论。

张岱年在兄长张申府的引导下研读怀特海、罗素的著作，他推崇怀特海哲学，认为怀特海由实在论者转而提出有机主义，给思想界以很大影响；怀特海的有机哲学与胡塞尔的现象学，乃是现代哲

[1] 谢扶雅：《巨流点滴》，香港基督教文艺出版社，1970年，第145—146页。

学中两个最宏伟的系统。[1] 1934年，他写《怀悌黑的教育哲学》一文，在介绍怀特海有机哲学的基础上，详细阐述了怀特海的教育哲学，这是国内研究怀特海教育思想的最早论文之一。

瞿世英留学哈佛，曾亲身聆听怀特海讲授的课程。1926年他写《怀悌黑教授》一文，以感性的笔调向国人勾勒了怀特海的精神风貌和个人风采。怀特海曾应允瞿世英让他来华访问之邀请，可惜未能成行。

朱宝昌深入研读怀特海哲学，他曾写《怀特海的有机哲学》（1935年）和《怀特海的多元实在论》（1936年）等文章，从不同侧面阐述了怀特海思想，并将之与华严佛学进行比较。

此外，金岳霖、张君劢、熊十力、张荫麟、黄子通、沈有鼎、全增嘏等人在当时都曾谈及怀特海哲学。据笔者不完全统计，自上世纪二十年代至四十年代，有关怀特海哲学的文章近30余篇，其中怀特海的不少著作如《自然知识的原理》、《自然的概念》、《理性之职能》、《思想方式》、《科学与近代世界》等被译成中文，这可视为因推崇怀特海而产生的一股研究"热潮"。然而，怀特海在中国，与他在西方一样，其在有生之年受人推崇，享有盛誉，殁后则被遗忘。在怀特海逝世的1948年之后，国内很难再找到一篇有关怀特海的文章，甚至其名也罕有人提及，这在中国大陆尤为明显。在港台，除了方东美、唐君毅、张君劢、牟宗三、谢幼伟、程石泉等人延续对他的敬意外，鲜有人再研究怀特海。这种局面直至上世纪八九十年代才出现改观。其中原因虽复杂，但就内在因素来看，恰如牟宗三所批评的：20世纪的中国哲学界几十年来大体走以罗素为代表的实

[1] 李存山编：《张岱年选集》，吉林人民出版社，2005年，第1—2页。

在论和纯逻辑主义之路，这不仅使怀特海哲学在中国不受欢迎，而且使中国人失去原有哲学的解悟力、想象力。[1]循着牟宗三的思路可以进一步说，正是建国前的新实在论、逻辑分析主义，以及建国后的唯物主义哲学主流，遮蔽了怀特海哲学的光华。以至于谢幼伟不无遗憾地说，怀特海哲学不被我国学人广为认识，实为我国学术界之不幸。[2]然而幸运的是，当新实在论和逻辑分析主义占据主潮时，以方东美、牟宗三、唐君毅、张东荪、谢幼伟为代表的一批学者，超越了新实在论和逻辑分析主义而契会于怀特海哲学，他们不仅深度认识怀特海哲学，而且怀特海也深深影响了他们的哲学创造活动。怀特海对中国哲学家的影响，一方面体现在中西哲学的比较与会通上，另一方面则体现在哲学理论的创新上。

（三）怀特海哲学背景下的中西哲学比较与创新

怀特海认为，自己的有机主义哲学与中国哲学相接近。正是以怀特海哲学为参照，方东美、牟宗三、唐君毅、张东荪等人将中西方哲学进行比较，以梳理中西方哲学各自特征，探寻中西方哲学会通之道。通过中西哲学比较，他们揭示了中国哲学的宇宙观与西方机械唯物论不同，而与怀特海的有机主义相接近，指出中国哲学与怀特海哲学都以“事”而非“实体”为本体，具有强调主与客统一、心与物统一、自然与生命统一、初性与次性统一、超越与内在统一、本体与现象统一、事实与价值统一、理性与情感统一、天道与世界统一的有机主义特征。

---

[1] 牟宗三主讲、蔡仁厚辑录：《人文讲习录》，广西师范大学出版社，2005年，第132—133页。

[2] 谢幼伟：《怀黑德学述》，“中央”文物供应社印行，1954年，第3页。

正是在中西比较的基础上，方东美、牟宗三等人将中国传统哲学与怀特海有机主义加以会通与融合，形成了新的哲学理论。其中，方东美借鉴了怀特海自然哲学的观点，在中西哲学比较中肯定了有机主义宇宙观、人生观的积极意义。后期，他把儒佛道哲学与怀特海有机主义会通融合，形成以“机体主义”为特色的生命哲学。牟宗三的哲学创新，则建立在对怀特海自然哲学批判和扬弃的基础上。他认为，怀特海哲学只是一个自然哲学、一个现象界，它是平面化的，并没有“见体立极”。因此，必须从一体平铺的现象界，上悟大道，“见体立极”。这里有两条路：一是知识论的进路，一是道德的进路。正是基于对怀特海哲学认识论和道德论缺陷的批评和补救，牟宗三从怀特海哲学转向康德哲学、宋明理学。1940 年代之后，牟宗三的哲学研究和创造有了新的转向，即从认识论转向道德形而上学、从现象界转向本体界。具体说，他把宋明理学家的道德生命和康德的道德法则融合，实现道德进路上的“见体立极”。然而，这种转向的动力和契机，恰是来自他前期对怀特海和宋明理学的吸收、融会和批判。

当然，怀特海哲学对现代中国哲学创新和建构方面的影响，不只是方东美和牟宗三。譬如，贺麟的“新心学”，虽是融合了宋明理学和黑格尔哲学的产物，但他强调直觉体验与理智统一的方法，明显受到怀特海的影响。张岱年的“新唯物论”哲学，虽是将唯物辩证法与中国传统辩证法及“气论”相融而成，但其强调“宇宙为一能动、变化、创新的大历程”之观点，也是受了怀特海有机主义宇宙观的影响；而其宇宙论“事”之观念，则明确说是取自于怀特海《自然之概念》中“事”（event）的概念。另外，谢扶雅的“中和神学”，罗光的“生命哲学”，张东荪的“架构论”等都是受怀特海哲学影响而产生的。[1]

综上所述，民国时期，方东美、牟宗三、唐君毅、张东荪、谢扶雅、罗光等哲学前辈，不仅没有忽视怀特海，反而深契于其哲学。正是以怀特海哲学为镜子，折射了中西哲学之差异，映照出中国哲学传统反实体主义、有机主义、过程性、德性生命的特质，保持了对中国原有哲学的领悟力和鉴赏力，指出中西哲学会通的桥梁便是以怀特海为代表的有机主义和生命哲学。然而遗憾的是，上世纪四十年代之后，怀特海哲学在中国湮没，逻辑分析主义、新实在论和唯物论传统继续占据人们的哲学心灵，这种湮没不仅使中国人对西方哲学的认识变得狭隘，而且使中国人失去了对自己原有哲学的领悟力和鉴赏力。试问：如果中国人连自己的哲学传统都不能理解，那么又如何融会中西哲学精神并进行哲学创新呢？然而值得欣慰的是，近年来中国人开始珍视自己的原有哲学精神和生命，怀特海的有机主义和过程哲学在中国再一次“回归”，当这两种传统汇通时，一种新思想正在呼之欲出！

另外，将朱熹与怀特海哲学进行比较是近来中西比较哲学有趣的课题，而且怀特海与朱熹及中国哲学渊源颇深，因此在前人的基础上将二者进行系统而纵深的比较很有必要。当然，通过一些概念和范畴的对比分析，说明朱熹与怀特海哲学在有机性、过程性方面的相通性，国外李约瑟、白诗朗、安乐哲、俞检身、秦家懿、成中英等人已有了尝试，[2]但不足之处是他们在概念、范畴的对比中注重

---

[1] 在怀特海哲学影响下方东美、牟宗三、唐君毅、贺麟、张东荪、张岱年、谢扶雅、罗光等人的中西哲学比较和创新，具体参见王锟的《怀特海与中国哲学的第一次握手》（北京大学出版社，2014年）相关章节。

[2] 白诗朗著、俞懿娴译：《是否道学为过程哲学？》，《哲学与文化》，2007年6月。

相通性而忽视相异性，尤其未能在相异性比较基础上，深入阐述朱熹哲学的精神和特质。本书就是在继承上述成果的基础上，通过对朱、怀二氏的概念、理论、脉络及特质进行全方位比较，警惕“强制阐释”，“朗现”朱熹生命哲学的精神，揭示其反实体主义、有机主义及过程性、重德性的特质，思考和展望中西哲学对话交流的新视角和新思路。最后必须说，笔者不是借用怀特海哲学来重新诠释朱子哲学（因为透过一个西方哲学家来研究中国哲学家有很大的风险，比如说坚持先了解怀特海的哲学后才能了解朱熹哲学），而是通过比较有助于我们对朱熹有更深的理解。同时通过理解朱熹与怀特海哲学的不同，有助于人们对怀特海哲学有更多的理解。更重要的是，通过在朱熹与怀特海哲学比较的基础上思考和展望中西哲学对话交流的出路。

上　篇

第一章　朱熹与怀特海丰富多彩的学术人生

第一节　怀特海的观念冒险及多个面孔

一、创进冒险的一生

正如谢幼伟指出的，怀特海是一位与柏拉图、亚里士多德、康德、黑格尔诸哲能并驾齐驱的伟大哲学家。现代哲学史上的柏格森、克罗齐、杜威、罗素等诸贤，应推怀特海为祭酒。然而遗憾的是，国人对之知之不多，这是中国学术界的不幸。[1] 谢幼伟的这段话现在仍然适用，当今中国哲学界对怀特海了解不够，因此有必要介绍他的学术人生。

1861 年，阿尔弗雷德·诺思·怀特海出生于英国肯特郡的拉姆斯盖特镇。他的祖父和父亲都从事教育和宗教事业，家庭充满着浓厚的教育和宗教氛围。受当校长的祖父，还有做牧师的父亲和叔叔的影响，怀特海从小就在家庭里接受严格的希腊文、拉丁文教育，学习数学和历史。1875 年，14 岁的怀特海才开始进舍本恩中学学

[1] 谢幼伟:《怀黑德学述》,“中央”文物供应社印行，1954 年，第 3 页。

习，他在这所英国最古老的中学学习了五年，接受严格的古典教育。在中学期间，怀特海不仅学习成绩优异，而且还是校足球队的队长，后担任班长，表现出良好的协调和沟通能力。少年怀特海喜欢读诗，尤其喜欢英国浪漫主义诗人华兹华斯和雪莱的诗歌，致使他有了这样的观点：即自然是有生命的、有价值的。晚年他在《思维方式》一书说出了“哲学与诗相接近”、“哲学是概念的诗歌”之言，则是受少时喜好诗歌的影响。

1880年中学毕业后，怀特海进入剑桥大学三一学院研习数学，得到严格的专业训练，成绩突出。1884年，他加入了剑桥大学著名的学生精英俱乐部——“使徒协会”，与当时英国最杰出的青年思想精英如西季威克、麦克塔特、梅兰特、特纳、罗素等人一起讨论学习。也就在这时起，他开始接触哲学。其中莱布尼茨的单子论、柏格森的绵延理论、布拉德雷的内在关系说、詹姆士的经验一元论等学说给他留下了深刻的影响。怀特海的哲学修养不是得自哲学专业的教育，而是来自参加“使徒协会”活动时与朋友、师长的自由讨论。其间他曾熟读康德的《纯粹理性批判》，有些段落能熟读成诵。他跟麦克塔特了解黑格尔的唯心主义，但自悔当时未读黑格尔的著作，因为他看到黑格尔谈及数学的话过于荒谬，因此就不读他的著作。

1885年，怀特海剑桥大学毕业后，留校任三一学院的研究员兼讲师，讲授数学达十余年。1890年，他与家庭教师伊芙琳·韦德结婚。婚后很长时间阅读了大量的宗教史和神学书籍，并开始撰写他的第一部数学著作《泛代数论》。1900年，怀特海与罗素一同到巴黎参加世界哲学大会；1901年开始与罗素合作撰写数理哲学名著《数学原理》。1910年、1912年和1913年剑桥大学出版社分别出版了二人合著的三大卷《数学原理》。

1910 年，怀特海辞去剑桥大学教职而去伦敦大学任教。1911 年至 1914 年他任伦敦大学附属学院讲师。1914 年，怀特海参加了第一届数理哲学大会，发表了一篇空间关系理论的论文，预示着他向自然哲学研究的转向。1914 年至 1924 年怀特海任伦敦大学帝国理工学院教授。伦敦大学时代是怀特海人生中最繁忙的阶段，他除了学术活动之外，还担任伦敦大学理学院院长、学术评议会议长等教育管理职务，并积极参加社会活动。其间，他思索教育问题，发表了多篇论述教育的论文，这些论文后来结集为《教育的目的》一书出版，成为教育哲学的名著。1915 年怀特海参加伦敦亚里士多德学会，常在这个哲学学会上发表论文，并与罗素、摩尔、纳恩、摩根、霍尔丹、亚历山大等当时的著名哲学家建立了亲密的友谊（注意：怀特海后来回忆说，他从亚历山大吸收了许多哲学观点）。怀特海初涉哲坛，思考自然界是什么？陆续发表了三部科学哲学的著作——即《自然知识原理》《自然的概念》《相对性原理》，这时他已经蜚声海内外，为他日后受聘为哈佛大学哲学教授职位铺平了道路。1918 年，他的儿子诺思参加“一战”牺牲而给全家人带来了痛苦，这使得死亡和不测事件成为他后期哲学思考的主题之一。

1924 年，伦敦大学退休后，怀特海受哈佛大学校长的邀请担任哲学教授。怀特海漂洋过海，来到完全陌生的国度美国，他以 63 岁的年龄接受哈佛大学哲学教授的职位，讲授自然哲学和形而上学，同时主持周五晚上的形而上学研讨班。1924 年，他在波士顿做洛厄尔讲座，主题是“自然哲学的三个世纪”，讲座内容经过扩充并以《科学与近代世界》一书出版，成为当时的畅销书，该书使怀特海的哲学声誉如日中天。1925—1926 年他又在波士顿做洛厄尔讲座，主题是“科学与宗教”，并结集为《宗教的形成》一书。1927—1928年，他主持爱丁堡大学的吉福德讲座，主题是“有机体的概念”，做了二十个系列演讲，结集为《过程与实在》一书。之后怀特海一直写作，出版了《理性的功能》《观念的探险》《自然与生命》《思维方式》等书。

晚年怀特海获得了许多荣誉称号，哈佛大学、耶鲁大学、威斯康星大学分别授予他荣誉博士学位。1930年哥伦比亚大学授予他巴特勒勋章。1931年，他当选为英国研究院院士，而早在1903年他就当选为英国皇家学会院士。怀特海同时被选为两个学会的院士，这在当时极其罕见，反映了他杰出的学术贡献。1938年退休后，怀特海寓居麻省的剑桥。1947年12月30日逝世，1948年1月6日，人们在哈佛大学纪念堂为他举行了一场悼念活动。[1]

总之，怀特海看似平淡的学术生涯实质上充满创进冒险色彩，这或许是他把“冒险”推崇为五大价值观之一的原因。怀特海把世界看作为一个不断创新变动的过程，珍视冒险的价值，而他的生平和学术研究充满着变动和冒险。怀特海从一个大学到另一个大学，从一个城市到另一个城市，从一个国家到另一个国家。他的知识不断进展，从一个学科领域到另一个学科领域，开始是古典教育，然后是数学、逻辑学、物理学到教育理论，再到科学哲学和自然哲学，最后止于形而上学和宗教哲学，他力图整合物理、数学、逻辑、哲学、宗教为一有机整体，而且还几乎在每个领域留下独特的成果，这是最令人不可思议的！

---

[1] 怀特海的生平简介，参见维克多·洛撰写的《怀特海传》(商务印书馆，2018)一书；也参见《怀特海自传》一文，收于怀特海著、陈养正等译的《怀特海文录》(浙江文艺出版社，1999年)第3—17页。

二、多个面孔的思想家

怀特海一生在知识的海洋中冒险前进，不断创新，其学术渊博，在各个领域见解独到，呈现出多个面孔。[1]

怀特海首先是一位数学家。他早年的著作如《普遍代数论》(A Treatise on Universal algebra 1898 年)、《投射几何原理》(Axioms of Projective Geometry 1906 年)、《图形几何》(Descriptive Geometry 1907 年)、《数学导论》(An Introduction to Mathematics 1911 年)都是数学著作。

怀特海也是一位逻辑学家。他与罗素合作完成了现代数理逻辑经典——《数学原理》(此书第一卷出版于 1910 年，第二、三卷出版于 1912 年及 1913 年)。怀特海说，这本书关于文字的说明多出于罗素之手，而符号方面多为他的贡献，尤其第三卷贡献最多。

之后，怀特海由数学转入理论物理学和科学哲学，**成为理论物理学家**。他开始思考自然界是什么，1918 年他发表了《自然知识原理》(An Enquiry Concerning of the Principles of Natural Knowledge)，1920 年发表《自然的概念》(The concept of Nature)，二书奠定了其自然哲学的基础。《自然知识原理》一书探讨的“事件”(event)与“对象”(object)、“广延抽象法”等，可以说为他的科学哲学奠定了思想基础。《自然的概念》则是发挥了《自然知识原理》基本思想，建立了一套涵盖自然科学的“自然”概念，此二书虽不是怀特海哲学的成熟作品，但要了解其哲学，宜先读这些著作。1922 年，他又发表理论物理学的著作——《相对论原理》(The Principles

[1] 关于怀特海的七个面孔思想家的讨论，参见［日］田中裕的《怀特海：有机哲学》，包国光译，河北教育出版社，2001 年，第 3—18 页。

of The Principles of Relativity)，怀特海的《相对论原理》绝不是爱因斯坦相对论的解说或入门读物，这是一本提出了取代爱因斯坦引力理论的新引力理论著作。怀特海的引力理论，在被1970年代详细阐述了广义相对论验证问题的美国物理学家威尔反证之前，可以算得上是一个与爱因斯坦理论相抗衡的理论。《相对论原理》所表达的思想，是对古典物理学关于时间、空间、物质观念的一种革命；尤其建立了一套自己的相对论观念：相对性即相关性，主张时间、空间结构和一切自然法则都是基于事件与事件的内在相关性之上。实际上，怀特海关于科学哲学的这三部著作，就是受这次新物理学革命启发而写成的。正因为如此，在《科学与近代世界》一书中，怀特海专门各设一章留给“相对论”和“量子论”，这说明怀特海的哲学思考和写作深受新物理学尤其相对论和量子理论的激励和影响。

之后，他从科学哲学又进入形而上学，**成为真正的哲学家**。怀特海写完以自然为主题的三部科学哲学著作之后转向形而上学。任哈佛哲学教授后，他于1925年发表《科学与近代世界》一书，这是他从科学哲学向形而上学过渡的标志。《科学与近代世界》深受读者欢迎，成为当时的畅销书，怀特海因此获得很大的声誉。有人认为这是自笛卡尔《方法论》以来论述科学与哲学关系最重要的著作。该书的后半部分涉及深奥的形而上学概念，显得晦涩难懂，实际是《历程与实在》(或译为《过程与实在》)一书的开端。因此，要读懂《历程与实在》，可先读此书。

怀特海还是过程神学的创始人。怀特海与宗教的关系尤其值得一提。前面说过，怀特海出身于一个传统的宗教家庭，但他没有加入教会。年轻时期，由于受教皇最高顾问纽曼主教的影响，怀特海曾认真地考虑过改信罗马天主教，后来因结婚而打消了这个念头。“结婚前不久，怀特海对宗教的长期兴趣就发生了转变。他的宗教背景是与英国教会牢牢联系的；他的父亲和叔叔们都是受了圣职的，还有他的兄弟亨利，他那时正要成为马德拉斯的主教。但是怀特海在诺曼主教的影响下，开始考虑起罗马天主教会的信条来了。在大约八年的时间里，他阅读了大量的神学著作，潜心神学研究。然后他卖掉了他的神学藏书，放弃了宗教。……从此再也不是任何教会的成员了”。[1] 由于不属于教会，怀特海的宗教哲学并未体现一种传统的基督教神学色彩，相反，他对传统基督教神学持严厉的批判态度。怀特海的宗教哲学著作以《宗教及其形成》为代表，这是批判传统宗教的书籍中不可不读的一部。怀特海在《宗教及其形成》提出了所谓的“过程神学”观念，怀特海关注的不是有形存在的神，而是把产生一切有形事物的纯粹的“创造性（creativity）”作为终极形式来思考。这种“创造性”超越了包括宗教超越者神在内的一切现实的存在，是形而上学的超越者，在《过程与实在》中被视为“终极范畴（the category of the ultimate）”。在怀特海的宇宙论里，现实世界的一切事物不具有实体的性质，诸事物之间相互包容而创造性生成。这种宇宙观与大乘佛教中对“缘起——无我性——空”的动态理解相对应，这就开通了以怀特海哲学为媒介的佛教思想与基督教神学之间的对话之路，在现代宗教哲学界颇有影响。[2]

怀特海还是一位深邃的生态学家。怀特海认为，自己哲学上的

---

［1］（美）约翰·布坎南著，《万物有情论：怀特海与心理学》，陈英敏、刘玉译，北京大学出版社，2017 年，第 43 页。

［2］ 参见吴汝钧：《机体与力动：怀特海哲学研究与对话》（台湾商务印书馆，2004 年）一书相关章节。

成就，得其妻之助。怀特海的妻子对文学与艺术有特殊的爱好，而文学和艺术所表达的自然生命之美深深地影响了他的自然观。怀特海说："我的世界观受余妻的影响至巨，我的哲学产品必视这种影响为一种主要的因素。""余妻活泼动人的生活，对于我的教训是，道德和艺术之美是生存的目的，而慈与爱，及艺术的满足，则为这种目的达到后的各形态。至逻辑和科学，则是有关理型的显露，及无关事件的避免。"[1] 正是在妻子的影响下，怀特海将文学审美维度结合进他的形而上学。当然，怀特海在中学和大学时代阅读了大量的诗歌文学作品，逐渐熏染了他的审美经验。在《观念的冒险》一书中他指出，**"一个命题是有趣的，这比它是真的更为重要"**。把"美"看作比"真"更重要，这对一位 20 世纪的哲学家——尤其是一位将大部分生命用来研究逻辑、数学、物理以及科学哲学的哲学家来说——的确是一种不寻常的观点。[2] 怀特海的《科学与近代世界》一书中引用浪漫派自然诗人特别是华兹华斯的诗句来解释自己的有机论自然观。至此，怀特海从机械唯物论的"死的自然"向有机哲学的"活的自然"的转变，认为自然是流变的，是创造性的进展，是充满着生命、价值和美的园地。在这个意义上说，他成为一位思想深邃的生态学家。

怀特海还是一位有深刻思想的教育学家。在伦敦大学时，他参与教育行政管理工作，在各种各样的场合就教育问题发表讲演。他曾说过，从 1911 年到 1914 年的暑假，他在伦敦大学学院（University College London）有了不同的工作，而在这段时间的最后

---

[1] 谢幼伟：《怀黑德学述》，第 3 页。

[2]（美）约翰·布坎南著，《万物有情论：怀特海与心理学》，陈英敏、刘玉译，北京大学出版社，2017 年，第 42 页。

几年他是大学科学院的院长、学术审议会的主席，负责伦敦大学内部的教育事务。他也是管理金匠学院的校务委员会议主席，以及波洛技术学院校务委员会的成员。还有许多其他这类的职位，事实上他还参与伦敦大学和技术学院教育的督导，加上他在皇家学院的教授职位，使他的工作异常忙碌。他在教育方面发表的演说词和论文后来收入《教育的目的》一书，系统地表达了过程教育思想——即以过程哲学的观念来论述教育方面的事情。怀特海还积极参与政治活动。他说，在英国他会投票给工党中的温和派；他们住在格蓝斯彻的时候，他在格蓝斯彻作了不少次政治演说，也在该区的乡村作演讲。[1]

怀特海还是兴趣广泛的历史学家。中学时代他就学习历史，在剑桥大学参加“使徒协会”时受到著名的历史学家梅兰特的影响，结婚后很长一段时间他曾精研教会史。正是长期的历史学习和研究，使他熟谙历史。如果阅读《科学与现代世界》以及《观念的冒险》一书的前半部分，你就会被他丰富的历史知识和精深的史观所折服。同样，读《怀特海谈话录》一书就发现，他不仅对古希腊罗马历史、中世纪历史、近现代欧美历史非常熟悉，而且史观很有见地。如他评论人民群众和英雄人物在历史进程中的作用时说：**“普通大众也许可以决定社会的总方向，但社会的伟大人物却赋予那个方向准确目标。”**[2] 如早在 1945 年就预见到中国的共产主义有其特殊之处，不同于苏俄的共产主义。[3] 罗素被誉为二十世纪最博学的智者，但他曾指出，“怀特海的历史知识多得令我吃惊，我一遇到历史方面的问

[1] 参见《怀特海自传》,《怀特海文录》，第 15 页。

[2] 卢西恩 · 普赖斯:《怀特海谈话录》，周邦宪译，商务印书馆，第 129 页。

[3] 卢西恩 · 普赖斯:《怀特海谈话录》，第 335 页。

题，经常向他请教。”

总之，怀特海是数学家、逻辑学家、物理学家、哲学家、宗教学家、教育学家、生态学家、历史学家，拥有不同的面孔，而且在自然科学、教育、社会、哲学、宗教、历史等领域都有广泛学习、精深思考，力图融会贯通这些领域而成有机整体，并留下重要的观点和传世著作，绝非泛泛之辈，这不得不让人敬服和赞叹！

三、怀特海学术生命的分期及其影响

就怀特海学术思想来说，其发展大抵分为三期[1]：第一是数学和数理逻辑时期，重要著作有《普遍代数学》《投射几何原理》《数学导论》及《数学原理》(与罗素合著)。其中《数学原理》主旨是阐明数学可以通过形式逻辑推演而成，该书是现代数理逻辑的经典著作。第二是自然哲学时期，主要著作有《自然的概念》《自然知识原理》《相对论原理》，内容是自爱因斯坦的相对论出发而对牛顿式的科学概念进行批判。第三个时期是他当了哈佛哲学教授后的形而上学时期，主要著作是《科学与近代世界》《过程与实在》《观念的探险》《思维方式》等，在科学界、哲学界、宗教界引起了很大反响，这是怀特海最具创造力、最有影响的时期。其中，《过程与实在》一书是过程哲学和有机主义的开山经典，而在自然哲学与形而上学两个时期之间有一过渡性的著作，这就是影响很大的《科学与近代世界》，另外还有《宗教的形成》和《符号主义及其意义和效果》两本小册子。怀特海毕生最重要的著作是《过程与实在》(Process and Reality 1929 年）一书。但读者对该书的反应一致是艰涩难懂，他本人也承

[1] 以下学术分期，可参见谢幼伟：《怀黑德学述》，第 3—8 页。

认难懂。为解释或补充此书，他于 1933 年发表了《观念的冒险》一书。与《科学与近代世界》一样，该书前半部分是历史，后半部分是哲学。在《观念的冒险》之前，他还于 1929 年出版了两书：一是《理性的功能》(The Function of Reason)，一是《教育的目的》(The Aims of Education and Other Essays)。1938 年，还出版《思想方式》(The Modes of Thought) 一书。之后，他不再写书，但有零星的论文撰写，后于 1947 年把它们结集为《怀特海文录》(Essays in Science and Philosophy) 出版。在该书的“自传”一文中指出，语言有局限性，而哲学是致力于以有限的语言，表达无限的宇宙。[1] 而这种企图不易成功，所以其哲学著作也就难读了。怀特海本是一位数学家，对哲学虽有兴趣，起初并无意做哲学家，故与哲学家少来往，所以不为流行的哲学观念所束缚，而且不能也不愿运用传统的哲学语言表达其思想，故多造新概念和新名词，遂造成其哲学理解的困难。

怀特海在西方现代哲学史上占有重要的地位，正如张君劢指出的，当代哲学家中，能把上自柏拉图，下至爱因斯坦相对论与普朗克量子论原理融会于一个系统而自成其一家言者，只有怀特海。他引用瑞士著名学者卜欣司几的话说：“怀氏为多方面之才人，既为第一等数学家，又为数理逻辑之创造人，又为机体哲学之著作者。虽由自然科学家出身，而对于历史具有极大兴趣与见识。其体系以物理学为本，而脑中富于生物学观念，且集中心思于宗教哲学。怀氏为逻辑学者，而其措辞中，藏有神秘主义之语调。学问功夫精到，而对于精神方面和美术方面，又有深切同情。不独其立言确定，分

[1]《怀特海文录》，第 16 页。

析功夫精细，而综合力又超乎常人之上。若怀氏者可以为哲学之模范矣”。[1] 张君劢认为，怀特海的思想虽然以新物理学为背景，然哲学家柏拉图、亚里士多德、洛克、斯宾诺莎、莱布尼茨、柏格森对他有积极影响，而休谟与康德对他则有消极影响。柏拉图的哲学，使怀特海颇为倾倒，其许多概念被怀特海所采用。如柏拉图的意典（ideal），怀特海名之永恒体；柏拉图的物理元素，怀特海名之物理或物极；柏拉图的心灵，怀特海名之心极或主观形式；柏拉图的爱（eros），怀特海名之嗜好或理想追求；柏拉图视数学为最高的善，怀特海有“善与数学”一文。虽然柏拉图的概念是静止的、主观的，而怀特海的概念是动的、客观的，但是，怀特海所建构的概念，很少有逃出柏拉图的范围。所以怀特海说，欧洲两千年来的哲学不过是柏拉图的注脚。可见，怀特海是与柏拉图相比肩的大哲学家。[2] 总之，怀特海的哲学探索就是把自然科学与哲学社会科学加以融汇并建构成一个哲学体系。

第二节　朱熹丰富广博的学术人生

一、朱熹的生命进程

朱熹是江西婺源人，父亲朱松是二程后学，曾任福建尤溪县尉，去职后在尤溪郑安道的义斋（即“南溪书院”）设馆教学。1130 年，朱熹就出生于这所馆舍。1134 年，朱熹的父亲升任朝廷秘书省正字

---

［1］ 张君劢著，程文熙编：《中西印哲学文集》（下），台湾学生书局，1981 年，第 1243 页。

［2］ 张君劢著，程文熙编：《中西印哲学文集》（下），第 1243 页。

一职，后因他反对秦桧“和议”之策于1140年被罢官回家。朱熹的童年生活随父亲在建阳度过，1143年朱松病逝，当时朱熹年仅十四岁。临终前，朱松把儿子托付给崇安的同学刘子羽照顾，又写信请刘子翚、刘勉之、胡宪三位同学代为教育。

父亲去世后，朱熹与母亲寄居于刘家生活，在清苦又快乐的氛围中发奋读书。1147年，18岁的朱熹在建州乡试中考取贡生。1148年春，刘勉之将自己的女儿刘清四许配给朱熹，也就在这一年，朱熹考中进士。1153年，朱熹赴任同安县主簿之职，并以“敦礼义、厚风俗、劾吏奸、恤民隐”之法管理县事，他曾排解同安、晋江两县民众械斗，整顿县学，政绩颇佳。1157年，28岁的朱熹任满罢归，从此专心向李延平问学。1160年，朱熹正式拜李延平为师，直到1163年李延平去世，朱熹刻苦问学，颇得二程真传，学问大为长进。

1162年，新即位的宋孝宗颇有抱负而意图有所作为。朱熹应诏上封事，反议和主抗战、反佛崇儒，提出讲学明理、定计恢复、任贤修政的具体策略，引起皇帝的重视。1163年，朱熹应诏入对垂拱殿，向宋孝宗面奏三札：一札论正心诚意、格物致知之学，反对老佛异端之学；二札论外攘夷狄之复仇大义，反对和议；三札论内修政事之道，反对宠信佞臣。这些奏议对皇帝触动颇大，但朱熹的抗金主张并没有被采纳。不久，朝廷任朱熹为国子监武学博士，他辞职不就，请祠归返崇安故里，继续读书论学。

1167年农历八月，朱熹前往长沙访问湖湘学派的代表人物张栻，交流论学，近两月后东归。1169年，母亲去世，他便建立寒泉精舍边守墓边读书，开启了长达9年的“寒泉证道”时期（1169—1178）。1171年，朱熹在崇安五夫里创建社仓制度，很好地解决老百姓农业歉收之年的吃饭问题，全国各地效仿社仓制度。1175 年，浙学代表人物吕祖谦来访朱熹，他们在寒泉精舍相聚论学一个半月，并合编成理学名著《近思录》，史称“寒泉之会”。五月，朱熹送吕祖谦至信州鹅湖寺，并与陆九龄、陆九渊等江西学人论辩讲学十余日，史称“鹅湖之会”。总之，与湖湘学、浙学、江西之学的辩论使朱熹的思想进一步精进和提升。

1179 年，朝廷起用朱熹让他主管南康军。当时南康旱灾严重，朱熹积极救灾，他兴修水利、抗灾救荒，并奏免星子县税钱，使百姓度过了灾荒。接着他推进南康的文教建设，1180 年朱熹主持修成白鹿洞书院，并亲自制定了《白鹿洞书院学规》，该学规成为我国书院教育史上最早的学规之一，700 年一直成为书院教育的榜样。1181 年，他还邀请陆九渊来白鹿洞书院讲学，成为当时学界盛举。同年八月，浙东路发生了严重的饥荒。由于朱熹在南康救荒有功，朝廷又让他出任提举浙东常平茶盐公事一职。为解救灾情，朱熹到任便迅速采取了许多有力措施，控制灾情的蔓延。他边救灾边走访浙东各地，发现地方权贵自私谋利，鱼肉百姓，便上书朝廷弹劾唐仲友等地方权贵，后被与唐仲友有姻亲关系的宰相王淮所阻，他愤而辞职，在浙东任上仅九个月。受“唐仲友案”的刺激，朱熹晚年不满于浙学所倡导的“功利”之说。

1182 年，朱熹首次把《大学章句》《中庸章句》《论语集注》《孟子集注》四书合刊，“四书”真正形成。辞职回闽之后，朱熹在武夷山修建“武夷精舍”，专心讲学。其间与陈亮展开了王霸义利之争，力陈浙学重视“功利”之弊，并与陆九渊等进行“无极太极之争”，这对他思想的挺立淬炼至关重要。

1188 年，朱熹向皇帝上奏著名的《戊申封事》，提出先励精图治安定国内，充实国力后图谋北伐。为了国内励精图治，他提出所谓的“天下之大本与今日之急务”对策。治天下之大本就是“正君心”；“今日之急务”即“辅翼太子、选任大臣、振举纲纪、变化风俗、爱养民力、修明军政”等六项改革方略，直击政治问题要害，可惜未被采用。1190 年，朝廷任命朱熹主政漳州，他满怀抱负在漳州推行土地改革，其中以“正经界”最为瞩目，他主张核实田亩，并按地亩多少纳税，以打击地方豪强兼并，实行公平纳税。1191 年农历正月，因长子朱塾卒而请辞返回乡。

1194 年，湖南发生瑶民叛乱，来势凶猛，官府无法应对。朱熹又一次临危受命，出任知潭州、荆湖南路安抚之职平定叛乱。朱熹采取围剿与怀柔并举之策，招降瑶民起义军首领蒲来矢，迅速平息叛乱。其间他还兴办学校，推广教化，督查吏治，敦厚民风，积极治理湖湘。他主持修建岳麓书院，并在政事之余亲自给学生讲课。同年八月，65 岁的朱熹被任命焕章阁待制兼侍讲，地位隆盛。十月十四日，朱熹奉诏给宋宁宗进讲《大学》，他发挥“格物、致知、诚意、正心、修身、齐家、治国、平天下”八目，抨击时政，揭露皇帝宰相治国之失，引起宋宁宗和宰相韩侂胄等人的不满，被罢待制兼侍讲之职，朱熹在朝廷为官仅 46 日。十一月，朱熹归居建阳考亭。1196 年（庆元二年），韩侂胄指使沈继组、李紘等人以捕风捉影、颠倒捏造方式奏劾朱熹“十大罪状”，加上宁宗害怕朋党之祸，下令禁止道学，朱熹被斥之为“伪学魁首”并剥夺一切职位，终酿成“庆元党禁”。这次党禁，朱熹的学生受到牵连，有的流放有的坐牢。之后几年，承受着党禁的压抑与病痛的折磨，年迈的朱熹仍然著述讲学不辍。1200 年三月初，朱熹去世。朝廷下令禁止各地士人参加朱熹葬礼。11 月，朱熹葬于建阳县黄坑大林谷，他的弟子同道近千余人不顾朝廷禁令，自发去参加会葬。[1]宋理宗之后，朱子理学重新被推崇，从此取得了支配地位，影响了中国约700年之久。

二、朱熹学术生命的分期及著述

朱熹的学术生命发展大致可分为五个时期。一是青少年自牧时期。朱熹幼儿时就有哲学慧根，他说："某五六岁时，心便烦恼个天体是如何？（天）外面是何物？"[2]十来岁时开始用功读四书。十四五岁时，即有志于"格物致知"。[3]十五六岁即喜好理学，同时又留心禅学。也喜好金石文学，兴趣广泛。二十岁开始写诗文，收于朱子本人手定的《牧斋净稿》。《牧斋净稿》之诗起自绍兴二十一年秋，终于绍兴二十六年秋。正是从他铨试归候任同安县主簿（时22岁）到履职同安县主簿期满所作（27岁），其间朱子建"牧斋"，日读《大学》《中庸》《论语》《孟子》，研习六经，旁及百氏之书，谦谦自牧，出入佛老，曾师从道谦和尚学禅。《牧斋净稿》之诗就是此段时期经历和思想的记载，朱子自订其诗，意在总结告别过去。

二是师事李延平时期，这些诗文自绍兴二十七年秋（时28岁）同安任归而致书李延平问学，至隆兴元年（34岁）李延平卒，记载了朱子在李延平的引导下，折返儒学，直追周、程之学的精进过程。

三是南岳唱酬时期，这些诗文记载乾道三年（37岁）朱子至湖南与张栻论学及东归，与吕祖谦、张栻三人纵论太极，辨别"中和新旧说"。乾道五年（1169年），朱熹悟到"中和旧说"之非，用"敬"和

---

[1] 以上朱熹的生平，参见束景南的《朱子大传》（商务印书馆，2003年）一书相关章节。

[2]《朱子语类》卷四十五，中华书局，1986年，第1156页。

[3] 朱熹：《答陈正己第一》，《朱文公文集》卷五十四，《朱子全书》，第2558页。

“双修”思想重读二程著作，从全新角度独创“中和新说”。这标志着朱熹理学思想的成熟。诗文收在《南岳唱酬集》及《东归乱稿》中。

四是寒泉证道时期，这时期的诗文记载了自乾道六年（40岁）至淳熙五年（49岁）朱子斋居寒泉精舍著书论学的过程。其中,《斋居感兴二十首》最能反映其哲学创造时期的情况。

五是晚年时期。经过寒泉证道时期，朱子已由道佛返归儒，弃“主静”返归“主敬”，判湖湘张栻之学、江西陆氏之学、浙江吕祖谦、陈亮之学而建立自己的学说，这是朱子创作的高潮时期，也是朱子理学形成最重要的时期。这段时期，他不仅完成了《太极图说解》、《通书解》、《西铭解》以建构自己的宇宙本体论；草成了《资治通鉴纲目》，刊行了《八朝名臣言行录》以建构自己的理学史观；而且还编成了《二程遗书》和《伊洛渊源录》，并与吴楫、李宗思辩论儒佛之异以挺立自己的道统论；同时还刊行了《论孟精义》，草成《大学章句》和《中庸章句》，合编成《近思录》，作《尽心说》、《仁说》，编订“中和说”而成自己的心性工夫。如此等等，这都是朱子理学基本完成的标志。晚年讲学和实践时期，淳熙九年（1182年），朱熹53岁时，他才将此前已写成又不断修改的《大学章句》《中庸章句》《论语集注》《孟子集注》四书合刊，此即著名的《四书章句集注》，经学史上的“四书”之名第一次出现。晚年又写《参同契考异》《韩诗外传》《楚辞集注》等。

朱熹一生著述丰富，主要有:《周易本义》《周易启蒙》《蓍卦考误》《诗集传》《大学中庸章句》《四书或问》《论语集注》《孟子集注》《太极图说解》《通书解》《西铭解》《楚辞集注辨正》《韩文考异》《参同契考异》《中庸辑略》《孝经刊误》《小学书》《通鉴纲目》《宋名臣言行录》《家礼》《近思录》《河南程氏遗书》《伊洛渊源录》等。《文集》一百卷,《续集》十一卷,《别集》十卷，门人辑录的《朱子语类》

一百四十卷。

三、多面孔的朱熹

朱熹是哲学兼及科学的学问家。除哲学思想外，朱熹还是富有科学精神的博物学家。他阐述“格物致知”时说：“上而无极、太极，下而至于一草、一木、一昆虫之微，亦各有理。一书不读，则阙了一书道理；一事不穷，则阙了一事道理；一物不格，则阙了一物道理。须著逐一件与他理会过。”[1]“天地中间，上是天，下是地，中间有许多日月星辰，山川草木，人物禽兽，此皆形而下之器也。然而这形而下之器之中，便各自有个道理，此便是形而上之道。所谓格物，便是要就这形而下之器，穷得那形而上之道理而已。”[2]朱子认为宇宙自然、万事万物都有道理，这是科学思想的基础。朱子“即物而穷其理”的“即物”则有归纳实证精神。朱子自己亲自观察和实验，经常与不同观点进行辩论，费力进行分析，常因找不到准确名词概念而苦恼（朱熹说“命字最难”）。他教人读书“有疑”且“虚心求证”的态度，具有“假设与求实证”的方法，这是科学的精神。[3]学生黄榦在《朱先生行状》中称朱熹“至若天文、地志、律

---

[1]《朱子语类》卷十五，中华书局，1986年，第295页。

[2]《朱子语类》卷六十二，中华书局，1986年，第1496页。

[3] 关于朱熹的科学精神与方法，可参见胡适晚年颇有影响的论文——《中国哲学里的科学精神与方法》。在该文里，胡适高度肯定朱熹“即物而穷其理”的哲学富有“科学精神”，他所提出的“权立疑义”方法，就是先提出一个“未可便以为是”的假设，然后耐心地寻找更多的实例和证据作比较以检验这个假设，这是一种科学的方法。胡适认为，正是应用这种科学的方法，朱熹对《诗》《易》《书》等儒家经典开始研究，开启顾炎武、阎若璩、戴震、钱大昕、王念孙等人为代表的清代三百年的考据学。这种科学精神与方法与同时代伽利略、牛顿的科学精神相媲美。所不同者，中国人则把这套方法用于书本和文献的研究，而未能如西方人那样用于对自然界的研究，最终没有产生近代自然科学。

历、兵机，亦皆洞究渊微。”他从小至老都关心研究天文地理问题，朱熹67岁时曾回忆说：“某自五六岁，便烦恼道：‘天地四边之外，是什么物事？’见人说四方无边，某思量也须有个尽处。如这壁相似，壁后也须有什么物事。其时思量得几乎成病。到而今也未知那壁后是何物。”[1]他对地质学化石、鬼神、宇宙起源、地心说、大地自转、日食与月食、潮汐、雪花晶体、雨虹等自然现象的形成，对地理与气候的关系，对生物与人类的起源，对中医诊脉、农业生产结构、农作物布局及具体的生产技术等问题都有见解阐述。[2]其中，朱子对地质化石的发现，比欧洲人DaVinci（1452—1519年）发现还早三百年。他提出的宇宙起源的“涡旋说”，比康德的“星云涡旋说”早数百年。有意思的是，朱熹还设想一种庞大的浑天仪——“假天仪”，即设想设计一个球体类似天球，球体内部标上星辰位置，人进入球体内部，随着球体的转动人可以随之观察星辰。“极星出地之度，赵君云福州只廿四度，不知何故自福州至此已差四度，而自此至岳台，却只差八度也。子半之说尤可疑，岂非天旋地转，闽浙却是天地之中也耶？”[3]朱熹用浑仪观测过北极星的位置与地面所构成的夹角，并试图通过比较各地北极星的高度及其与地中岳台的关系以证明大地的运动，表明了他通过对照比较各地不同的观测数据而进行怀疑思考的实验科学精神。难怪英国科技史家李约瑟认为，朱熹是一位深入观察各种自然现象的自然学家。

---

[1]《朱子语类》卷九十四，中华书局，1986年，第2377页。

[2] 相关论述，可参见乐爱国的《走进大自然的大儒：朱熹的自然研究》（海天出版社：2014年）及［韩］金永植著，潘文国译的《朱熹的自然哲学》（华东师范大学出版社，2003年）二书的相关章节。

[3] 朱熹：《答蔡季通》，《朱文公文集续集》卷二，《朱子全书》第4678页。

朱子重视文学，并以理学兼诗文，使文学与理学融为一体，成就了他作为理学巨擘与诗文大家的两栖身份。朱子重视诗文，早年尤喜好做文章。他说："某四十以前，尚要学人做文章，后来亦不暇及此矣。然而后来做底文字，便只是二十左右岁做底文字。"[1]受其师李延平之教而专意研究理学后，他才改变用心做诗文的初衷。朱子文论，标举道本文末、文道合一。他说："道者，文之根本；文者，道之枝叶。惟其根本乎道，所以发之于文，皆道也。三代圣贤文章，皆从此心写出，文便是道。"[2]朱子认为，道是本，文是末；如木之枝叶从根上生出一样，文应该从道心中自然流淌出来。当文从道心自然生发出来，文即是道。如此，道与文合一，同为一体，故朱子反对文与道割裂。朱子认为，文道之间有本末先后、轻重缓急之分。他说："大意主乎学问以明理，则自然发为好文章。"[3]"但须明理，理精后，文字自典实。"[4]学者须先理会道理，以涵养道心、培植根本为急务，然后因道心发而为文，以说明道理，如此则文章真实不凡，可爱又可传。如果学者如苏东坡那样，以文章为重、学作文为先，而不理会道理、涵养道心，即使作文说理，终究因根本道理不明，落个文道二分的结果。对于诗歌，朱子力求"句稳"、力求"情高"。其写于晚年的词作《和西江月》曾论诗道："句稳翻嫌白俗，情高却笑郊寒。兰膏元自少陵残，好处金章不换"。[5]他主张写诗要"句稳"，故批评孟郊诗徒事推敲、过于险峭而失之于"寒"；

---

[1]《朱子语类》卷一百三十九，中华书局，1986年，第3302页。

[2]《朱子语类》卷一百三十九，中华书局，1986年，第3319页。

[3]《朱子语类》卷一百三十九，中华书局，1986年，第3307页。

[4]《朱子语类》卷一百三十九，中华书局，1986年，第3320页。

[5] 朱熹：《和西江月》，《朱文公文集》卷十，《朱子全书》第562页。

他力求"情高"，故批评白居易诗过于浅近、杜甫诗过于讲求声律而略于情理，主张诗歌应在稳实中正、平淡自然中蕴含情理。朱子之诗作以《春日》、《观书有感》最为传颂，然其总数约有一千多首，大多以理贯文，文理交融，直从心底流出，没有一般理学诗的"道学气"、"头巾气"，其稳实中正、条理分明，自然平淡中透着精神，堪称理学诗的上品。

朱熹也善书法，名重一时。朱熹自幼跟随父亲朱松及武夷三先生刘子翚、刘勉之、胡宪习字，尝学曹孟德书，后攻钟繇楷书及颜真卿行草，一生临池不辍，书法造诣精湛，笔墨雄赡，超逸绝伦。自古以来，传世墨迹，虽是断简残编，都被奉如至宝加以珍藏。然而由于他思想学说的盛名，把其书法艺术的光芒掩却了。朱熹善行、草，尤善大字。

朱熹还绘画评画，尤其长于人物画。他曾画武侯诸葛亮和尹和靖等人像，61 岁曾对镜自画像。他也喜好吴道子的画，评吴道子画说："吴笔之妙，冠绝古今。盖所谓不思不勉而从容中道者，兹其所以为画圣与！"明人陈继儒认为"朱紫阳画，深得吴道子笔法"。[1]

朱熹有丰富的教育思想，是一位著名的教育家。他一生热心于教育事业，孜孜不倦地授徒讲学，无论在教育思想还是教育实践上，都取得了重大的成就。朱熹在世之时，曾经整顿了一些县学、州学，又亲手创办了同安县学、武夷精舍、考亭书院，重建了白鹿洞书院和岳麓书院，并且还亲自制定了学规，尤以《白鹿洞书院学规》最为著名，成为后世书院的楷模。他还编撰了"小学"、《四书集注》《近思录》的教材。"朱子读书法"六条——即循序渐进、熟读精思、

[1] 陈荣捷：《画人朱熹》，《朱子新探索》，第 502 页。

虚心涵泳、切己体察、著紧用力、居敬持志，至今仍为真知灼见，足见他是优秀的教育家。

朱熹还是重要的史学家，只不过其在后世被理学光芒所掩盖。实际上，朱熹重史学，其史才在当时就受到推崇，"当今良史之才，莫如朱熹、叶适"。[1] 朱熹尊《春秋》，其《通鉴纲目》所揭示的辨正统、尊王贱霸、寓褒贬、别善恶的史观，不仅被宋元朱子后学所服膺，而且被明清帝王所推崇，成为正统史学的典范。朱子的弟子李方子说：《资治通鉴纲目》"义正而法严，辞核而旨深，陶镕历代之偏驳，会归一理之纯粹，振麟经之坠绪，垂懿范于将来，盖斯文之能事备矣"。[2]"陶铸历代之偏驳，会归一理之纯粹"一语，虽是对《资治通鉴纲目》的评价，但它可揭标朱熹"陶铸历史，会归一理之纯粹"的史观。也就是说，必须用义理的标准来整理历史、统帅历史、评判历史。"会归一理"是朱熹的历史观。朱熹认为，作史要求"合于天理之正，人心之安"。[3]"读史当观大伦理，大机会，大治乱得失。"[4] 所谓"大伦理，大机会，大治乱得失"，其中何尝又不是以"一理"为本！正是在"陶铸历史，会归一理之纯粹"原则的指导下，朱熹撰写了《资治通鉴纲目》《宋名臣言行录》《伊洛渊源录》等史学著作。其中，《资治通鉴纲目》是朱熹的史学名著。

总之，**朱熹集哲学家、自然博物学家、文学家、教育家、历史学家、书法家、画家于一身，是博学的、富有科学精神的人物**。如

[1] 陈傅良：《辞免实录院同修撰第二状》，周梦江点校《陈傅良文集》，浙江大学出版社 1999 年，第 364 页。

[2] 朱熹：《资治通鉴纲目后序》，《朱子全书》，第 3503 页。

[3]《资治通鉴纲目后序》，《朱子全书》，第 3502 页。

[4]《朱子语类》卷一一，中华书局，1986 年，第 196 页。

韩国金永植指出的，如果说在某一具体科目上朱熹的学识未必如沈括、苏颂、蔡元定、邵雍、张载、苏轼、司马光等人精深，但他对这些人所具有的观念都进行了理性、科学的研究，对之质疑、批评、考证、雕琢并整合进自己的观念体系里。他所涉及的领域却是最广泛的，系统化努力的意图是最明确的，也是最有体系的思想家。[1]

第三节　朱熹与怀特海哲学人生之比较反思

与怀特海一样，朱熹也是一个综合创新、一以贯之的学问家。朱熹是宏富综合的学者，几乎遍涉当时所有知识。在宋明理学家里，周、张、二程、陆、王偏向性理之学，只有朱熹除性理之学外，对各种学问知识探究钻研。他不仅是哲学家，一流的诗人和书法家，也是颇有成就的历史学家、文献考据学家，对科学技术方面的知识如天文历法、地理、音乐、经济财政、政治法律、军事、绘画等达到了很高的水平。他富于心性修养，又重视格物穷理；他擅长直觉体验，又重视理性分析。他是既重视心灵哲学又重视观察实验的自然科学哲学家。对传统学术，他既以儒家为本，又能对道、佛同情理解，批判吸收。对于道家，他继承了老庄自然主义的宇宙观，对于儒家，他虽以孔孟的人文主义为主，捍卫孔、孟、周、程之道统，却能对荀子及汉唐诸儒如董仲舒、杨雄、韩愈、李翱等人有所吸收，对宋代儒学各派从荆公新学、司马光、蜀学、张载、邵雍及同时代的陆学、湘学、浙学等在砥砺批评中综合吸收。对于自然科学知识，

[1]［韩］金永植：《朱熹的自然哲学》，第 8 页。

他吸收了沈括、苏颂等人的许多科学技术知识，并运用在他的学术思考中。他不仅是学者，而且曾是富有改革精神且主政一方的官员，他将心性、义理、词章、史学、考据、事功综合于一身。他的学术观念立言确定，分析精细，综合力又超乎常人之上，他一生不断地创进开展，在生命最后的几日里仍然在修改他的著作。朱熹的一生把综合性、有机性、创造性、过程性、开放性体现得淋漓尽致。相对照，怀特海的知识渊博而具有多面性。他的知识遍及于数学、逻辑学、物理学、生物学、科学哲学、教育学、历史和诗歌，而且在这些方面都卓有建树，成为一流的数学家、逻辑学家、物理学家、科学哲学家、形而上学家、教育学家，开启了过程神学、生态哲学。更为重要的是，怀特海“要构建一个观念体系，以便将审美的、道德的以及宗教的关注与那些源于自然科学的有关世界的诸概念结合起来，这也应该是一个完整宇宙论的目的之一。”[1]也就是说，怀特海要将这些人文与自然科学知识综合起来，构建一套完整的思辨哲学体系。不仅如此，他是知行合一的哲学家（这在西方哲学人物尤其难能可贵），“怀特海乐于助人，使他广受爱戴。虽然他待人谦恭有礼，但毫不软弱。他精敏、和善、贞静而固执。他的心智实际而平衡，有良好的机锋而不尖刻。在怀氏族身上乃结合了直观的特殊天分、心智能力及坚毅与智慧的良善。”[2]这从《怀特海传》所附录的怀特海给子女、朋友、同事所写的书信中可以体会到，从《怀特海谈话录》记载的日常生活和谈话活动中能体会到。**他是西方哲学史上少有的知行合一、仁智一体的贤哲**。

[1] 怀特海：《过程与实在》周邦宪译，贵州人民出版社，2006年，“前言”。

[2] 杨士毅：《怀特海哲学入门》，台湾杨智文化出版社，2001年，第5页。

由此可见，朱熹与怀特海都是自觉综合其他学说而建立了一以贯之的思想体系。朱熹以严格析理、批判和吸收而整合北宋诸子，建立一个庞大有机的理学系统；而怀特海则是吸收二十世纪新物理学、新逻辑学、新数学、生物学和人文价值哲学等方面成果，努力建立思辨哲学体系。朱熹的学术系统，是一个涵盖、融合一切经验和概念的整体，它兼顾经验和理性、整体和具体，在中国哲学传统里具有很强的系统性、思辨性，然而与西方理性传统出来的怀特海哲学相比，朱熹的义理系统还是显得含混和歧异。还有，朱熹的有机主义宇宙论，是以气化和生生之理（气是生生之理的载体，生生之理是气活动性体现，是二而一、一而二的关系）为基础，**他的理气关系以有机主义宇宙论为基础才能解释，可称之为 1.0 版的有机主义哲学家。怀特海的宇宙论，是以现代生物学（细胞理论）和现代物理学（能量流）及创造活动（或创造性）为基础，可称之为 2.0 版的有机主义哲学家**。但是，由于这两个系统在许多理论和概念上具有很强的可比性，如果对它们进行比较研究，相互启发、相互开拓，对于我们理解和发展朱熹哲学有重大意义。因此，将朱熹和怀特海哲学比较研究是不错的选择。当然，朱熹与怀特海学术人生的差异也是明显的。笔者曾说过，中国的哲学家大体属于关怀型人格，西方哲学家大体属于探究型人格[1]。中国哲学家大多是实践哲学家，具有政治家或社会活动家之身份。朱熹与其他儒家一样，都有强烈的“忧患意识”和“淑世情怀”，大都出仕为官，治国理政，积极参与政治社会实践，力图将自己的学说推行于天下，实现世道太平。在现世社会里，他们关怀顾念着苍生，力行着自己的哲学，甚至把践

[1] 相关论述，参见王锟：《哲学家的心态》，《光明日报》2013 年 6 月 17 日。

行视作哲学的精魂所在。而要表达关怀顾念之情，诗文为最佳之载体；要力行用世，历史乃资治的宝鉴。故朱熹是哲学家，同时也是文学家、史学家，文史哲不分，官员与学者不分。相对照，西方哲学家属于探究型人格，怀特海与大多数西方哲学家一样，具有教师和学者的身份，基本上倾其一生研究哲学，同时还研究数学、物理学等自然科学。故怀特海的哲学，与数学、物理学关系密切。因为哲学与数学、物理学的研究都是探究型的，都重视理论思辨和逻辑推理。故怀特海既是哲学家，又是数学家、物理学家。

还有，在哲学创作上，朱熹哲学是“经典诠释型的”，而怀特海哲学则是“理论建构型的”。在“经典诠释型的”系统中，朱熹哲学著述的方式采用经典注解法，如对“五经四书”注疏。这种哲学的创新呈“层累构造”的模式，其新观点、新概念层累于旧有观点和概念之上，这就使得哲学创新看上去零散不系统，甚至不显著，这都是尊重先贤、推崇传统的结果，是一种关怀的心态。而在“理论建构型的”系统中，怀特海哲学著述的方式采用批判和建构法，哲学的创新呈“体系颠覆”的模式。西方哲学的演变史是一套套理论对立和竞争的历史。怀特海建构的“思辨哲学”，是对自笛卡尔、牛顿、洛克、休谟所依赖的哲学进行批判，并力图“另起炉灶”以取而代之。故他用了诸如创造性、现实存在、永恒客体、摄涵、合生、聚合体等许多全新的哲学概念和术语，建立了前后一致的、合乎逻辑的普遍必然的概念体系，以解释人类生活中的具体经验事例，使其哲学创新看上去更系统、更显著，这都是求变、求新、重理论思辨的结果，具有浓厚的探究心态，这在怀特海身上表现得尤为明显。如果以西方哲学的创新模式来衡量中国哲学的创新，那么，朱熹哲学只是一串经典注释的历史。以最具系统性、创新性的宋明理学来看，不仅朱熹哲学缺乏明显创新，而且连后来的王阳明哲学也无显著的创新。这是由于朱熹哲学“层累构造”的创新模式所致，其新观点、新名词或散落于原典章句的疏义中，或层类于旧有名词之上，要考察哲学的创新，就必须从经典的具体注疏中做细致考索和“剥离”，才能真正发现有创获的新观点、新名词。简言之，朱熹与怀特海在哲学创作上有很大的差异性，这是二人明显的不同！

第二章　朱熹与怀特海的宇宙论、本体论比较

第一节　怀特海的宇宙论、本体论

怀特海出于英美新实在论阵营，新实在论一般反对形而上学，然怀特海却不同，他非常重视形而上学，企图以人类经验事实为基础建立一套形而上学体系，并对一切人类经验以合理的解释。正如当代哲学史家李微（Albert W. Levi）指出的："（当代哲学中）逻辑经验论蕴含了一套自然哲学（知识论、方法论及语言哲学），但是它对人类价值的处理是异常脆弱的；存在主义对于人的问题有一套精心泣血构制的哲学，但是它没有自然哲学；语言分析学派有一套关于人类语言表达的哲学，但是它却没有一套关于人或自然的实质理论。在现代世界中，能够抗拒对部分的诱惑，而尝试企图对整体获得一极精微的透视——即使此种透视是极其短暂——的哲学家，除了怀海德外，恐怕也只有杜威和柏格森了。怀海德同杜威一样，他的哲学是一种综合哲学，他尝试努力综合了各种不同分殊学科的洞见，并连结了人类常识的证言和普通的官能感觉，且和最难理解的近代物理学的概念相调和，同时又建构一种适当的形上学，以便去

克服十七世纪科学及十九世纪价值学说的二元论。……怀氏哲学或许是整个西洋传统的高峰统会。"[1] 可以说，在建立系统、综合和圆融的形上学方面，怀特海在当代为第一人，以下从宇宙论与本体论两方面试述之。

一、有机主义宇宙论

怀特海非常重视宇宙论。他认为，"时代思潮的形成，源自社会的知识阶层所普遍接受的宇宙观。"[2] 哲学的功用之一，就是批判原来的宇宙观，形成新的宇宙观，并对之提出证明。[3] 宇宙论是怀特海形而上学的主要内容之一，以至于他后期最有代表性的形而上学名著《过程与实在》后面还加一副标题——"宇宙论研究"。怀特海的宇宙论主要体现在前期自然哲学和后期的形而上学思索中，尤其在《科学与近代世界》《过程与实在》两书集中阐述，而晚期的《思维方式》一书收录的"自然与生命"（即"死的自然"与"活的自然"）一文对宇宙论进行清晰而简明的概括。按照该文的概括，怀特海的宇宙论，是在批判近代机械唯物论宇宙观（即"死的自然"）尤

[1] 转引自杨士毅著《怀海德哲学》，台北：东大图书公司出版社，1987 年，第 4—5 页。参见 Albert W. Levi, *Philosophy and the Modern World*, Midway Reprint, Chicago: The University of Chicago Press, 1977, p.483。另，怀海德，即怀特海（Whitehead）的译名。对 Whitehead 之名的翻译，汉语世界除怀特海、怀德海、怀海德之外，还有怀惕黑、怀黑德，请读者知之。

[2] 怀特海：《科学与近代世界》"前言"，傅佩荣译，台湾立绪文化公司出版社，2002 年，第 11 页。按：傅佩荣是方东美的学生，中西哲学素养颇深且长期研读怀特海著述，故他翻译的怀特海的 *Science and the Modern World* 一书是最好的中文译本。傅氏书名是《科学与现代世界》，但国内学者习惯翻译为《科学与近代世界》。这里引文虽以傅氏译本为主，但为了不产生不必要的误解，书名仍沿用国内学者习惯的《科学与近代世界》，特此说明。

[3] 怀特海：《科学与近代世界》，傅佩荣译，第 12 页。

其与之相关的绝对空间、绝对时间、绝对物质观的基础上，在批判洛克的“自然的二分法”（bifurcation of nature）过程中提出了有机主义宇宙观（即“活的自然”），下面试详之。

怀特海对近代机械唯物论（他有时称之为“近代科学唯物论”）的宇宙观进行深刻批判。他指出，近三世纪以来占支配地位的宇宙观是近代机械唯物论，这种宇宙观事先就假定有一种不以人的意志为转移且不为人所知的物质存在；或是一种在外形的流变下充满空间的质料存在。这种质料本身并无知觉、价值或目的。它所表现的一切就是它所表现的一切，它根据外界关系加给它的固定规则来行动，而那些关系并不是从它本身的性质中产生出来的。[1] 也就是说，近代机械唯物论把宇宙看作是空虚的空间充满着按照物理规律机械运动的物质颗粒（如原子那样），物质是无价值、无目的、僵死的东西。牛顿的物理学所展现的就是这种机械唯物论的宇宙论。

怀特海看来，近代机械唯物论思想的错误有二：一是“单纯位置”（Simple Location），一是“自然之二分法”（Bifurcation of Nature）。“单纯位置”，就是指视一物质仅仅占有一定的空间、时间而不与其他空间、时间相关联，这是一种把空间与时间视为绝对的错误。“单纯位置”是怀特海用来批评机械唯物论“绝对时间”“绝对空间”及“绝对物质”的概念。“绝对空间”与“绝对时间”，就是认为此一空间与彼一空间没有关系，此一时间与彼一时间没有关系。因此，处在一定时、空的物质，就是在此时、在此地的物质，它固定于此一时、此一地而与另一时、另一地的其他物质毫不联系，这就是“绝对物质”概念。怀特海指出，“绝对时间”“绝对空间”“绝

[1] 怀特海：《科学与近代世界》，傅佩荣译，第25页。

对物质”，是近代科学唯物论建构的“抽象概念”。事实上，在我们的具体经验中，每一事物都与其他事物相关联，绝对没有这种“单纯位置”性质的事物。如你看见该房间的这张桌子，一天、一月甚至一年孤零零静止地在这里，似乎与其他东西没有任何联系。实际上，这张桌子，它与空气的温度、湿度以及光线等事物关系密切；它在房子中而与房子（还有房子中其他设施）有关，这间房子在这幢大楼里而又与大楼有关，这幢大楼在学校里而又与学校有关，它又与观察这张桌子的人有关……如此这般，此桌子与房子、大楼、学校、人、空气等诸多事物形成了复杂的关联，这桌子绝不是孤立自存的。而在怀特海看来，不仅没有绝对的时间与空间，而且时间与空间本身都是“自然事件”之间的内在关系而由人为抽象而成。怀特海认为，由于自然事件具有“迁变性”和“广延性”，由自然事件的“迁变”的抽象，便是时间观念产生；由自然事件的“广延”的抽象，便是空间观念产生。离开了事件之间的关系，便无时间和空间。例如，以现在的某事件为点，与该事件相关的之前事件系列可称为过去，与该事件相关的之后事件系列称之为未来，对过去、现在、未来事件系列的抽象概括就形成了时间观念。而以现存的某一物的位置为点，它与周围的其他物存在广泛的空间关联，对这些事件关系的抽象概括就形成了空间观念。因此，在怀特海看来，时间、空间与事件密切相关；没有事件，就没有时间和空间。

至于“自然之二分法”，怀特海指出，伽利略、牛顿等所假定的自然：即一方面是知觉经验中的自然，如花的清香、鸟的歌唱、太阳的温暖，可见可闻，这是有声有色、有诗意、有情趣的自然；另一方面是作为引起知觉经验的原因的自然，如认为自然由空洞的“物质”（matter）或原子、电子构成，它们没有声色香味，只是这些物质无休止运动的自然。怀特海曾这样描述机械唯物论的宇宙观：

> 我们可以设想自然界是由不变的事物，即一块块在空间中运动着的物质（如果没有它们，空间就是空的）所构成的。这种对自然的想法与常识的观察显然相符合。存在着椅子、桌子、岩石、海洋、动物、植物、行星、太阳。……因此，一块物质就被看作是一个被动的事实、一个单个的实在，它在一瞬、一秒、一时或者一年内都是相同的。这样一种物质的、单个的实在，包容了它的各种各样的质的规定，如形状、运动、颜色、气味等等。自然界的事件就在于这些质的规定的变化，尤其是运动的变化。这样的一块块物质之间的联系纯粹是空间关系。……空间本身被看作是亘古不变的、永远同质的东西。……变化的重要事实也为动物躯体以及无机物的运动所确定。[1]

怀特海指出，主张“自然之二分法”者认为，前一种自然——即知觉或经验现象中的自然是主观的，后一种自然——即“物质”或原子运动构成的自然是客观的。这种“自然之二分法”与洛克所谓的物质的“第一性”与“第二性”相一致，前者是物质的第二性，后者是第一性。怀特海认为，自然被二分后，所见所闻、有声有色的自然被排除于真实自然之外，而无声无色的原子、电子或物质实体构成的世界被看成真实客观的自然。怀特海认为，自然的真相绝不是这样的，自然是一整个的自然，即是知觉经验中的自然，它不能二分。怀特海认为，日落时看到的红霞，与科学工作者把红霞视

[1] 怀特海：《思维方式》，刘放桐译，商务印书馆，2004 年，第 114 页。

作为的电磁波一样，都是“红霞”这一自然物质的组成部分。人们在知觉经验中所观察到的是“事件”（events），而非物质或实体。所谓“事件”，就是一种“发生”（happenings）或“事态”（occasions），凡是在自然界发生的事物都是一种事件。

怀特海指出，“单纯位置”、“自然之二分法”这些来自伽利略、牛顿物理学的概念，是极端抽象的结果，它们只不过是为以数学方式把握世界提供了便利。怀特海说：“想到数学，我们心中便出现一种专门探讨数、量、几何等等的科学。及至近代，它还包括更抽象的序数概念与纯逻辑关系的类似型式。数学的特点是：我们在其中可以完全摆脱特殊事例，甚至可以摆脱任何一类特殊的实物。……只要你研究纯数学时，你便处在完全而绝对的抽象领域里。以上所说的不外乎是：理性坚定地相信，任何实物若具有能满足某一纯抽象条件的关系，则必然也具有能满足另一纯抽象条件的关系。数学被认为是在完全抽象的领域里活动的科学，它超越了自身所研究的任何特殊事例。”[1] 对于这段话，方东美先生评价道：正是通过这种数理科学的抽象，科学的宇宙观把物质看为无数微粒的抽象系统，把空间看为无数“空点”的抽象系统，把时间看为无数“刹那”的抽象系统，把自然界看为无数物质颗粒在空的空间按照数学法则机械运动的抽象的系统。[2] 总之，科学唯物论的宇宙，是许多不连续的物质颗粒依物理法则机械运动的空间，是无色、无声、无味、没有目的和意义的宇宙。

必须指出，怀特海批判近代机械唯物论宇宙观，深受西方浪漫

[1] 怀特海：《科学与近代世界》，傅佩荣译，第 31—32 页。

[2] 方东美：《科学哲学与人生》，第 177 页。

主义文学与现代新科学宇宙观启发。怀特海认为，西方浪漫主义以华兹华斯、雪莱等人为代表，他们眼中的自然观是事件的变化性与价值的永恒性的统一；他们眼中的每一事物都是统一体，而宇宙是有许多统一体构成的统一大整体；每一统一体与其他统一体相关联并且相互反应。每个统一体是不断变化的、迁变的过程，具有内在的价值。[1] 当然，怀特海指出，现代新物理学进展，冲击着牛顿物理学的物质观，例如电磁场、质—能互变不灭、相对论、量子理论认为物质是能量之流、是波动，电子、原子、分子也是复杂的统一体。[2] 另外，现代生物进化论、心理学、生理学主张人是身—心统一体，身体是统一体、心的认识是复杂的统一体事件等等。这些知识都打破了“单纯位置的物质概念”而转向研究“发生作用的有机体概念”。[3] 也就是说，现代新科学“变成了对‘有机体’（注意：译本是“机体”，该书引用时改为“有机体”）的研究，生物学研究较大的有机体，而物理学研究较小的有机体，”[4] 电子、原子、分子都是自成一世界的有机体。正是在浪漫主义文学和现代科学理论的基础上，怀特海建立一套新的宇宙观。他说：“我也简单提出另一种哲学，其中以‘有机体’取代‘物质’”[5]。宇宙中每一物都是有机体，时间、空间便是有机体发生活动的场所；有机体之间相互关联。任何一有机体（或统一体）都进行着摄入其他事物成为自身的活动，

---

[1] 怀特海：《科学与近代世界》，傅佩荣译，第 123—127 页。

[2] 怀特海指出，19 世纪末至 20 世纪初兴起的新物理学理论，冲击着他以前所接受的牛顿物理学给予的确定性，这深刻影响了他的思维和对宇宙中最实在事物的看法，这是他探寻新的宇宙观的动因。具体论述参见《怀特海传》第 256—257 页。

[3] 怀特海：《科学与近代世界》，傅佩荣译，第 151 页。

[4] 怀特海：《科学与近代世界》，傅佩荣译，第 152 页。

[5] 怀特海：《科学与近代世界》，第 280 页。

是不断变化创新的过程，因此，有机体就是事件。或者说，一个事件就是一个统一体。[1] 有机体（或“统一体”）是指把各种要素组织整合为一体的事物。在很大程度上，怀特海的有机体与事件是可以互换的概念。正是以“有机体”概念为基础，怀特海建立了自己的有机主义的宇宙观。

怀特海认为，宇宙自然所有的存在都是有机体。他说：

> “自然界的存在物大致分为六种类型。第一种是人的存在，即身体和精神。第二种类型包括各种动物，即昆虫、脊椎动物以及其他种类的动物。实际上就是人以外的所有各种各样的动物。第三种类型包括一切植物。第四种类型由单细胞生物构成。第五种类型由各种大体积的无机组合构成。这种体积可以与动物的身体的大小相比，或者更大。第六种类型由现代物理学的微观分析所发现的体积极小的显相所组成。
>
> ……这种分类隐蔽了自然界的存在的不同方式彼此重叠这个道理。存在着具有中心指导的细胞组织的动物生命，存在着具有有机细胞群的植物生命，存在着具有有机分子群的细胞生命，存在着被动地接受来自空间关系的必然性的大范围的无机分子组织，存在着丧失了大范围的无机界的被动性的一切痕迹的次分子活动。”[2]

在怀特海看来，宇宙是物质微粒、无机物、单细胞生物、植物、

---

［1］ 怀特海：《科学与近代世界》，刘放桐译，第104页。

［2］ 怀特海：《思维方式》，2004年，第137—138页。

动物、人等不同的有机体之间相互关联、相互叠合组成的层级的有机整体。一些基本物质微粒——如电子、质子组成原子（注意：怀特海的电子、原子，本身就是能量流动的统一体），原子组成分子，分子组成大胶粒或晶体等等，这些东西又组成如石头或细胞。就生物体来说，细胞形成器官和组织，器官和组织合并成有功能的植物、动物的躯体，特别是人的躯体；人是身心统一体，人又组成社会群落。其中，人之心与身不离、身躯与动植物不离、动植物与物质环境不离，如此则物物相关、层层套合，形成了不可分割的、层级的有机大整体。

总之，怀特海主张宇宙是由有机体构成的，他摒弃了传统观念——即宇宙是由一块块物质（如积木那样）构成的，认为宇宙是万物聚合的有机整体。**每一物都是一个有机体**；甲物之所以是甲物而不是乙物，正因为在它与全体事物的关系下只能是甲物。凡每一有机体均是有价值的，价值依靠全体关系的限制。怀特海说，对于一有机体来说，全体的计划正影响到各个加入其中的附属有机体的性质。“以动物为例，心理状态进入了整个有机体的构成中，因此对于一连串的附属有机体，直到最小的有机体如电子等都有影响。因而生物体内的电子由于躯体结构的缘故，遂与体外的电子是不同的。电子在体内、体外都是盲目运行，但在体内时则遵照它在体内的性质运行。”[1] 如贺麟指出的，按照怀特海的宇宙论，自然之中没有孤立的存在，一切存在都有内在的联系，并联结成一个无所不包的全体。其中，时空固然不能互相分离，而且时空不能离物质，物质不能离生命，生命不能离心灵，层层绾纽，彼此涵容，构成一个有机

[1] 怀特海：《科学与近代世界》，傅佩荣译，第115—116页。

的牵一发而动全身的大宇宙（注意：怀特海的“有机”，不一定是指有机生命，只要是实物在错综交织中或相互作用中有一定的脉络可寻的结构体，依循一定的规则活动变化的单位，都是有机体）。正因为宇宙是有机整体，每一事物都是一有机体，因此每一事物有自身内在的目的、计划和价值，这些事物都在相互关联、相互合作中演进成长，具有一定的生命过程和轨迹。在此意义上，宇宙是有生命性的（注意：这里的“生命”，不是指与思维有关的心智或意识，而是每一存在物生命活动过程的韵律和节奏，一个有机体，甚至一电子、原子、分子，只要展示“节奏性”的活动——即有一定模式的活动，便是“有生命”），是有价值的、有变化的世界，是“活的自然”。在怀特海看来，自然宇宙是有生命性的、不断变化的，只有把生命与自然相融会，才能真正了解自然。自然中每一具体存在的“生命”过程，是“自我摄受”、“自我享受”、“自我创造”（self-creation）的有目的过程。

在后期的形上学尤其《过程与实在》一书中，怀特海以“现实存在”与“创造性”为核心来表达有机主义宇宙论。必须指出，怀特海的《过程与实在》是1927年“古福德讲座”系列演讲的同名出版物。其实，起先怀特海把该讲座题目定名为“有机体的概念”，后来临时将题目改名为“过程与实在”，演讲内容仍然不变。由此可见，《过程与实在》主要表达和阐述有机体主义哲学。[1]在《科学与近代世界》中的“有机体”（或“事件”），被《过程与实在》中的“现实存在”（或“现实事态”）所取代，用以描述世界最实在、最基本的单位。怀特海说：“现实存在”——亦称现实事态——是构

---

[1] 具体参见：《怀特海传》（第二卷），第268—269页。

成世界的终极实在物。在现实存在的背后不可能找到任何更实在的事物。”[1] 怀特海认为，现实存在（或现实事态）是构成世界的终极实在事物（the final real things），即它是作为组成世界的要素性事物。“现实存在”不是单一的物质体，毋宁说，一个现实存在就是一“有机体”，是如“细胞”那样的“有机体”；怀特海把现实存在看作为“宇宙的细胞”。[2] 他甚至认为有机哲学是关于现实的一种细胞理论。[3] 每一现实存在都依赖终极范畴“创造性”（creativity），也就是“创新原理”（the principle of novelty）来活动。所有现实存在共聚一堂、彼此互相摄持，可名之为“聚合体”（nexus），在不断创化进程之中，现实存在承先启后，聚合在一起，这聚合就是“共生”（concrescence）[4]。怀特海认为，宇宙间所有事物，大如行星，中如人之自我，小如一草一木或空中的一闪电，是在日日变化之中成为聚合体（注：怀特海形而上学时期的“聚合体”概念，实质就是自然哲学时期的“有机体”），而至微如原子、电子也自成聚合体；宇宙则是由诸多如细胞那样的现实存在相互关联、相互摄涵而形成的有机统一整体。

总之，怀特海把变动生生、相互关联的“有机体”（或“事件”）、“现实存在”作为最终的真实，以代替西方自亚里士多德以来所强调的独立自足的、静态不变的“物质”或“实体”作为最终的真实，并建构了迥异于传统宇宙论的有机主义哲学。怀特海所建构

[1] Alfred. North. Whitehead: *Process and Reality*, p.18.

[2] [美] 维克多·洛著，杨富斌、陈伟功译：《怀特海传》（第二卷），商务印书馆，2018年，第276页。

[3] 怀特海：《过程与实在》，第299页。

[4] 俞懿娴：《怀特海的自然哲学》，第254页。

的综合性、整体性、流变性的有机主义宇宙论，是吸收二十世纪新物理学、新逻辑学、新数学、生物学和人文价值哲学等方面的成果，并力图调和科学与价值、机械论与目的论二元对立的产物，突出了宇宙的整体性、关联性及生命性特征，与中国哲学的气化流行、变动生生、关联互系的宇宙观相通。

二、以“创造性”为中心的本体论

怀特海出于英美新实在论阵营，新实在论一般反对形而上学，然怀特海却不同，他非常重视形而上学的“第一原理”问题。怀特海指出，哲学家的目的，是最终要制定出形而上学的第一原理。[1]“形而上学的第一原理”，其实就是哲学的本体论问题，而要理解怀特海的本体论，须从两个最基本范畴“创造性”和“终极事实”开始。

在怀特海的有机主义哲学中，本体论概念就是“创造性”，怀特海的哲学可以如其后学哈茨霍恩所谓的那样称之为“创造哲学”。

怀特海说，“创造性”不同于一元论哲学（如斯宾诺莎哲学或绝对唯心主义）的基本概念——如“上帝”或“绝对”，有机哲学的基本概念似乎更接近于印度和中国思想的某些特征，而不是更接近于西亚或欧洲人的思想。[2] 其实，他的哲学接近中国或印度而不是欧洲、西亚，关键在于“创造性”这一概念。

怀特海指出，“创造性”是宇宙得以生成存在的最终动因。他说：“这个体系背后的图景是处于过程之中的宇宙图景。这并非只是意味着事件一个接着一个地发生，永无止境。这些事件之所以

［1］ Alfred. North. Whitehead.*Process and Reality*, New York, The Free Press, 1978, p.4.

［2］ Alfred. North. Whitehead. *Process and Reality*, New York, The Free Press, 1978, p.6.

持续不断地发生，是因为在每一事件以及取代这一事件的随后事件背后蕴藏着一种普遍的力量，怀特海将这种力量称为‘创造性’（creativity）。[1] 他认为，宇宙万物之所以不断存活下来，是“因为存在着基于创造性的秩序。”由于这一秩序，“创造力”（creative energy）将宇宙万物聚集成一个统一体。[2] 怀特海认为，“创造性”是终极性范畴，它是所有其他范畴的先决条件。他说：“创造性”是诸共相的共相，它刻画了终极事实的特征。创造性是终极原理，惟有借此原理，“多”——即分离的宇宙，成为一个统一体的现实事态——即联合的宇宙。“多”进而成为复杂的统一体，这是事物的本性所致。[3] 这里所谓的“创造性是诸共相的共相”，即创造性是最高的、最终极的范畴，所有其他范畴必须根据“创造性”范畴才得以理解。说穿了，**“创造性”是一种纯粹的“创造力”或“活动”，正是在这种创造活动或创造力的促发下，一具体事物可以通过自我建构而生成、自我完成而消逝、并潜入另一事物而再生**。因此，“创造性”是与具体事物的生命过程息息相关。因此，要真正理解“创造性”，要把“终极事实”或具体事物的活动“过程”连起来。

在怀特海那里，“终极事实”就是日常经验中的具体的、实在的事物。怀特海哲学的起点，是建立在经验中最具体、最实在的事物上。他说：“万物皆流的经验，就是我们赖以编织我们的哲学体系的一个核心。”[4] 怀特海把最具体的、真实的流动的每一事物，前期称

---

[1] 维克多·洛：《怀特海传》第一卷，第 7 页。

[2] 怀特海：《宗教的形成符号的意义及效果》，贵州人民出版社 2007 年，第 39 页。

[3] Alfred. North. Whitehead: *Process and Reality*, p.21.

[4] Alfred. North. Whitehead. *Process and Reality*, p.208.

为"事件"(event)而后期称为"现实存在"(Actual entity)或"现实事态"(actual occasion),并建构了一套以"事件"或"现实存在"为中心的理论。他认为,现实存在(或现实事态)是构成世界的终极实在事物(the final real things),它是作为组成世界的要素。

要问创造性与具体事实的关系如何?一方面,他说:"个体事实是一个创造物,创造性则是一切形式背后的最根本原因,它不能用形式来解释,且受到它的创造物的规定。"[1]按怀特海的说法,"创造性"不能用形式、特征等抽象的东西加以把握,因为一切形式、特征,都是最高范畴——"创造性"所派生出来的次一级的概念。然而,"创造性"虽不能用抽象的范畴来刻画,但可以通过具体事实的过程来体现和把握,因为它受到"具体事实"(即"一个创造物")的规定。怀氏曾说:"任何实有都不脱离创造性概念。一个实有至少是这样一种特殊形式:它能够把它自己的特殊性注入到创造性之中"。[2]这里所谓的"一个实有",就是"具体事实",也就是"现实存在"。每一具体事实,"它能够把自己的特殊性注入到创造性之中",也就是"创造性"受到"创造物所规定"的意思。简单地说,**"创造性"原理依赖具体事实使自己现实化,并由具体事实来体现和例示**;怀特海认为,每一具体存在或事实,是创造性力量的个体化。具体事实是创造性的例子,即我们通过具体事实的产生来把握"创造性"原理。或者说,"创造性"是具体事实的一般特征。那么,创造性与具体事物(或创造物)是两个存在还是一个呢?

怀特海说:"不存在两个实有,即一个是创造性,另一个是创

---

[1] Alfred. North. Whitehead. *Process and Reality*, p.20.

[2] Alfred. North. Whitehead. *Process and Reality*, p.213.

造物。**只有一个实有，那就是自我创造的创造物**”。[1] 也就是说，创造性不是一种存在，而是每一个具体实有事物（即“创造物”）的创造性，是一个具体事物的普遍特征。此种创造性，就是一现实存在或具体事物的生成活动所依赖的最终动因，创造性内在于每一具体事物或每一创造物中，表现于每一事物具体的创造活动过程中；而每一具体事物是创造性的个体化。怀特海认为，现实存在物的生成，是自我组织、自我生成的过程。而现实存在物的生成过程，有“合生”（concrescence）与“转化”（transition）两方面。“合生”就是一事物摄受其他事物而成为完整的统一体，它是从“多”至“一”，这是一事物自我综合、自我组织的过程；而“转化”是指该事物又被其他事物所摄受而成为其他事物的一部分，它是从“一”至“多”，这是一事物向另一事物的变型新生的过程。在事物的生成创化过程中，“合生”与“转化”相互联系，不可分割，永不间断。如果没有“合生”，就没有万物；没有“转化”，就没有自然的进展。[2] 另外，怀特海谈论的每一具体事物，不管是前期所谓的“事件”还是后期所谓的“现实存在”，都是指一有机体。动物、植物、人是大的有机体，原子、电子是小的有机体。而生成过程是每一有机体的“生命轨迹”；每一有机体的生命，就是自我享受（self-enjoyment）、自我创造（self-creation）及有目的活动过程。“自我享受”是一有机体摄受某些因子而成为自己内部成分的过程，而“自我创造”就是将潜能变为现实的过程，此过程是一有机体之目的的实现和完成。**就一**

---

［1］ 怀特海著:《宗教的形成符号的意义及效果》，周邦宪译，贵州人民出版社，2007 年，第 35 页。

［2］ 相关讨论，参见罗斯:《怀特海》，李超杰译，中华书局，2002 年，第 24—32 页。

有机体存在的生成过程来说，一有机体的存在即是一有机体的生成。这便是怀特海所谓的“存在即生成”。怀特海认为，一个具体的现实存在是由它的生成过程构成的。例如，这一棵狗尾巴草的存在，绝不是它静静地长在路边的那块土堆上，其实就是这棵狗尾巴草发芽、长成、结籽、枯萎的生命活动过程所构成。而一现实存在的生成过程，就是一事物把先前的事物和“永恒客体”综合进自己成为一个有机统一体，从而实现了自我。

总之，“创造性”是宇宙万物生成的终极理由和最高本体，它也是每一个现实事物的普遍特征，它是不断合成新的事物的力量或冲动，而这种力量或冲动贯注于宇宙中的每一现实事物中，而促发着每一现实事物的活动。**换言之，整个自然宇宙根本特征在于它的创造性进展，具体说，宇宙都是在创造力促动下的所有现实存在——即每一有机体的产生、实现、消逝和再生的进展过程**。

第二节　朱熹的宇宙论、本体论

一、气化生生、万物一体的宇宙观

朱熹集周敦颐、二程、张载、邵雍天道论之大成，建立以理气一体为核心的形上学体系，成为中国最伟大的形而上学家。正如张君劢所说，朱熹的地位相当于柏拉图和亚里士多德在希腊时期，或笛卡尔、莱布尼茨和康德在近代时期。[1] 以下从宇宙论、本体论进行阐述之。

[1] 张君劢:《新儒家思想史》，第 191 页。

朱熹的宇宙论是综合先秦、汉宋诸家宇宙观而集大成的产物，以真实存在的宇宙观取代佛家空幻虚无的宇宙观。朱熹的宇宙论深受周敦颐、张载、邵雍等人的影响，这在他对《太极图说》《易传》《西铭》之注解及《朱子语类》第一至五卷、第九十五卷等文献中集中体现。朱熹说："昆仑大无外，旁薄下深广。阴阳无停机，寒暑互来往。皇牺古神圣，妙契一俯仰。不待窥马图，人文已宣朗。浑然一理贯，昭晰非象罔。珍重无极翁，为我重指掌。"[1]这是对宇宙论的诗化表达。朱熹在评论《庄子》曰："'天其运乎，地其处乎，日月其争于所乎。孰主张是？孰纲维是？孰居无事而推行是？意者，其有机缄而不得已邪？意者，其运转不能自止邪？云者为雨乎？雨者为云乎？孰能施是？孰居无事淫乐而劝是？'庄子这数语甚好，是他见得，方说到此。其才高。"[2]这段《庄子》"天运"篇讲宇宙论的句子使他着迷，故他特地摘录下来吟诵，并赞扬庄子懂得宇宙观。张载在《正蒙》篇中曾批评佛教"以心法起灭天地"而"诬天地日月为幻妄"。与张载一样，朱子批判佛教这种否定现实世界和宇宙的观点，坚持气化流行说，肯定现实世界和宇宙的真实性，朱熹说："若释氏则以天地为幻妄，以四大为假合，则是全无也。"[3]他以儒家的宇宙观批评说："乾坤造化如大洪垆，人物生生，无少休息，是乃所谓实然之理，不忧其断灭也。今乃以一片大虚寂目之，而反认人物已死之知觉，谓之实然之理，岂不误哉？"[4]即朱熹指出，此宇宙是真切实在的大整体，它的内部本身具有一种生生不已之造化功能。

---

[1] 朱熹：《斋居感兴二十首》，《朱文公文集》卷四，《朱子全书》，第360页。

[2]《朱子语类》卷一百二十五，中华书局，1986年，第3001页。

[3]《朱子语类》卷一百二十六，中华书局，1986年，第3012页。

[4] 朱熹：《答廖子晦》，《朱文公文集》卷四十五，《朱子全书》，第2082页。

朱子认为，天地之间万物纷纭，世界上充满着各种各样真实存在的事物，世界是真实的，不是如佛家认为的空幻虚无的。然而这种真实的世界是如何生成和存在呢？朱子的回答，是气化生生而成。因此，**要理解朱子的宇宙论，就要理解其气化论**。

朱熹宇宙论的主线，就是“以阴阳言造化”。朱子说：“天地只是一气，便自分阴阳，缘有阴阳二气相感，化生万物。”[1]“二气交感，化生万物，万物生生，而变化无穷焉。”[2]因此，阴阳二气便成为“造化之本。”[3]就是说，天地之间充满着气，气流行运动，遂分阴阳二气，阴阳之气相磨相荡，凝聚错综而生成天地万物。

那么，此能生成万物的气到底是什么，有何特性呢？朱子指出，气是“生物底材料”。[4]如果把“气”当作生物的基本材料来看，“气”便是最终极的存在，如冯友兰、张君劢所说的近似于亚里士多德的“质料”。然而，朱子的“气”到底有什么特征呢？

1）气是有质地的，是无定形的“流动”。朱子认为，气是有渣滓的。“水火气也，流动闪烁，其体尚虚，其成形犹未定。”[5]也就是说，气有某种质地，但没有固定的形体，故随时随处流动。

2）气的流动，遵循一翕一辟、一阴一阳的节奏。翕是气凝聚收敛的动势，辟是气发散开张的动势。气之凝聚即“阴”（或称气之静），气之发散即“阳”（或称气之动）。当气之凝聚收敛的动势达到极点，就引发气之发散开张的动势；当气之发散开张的动势到了极

[1]《朱子语类》卷五十三，中华书局，1986年，第1286页。

[2]《朱子语类》卷一百一十六，中华书局，1986年，第2795页。

[3]《朱子语类》卷六十九，中华书局，1986年，第1735页。

[4]《朱子语类》卷九十四，中华书局，1986年，第2367—2368页。

[5]《朱子语类》卷九十四，中华书局，1986年，第2377页。

点，就引发气之凝聚收敛的动势，阴之生阳，阳之生阴，生生相续，无有停息。此即气之一阴一阳、一动一静的运动节奏。

3）气有节奏的运动可进一步分化为阴阳五行之气。朱子说："'阴阳'虽是两个字，然却只是一气之消息，一进一退、一消一长。进处便是阳，退处便是阴；长处便是阳，消处便是阴"。[1] 朱子认为，气之动静、凝聚发散便成阴阳二气；"阳变阴合"则化生"水火木金土"五气。朱子还具体描述了阴阳凝聚产生五行之气的过程，他说："只是阳变而助阴，故生水；阴合而阳盛，故生火；木金各从其类"。[2]"二气"即阴阳之气，阴阳之气其实只是一气，阴主翕，是气之凝结的功能；阳主辟，阳是气之生发扩散的功能。"交感"，就是"阳变"赞助"阴合"，"阴合"赞助"阳变"的意思。"阳变而赞助阴合"的过程，就产生水，而"阴合"之极，则生金。相反，"阴合而赞助阳变"的过程，就产生火、木。阳变与阴合之调和平衡，则产生土。相对于阴阳之气的流动无形，五行之气显得更有质体、更有定形及更加重浊的倾向。必须指出，朱子的五行之气，不是如一团火、一滴水那样五种有形体的物质，而是阴阳二气凝聚发散所形成的五种气质所具有的功用和状态，如阳性刚，阴性柔，火性燥、水性润、金性寒、木性温、土性厚重。由此可见，气不是单一的，是诸多不同功能和状态之气的复杂综合物。故朱子说："五行阴阳，七者滚合，便是生物底材料。"[3]

总之，朱子的"气"不是水汽、云气，因为现实世界中存在的水汽、云气其实已是一种有形之物。"气"也不能完全等同于"质

[1]《朱子语类》卷七十四，中华书局，1986 年，第 1789 页。

[2]《朱子语类》卷九十四，中华书局，1986 年，第 2370 页。

[3]《朱子语类》卷九十四，中华书局，1986 年，第 2367—2368 页。

料”(matter)，因为亚里士多德的“质料”是指抽去一切特性之后的“基质”，由于“质料”抽去了一切特性，所以“质料”不可分析、不可描述，是一堆构成物质的僵死的材料。相对照，朱子的“气”是极细微的、连续的、能流动的材料。

明白了气及其特性，就会理解万物是如何产生的。朱子认为，物是天地之间的有形存在。他说：“凡言物者，指形器有定体而言。”[1] 又说：“凡有声色貌象而盈于天地之间者，皆物。”[2]。朱子特别强调物的质体形状。相对于无固定形体的“气”，物是有固定形体的；“气积为质”[3]，即当气凝结聚合便成有固定形体之物，如日月星辰、石头桌椅、花草鸟兽虫鱼等都是有固定质体、有声色相貌之物，其可见、可闻、可触、可嗅。

朱子指出，“气中有个灵底物事”，气“能凝结造作”、“能凝聚生物”，阴阳二五之气是生物底材料，世界万物无论动物、植物还是无机物，都是由阴阳五行之气凝聚而成。朱子说：“生物之初，阴阳之精自凝结成两个，盖是气化而生，如虱子自然爆出来。既有两个，一牝一牡，后来却种子渐渐生去”。[4] 又说：“阴阳是气，五行是质。有这质，所以做得物事出来。五行虽是质，他又有五行之气做这物事，方得。”[5] 朱子以气之“错综”说“凝聚”，而所谓“错综”，就是诸气相互综合、相互组织而形成的聚合体。阴阳五行之气错综交织而成的结构体就是物。由于气有阴阳、金、木、水、火、土之异，

[1]《朱子语类》卷九十四，中华书局，1986年，第2404页。

[2] 朱熹：《四书或问·大学或问》，《朱子全书》，第526页。

[3]《朱子语类》卷一，中华书局，1986年，第2404页。

[4]《朱子语类》卷一。

[5]《朱子语类》卷一，第9页。

其相互结合凝聚便生成不同类别之物。朱熹说：“盈天地之间者，皆是。举一物无不具此五者，但其间有多少分数耳。”[1] 有的物金气多，有的物木气多，有的物火气多，不一而足，千差万别。朱子认为，气化所生的万物有各种各样，如日月星辰，风云雷电，山石桌椅；如花草树木、虫鱼鸟兽人。这些事物，各有各的声色相貌，各有各的性情特征，可谓五花八门，差异万千，其大体可分为气、无生物、植物、动物和人等几种类型。

首先是如声音、气味那样的有气无形之物。朱子说：“盖声臭有气无形，在物最为微妙，而犹曰无之”。[2] 即他把声音、气味看作由气凝成却无固定形状的东西，它不同于固定有形体的存在。

相对于有气无形之物，还有有形色貌象，可以见、可以触、可以嗅、可以听的有形之物。就现实世界中有形的存在物来说，其有不同的类型。朱子说：“天之生物，有有血气知觉者，人兽是也；有无血气知觉而但有生气者，草木是也；有生气已绝而但有形质臭味者，枯槁是也。是虽其分之殊，而其理则未尝不同。但以其分之殊，则其理之在是者不能不异。故人为最灵而备有五常之性，……但其所以为是物之理，则未尝不具耳。若如所谓才无生气便无此理，则是天下乃有无性之物，而理之在天下乃有空阙不满之处也，而可乎？”[3] 很明显，朱子把现实存在物分为无生命物和有生命物，有生命物又可分为植物、动物和人，试分析如下。

无生命之物，朱子也称之为“无情物”或“枯槁之物”，他常举例如日月星辰、山石桌椅、灯镜杯盘、屋梁车船，米盐丝酒乃至枯

---

[1]《答吕子约》，《朱文公文集》卷四十七，《朱子全书》，第 2178 页。

[2] 朱熹：《四书集注·中庸章句》，中华书局，1983 年，第 40 页。

[3]《答余方叔》，《朱文公文集》卷五十九，《朱子全书》，第 2854 页。

槁之物便是。无生命物虽由诸气凝聚生成，但也有诸气据以生成的“理”，只是它们自身“无生气”、“无生意”。所谓“无生气”、“无生意”，就是指缺乏生命的意向和情感，相当于现在所谓的“无机物”。朱子说：“竹椅便有竹椅之理。枯槁之物，谓之无生意，则可；谓之无生理，则不可。如朽木无所用，止可付之爨灶，是无生意矣。然烧甚麼木，则是甚么气，亦各不同，这是理元如此”。[1]因此说，无生命物是这样一种存在，它以气之翕与辟的功能而生成，它有条理，但没有生意和新生。

相对于无生命之物，便是有生命的存在。首先，有无数的微生物和植物，大如一花一草一木，小如一虱子跳蚤之微，它们充满着世界。植物与无机物一样，也是由阴阳五行之气依据一定之理综合凝聚而成，但与无机物不同的是，植物不仅有理也有气，而且还有生意。朱子说：“谷种、桃仁、杏仁之类，种着便生，不是死物，所以名之‘仁’。”[2]“植物虽不可言知，然一般生意亦可默见。若戕贼之，便枯悴不复悦怿，亦似有知者。尝观一般花树，朝日照曜之时，欣欣向荣，有这生意，皮包不住，自迸出来；若枯枝老叶，便觉憔悴，盖气行已过也。”[3]又说：“(种植之物)未发生之际，却欠了些子雨，忽然得这些子雨来，生意岂可御也！”[4]“譬之，一粒谷，春则发生，夏则成苗，秋则结实，冬则收藏，生意依旧包在里面。”[5]“到冬时，疑若树无生意矣，不知却自收敛在下。”[6]也就是说，植物有

[1]《朱子语类》卷四，中华书局，1986年，第61页。

[2]《朱子语类》卷六，中华书局，1986年，第113页。

[3]《朱子语类》卷四，中华书局，1986年，第62页。

[4]《朱子语类》卷三十四，中华书局，1986年，第872页。

[5]《朱子语类》卷二十，中华书局，1986年，第464页。

[6]《朱子语类》卷六十九，中华书局，1986年，第1727页。

生命的意向和冲动，它可以不断生成自我、实现自我，并通过不断变化而生成新的个体。在时间的历程中，植物可以不断变化面孔，革新自我，并通过新陈代谢，使生命连绵不断，生生不息。

植物之外，还有动物。牛马虎狼，昆虫蝼蚁，不仅如花草树木那样有生意，而且它们还可以自动迁徙活动，改变自己的空间和环境，追逐食物，寻找配偶，为生命寻求更大更有利的舞台。更重要的是，朱子指出，相对于植物，动物还有相当丰富的情感、更强的知觉认知能力，甚至还有一些仁、义、礼、智之明觉。正是凭借此种机动性和知觉能力，动物得以更好地适应环境，保持自我和群体的生存，繁衍后代。

人是万物之灵，是最高级、最复杂的生命存在。人与动物的区别，人不仅有很强的机动性，而且拥有比动物多得多的情感和知觉功能，更重要的是人天生就拥有道德和理性思维能力——即仁义礼智之性。朱子说："饥食渴饮，趋利避害，人能之，禽兽亦能之。若不识个义理，便与他一般也"。[1]"人之异于禽兽，是'父子有亲，君臣有义、夫妇有别，长幼有序，朋友有信'。"[2]当然朱子不否认一些动物也拥有某种思考甚至道德能力。他指出，羔羊跪乳便有父子，蝼蚁统属便有君臣，或居先或居后，便有兄弟，犬马牛羊成群连队便有朋友。他还举例说，虎有仁，知父子之亲；獭懂得祭祖，猫会哺乳别的猫的孩子，有些鸟具有孝心，雎鸠知雌雄之别，蜂蚁知君臣之等。他甚至还在高高低低的树里看到了父子之亲。但是上述这些能力与人类相比，动物只是得到"一偏"，得到"一路子明"，而

[1]《朱子语类》卷五十九，中华书局，1986年，第1389页。
[2]《朱子语类》卷五十七，中华书局，1986年，第1348页。

人类却能“得之全”。朱子说：“知觉运动，人能之，物亦能之；而仁义礼智，则物固有之，而岂能全之乎？”[1] 正是人类充分的理性和道德能力，为人类自我发展、自我完善提供了很大的可能和前景。

由此可见，朱子虽知道从有气无形之物——有形的无生物——植物——动物——人之间有不同的梯度和层次，但他明白所有的万物——不管是天地日月、风雨霜雷、山河大地，还是草木鸟兽人甚至连鬼神怪异之物，都是一气运化而生，是诸气凝聚而成，是气的聚合体。故朱子说，“万物皆气”。曰：“物之生，必因气之聚而后有形，得其清者为人，得其浊者为物。假如大炉镕铁，其好者在一处，其渣滓又在一处。”[2] 又问：“气则有清浊，而理则一同，如何？”曰：“固是如此。理者，如一宝珠。在圣贤，则如置在清水中，其辉光自然发见；在愚不肖者，如置在浊水中，须是澄去泥沙，则光方可见。今人所以不见理，合澄去泥沙，此所以须要克治也。至如万物亦有此理。天何尝不将此理与他。只为气昏塞，如置宝珠于浊泥中，不复可见。然物类中亦有知君臣母子，知祭，知时者，亦是其中有一线明处。然而不能如人者，只为他不能克治耳。且蚤、虱亦有知，如饥则噬人之类是也。”[3]

朱子进一步指出，人与动物的本性可以有千万种，但它们之间的差距不存在严格的界限和鸿沟。朱子说：曰：“气相近，如知寒暖，识饥饱，好生恶死，趋利避害，人与物都一般。理不同，如蜂蚁之君臣，只是他义上有一点子明；虎狼之父子，只是他仁上有一点子明；其他更推不去。恰似镜子，其他处都暗了，中间只有一两

[1]《朱子语类》卷四，中华书局，1986 年，第 59 页。

[2]《朱子语类》卷十七，中华书局，1986 年，第 375 页。

[3]《朱子语类》卷十七，中华书局，1986 年，第 375 页。

点子光。大凡物事禀得一边重，便占了其他底。如慈爱底人少断制，断制之人多残忍。盖仁多，便遮了义；义多，便遮了那仁。”[1] 即人与动物都是由气聚合而成形体，都有与形体有关的感性欲望和趋利避害的能力，但义理之心却各有不同。又说：“至于物，亦莫不然，但其拘于形，拘于气而不变。然亦就他一角子有发见处：看他也自有父子之亲；有牝牡，便是有夫妇；有大小，便是有兄弟；就他同类中各有群众，便是有朋友；亦有主脑，便是有君臣。只缘本来都是天地所生，共这根蒂，所以大率多同。”[2] 即物也有某种程度的五伦之性。他常说，虎狼之仁，蝼蚁之义，其实动物何尝没有某种思维能力，何尝没有某种道德感；相对于动物，植物何尝没有某种情感和知觉；同样，石头桌椅、枯槁之物等无生物，又何尝没有某种感应作用！

如果在此进一步推广、演绎朱子之意则可知：万物的不同类型和梯次，虽有程度上的差异，却有一种连贯性。我们的分类，其实是某种抽象和“截断”。可以这样说，能动性、目的性和意向性不仅在有生命物之中存在，而且在无生命物之中它也是存在的，只不过相对微弱罢了。故朱子说：“物若扶植，种在土中，自然生气凑泊。他若已倾倒，则生气无所附着，从何处来相接？如人疾病，此自有生气，则药力之气依之而生意滋长；若已危殆，则生气流散，而不复相凑矣”。[3] 这段话表达了人和植物都是依靠土壤和药物之力而存在，同时暗示土壤和药物也有某种生气。以现代生态学的视角看，就无机物与有机物的关系来说，任何有机物的生存都是以无机物的

[1]《朱子语类》卷四，中华书局，1986 年，第 57 页。
[2]《朱子语类》卷十四，中华书局，1986 年，第 256 页。
[3]《朱子语类》卷六十三，中华书局，1986 年，第 1552 页。

存在为条件和环境的。例如，如果没有阳光、水和含有矿物质的土壤所组成的无机环境，植物的生存是难以想象的，而当无机物为有机物的生存提供环境和条件时，无机物实际上参与了一有机物的生命活动并实际上成为该有机生命整体的一部分。就维持生命整体的目的和意图来说，无机物也嬗变成了有机性的存在。一丝阳光，几滴雨露，一掊土，由于生长于其中的一株向日葵的涵摄，它们成为向日葵——这一有机体生命的一部分。因此，阳光、雨露、土也可以看作为有目的和意图的存在。在此意义上，朱子也会同意把无机物整合为有机体的一部分，无机物也具有某种目的和意图，无机物也是某种程度的生命存在。[1]简言之，在朱子看来，山河大地与植物、动物、人之间相互关联、相互依赖，同生共育，构成一个复杂的多层次的有机生命整体。故朱熹说："一似有个大底物事，包得百来个小底物事"。[2]"天覆地载，万物并育于其间而不相害；四时日月，错行代明而不相悖"。[3]天地间的万物，共生并育，互不伤害。同时，万物的生命与昼夜变化、四季轮转又息息相关。由此可见，天地万物的生长运行，相辅相成，形成有机的生命大系统。

总之，朱子在宇宙论上主张"万物一体说"，认为宇宙是天地万物与人相关联、是一气流通而生成的有机生命整体，就如同人的耳目手足同属于一个身体，彼此痛痒相关、休戚与共。这种宇宙观确实具有鲜明的生命、有机特色。难怪李约瑟说，朱熹的宇宙论是

[1] 蒙培元教授也指出，朱熹等儒家所说的"物"，是指我以外的所有存在物，首先是生命之物。但是，非生命之物也是与生命有关联的，与我有关联的。具体参见蒙培元《当代良知论》，《杭州师范大学学报》2003年第3期。

[2]《朱子语类》卷五十九，中华书局，1986年，第1403页。

[3] 朱熹：《四书集注·中庸章句》，中华书局，1983年，第37页。

“有机的自然主义”。正如张东荪指出的，朱熹“万物一体”宇宙观，重在“通”，就是把自己与宇宙打成一片，主张“宇宙等于一个‘有机体’(organism)。而人在宇宙中就等于耳目之在人身上，耳目不仅必须尽其为整个人身而视听之职能且同时必须又爱护手足，因为与手足是同属于一个人身上，彼此痛痒相关休戚与共。故万物一体之说当然包括博爱在内……并且须知这种把整个宇宙当作一个有机体之思想不仅是主张万物互倚、一体共存且亦是不分人事与物理。”[1]不仅如此，朱子认为，宇宙是气化流行、生生不息、永不枯竭的进程，故他说：**“盖通天下只是一个天机活物，流行发用，无间容息。”**[2]“通天下只是一个天机活物”一句，直接点出朱熹的有机主义生命宇宙论。

二、以“太极”、“生物之心”为中心的本体论

天地之间，气化流行，万物纷纭。而阴阳二气的流行、万物的生成，必有一引起它们产生的最终理由，此即是朱子所谓的“根原之理”。

朱子对“根原之理”进行了不懈的思考，晚年他对高足陈淳的重要教诲便是穷“根原之理”。朱子对“根原之理”的追问，体现在“格物穷理”及“太极”的讨论中。

“格物穷理”是朱子标志性的观念。“格物穷理”就是“即物而穷其所以然之理”。首先，格物穷理，重在“穷理”，“穷理”即终极推究、追根溯源。穷理的关键，就是推究事物之理到极致处或根原处。按朱子的说法，穷理不仅要知得事物的“第二义”或“第三

[1] 张东荪：《思想与社会》，辽宁教育出版社，1998年，第145—146页。
[2] 朱熹：《答张敬夫书》，《朱文公文集》卷三十二，《朱子全书》，第1393页。

义”，而且更要推寻事物的“第一义”。朱子常常教导陈淳说，“凡看道理，须要穷个根原来处。如为人父，如何便止于慈？为人子，如何便止于孝？为人君、为人臣，如何便止于仁、止于敬……凡道理皆从根原处来穷究，方见得确定。”[1]即不仅要知得为人君当仁、为人臣当敬；而且更要推上一层推寻道理“根原处”，追究人君为何应当仁，人臣为何应当敬。再如，通过穷理，不仅要知得舟当行于水、车当行于陆，而且要推上一层推究舟为何当行于水、车为何当行于陆的“所以然之理”。此种事物的“第一义”、“道理根原处”，就是终极理由。终极理由，朱子通常称之为“太极”。朱子说：“太极之义，正谓理之极致耳”。[2]太极是事物之理的“一个极至”。[3]“自外而推入去，到此极尽，更没去处，所以谓之太极”。[4]所谓“理之极致”、“极尽处”，就是根原之理。也就是说，太极就是事物“根原之理”另一种名称而已。

而太极就是阴阳二气流行、万物生成变化的根源和终极动因。朱子说：“‘一阴一阳之谓道’，太极也”。[5]“‘一阴一阳之谓道’……从古到今，恁地滚将去，只是个阴阳，是孰使之然哉？乃道也。”[6]又说：“天地之间，只有动静两端，循环不已，更无余事，此之谓易。而其动其静，则必有所以动静之理焉，是则所谓太极者也”。[7]这段话的“道”就是太极；“孰使之然哉”，是指太极是促发者、主

[1]《朱子语类》卷一百一十七，中华书局，1986年，第2815页。
[2] 朱熹：《答程可久》，《朱文公文集》卷三十七，《朱子全书》，第1642页。
[3]《朱子语类》卷九十四，中华书局，1986年，第2371页。
[4]《朱子语类》卷九十八，中华书局，1986年，第2526页。
[5]《朱子语类》卷七十四，中华书局，1986年，第1897页。
[6]《朱子语类》卷七十四，中华书局，1986年，第1896页。
[7] 朱熹：《答杨子直》，《朱文公文集》卷四十五，《朱子全书》，第2071页。

导者。朱子认为，太极就是能促使阴阳、动静继起生生的“所以然之理”，是发动者。他又说：“原‘极’之所以得名，盖取枢极之意。圣人谓之太极者，所以指夫天地万物之根也”。[1] 这里的“枢极”、“万物之根”，指太极是引起阴阳动静的发动力，是一气消退之际，又使一气继而生起的枢纽，也是天地万物生生化化的根本动力因。朱子认为，太极是阴阳二气生生不已的主宰或根本动力。[2]

朱子的太极，就是从推理上，推寻阴阳二气变化流行或人物得以产生的终极理由。太极在逻辑上是先于现实世界的万物，是万物生成变化的逻辑前提，它相对于现实世界的具体事物，具有某种独立性。但是，太极作为终极本体，不是西方哲学传统中独立于现象之外之上的本体，而是本根、本源意义上的本体，是生长意义上讲本体。[3] 因此，本体与现实事物又是相关联的。朱熹认为，在现实世界中，日月之运、寒暑之行、水之流、物之生，最能体现太极。进一步说，本体就在每一现实事物之中。故朱子说“总体一太极，物物各有一太极”，此即著名的“理一分殊说”。

太极是从逻辑上推致事物生成的终极本体，这是本体的形式面向，那么试问：本体究竟何指？它的真正内涵为何？为此，朱子以“生物之心”与“仁”来回答。

---

[1] 《朱子语类》卷九十四，中华书局，1986 年，第 2366 页。

[2] 关于太极的活动、动力问题，自吴澄以“死理活气”批评朱子的“如人骑马”的理气观后，理是活理还是死理成为学界争论的热点。明代前期曹端、薛瑄等在理气动静的问题上对朱子学有所发展，提出了“活理”论，认为“理”对于“气”有能动作用。韩国性理学家李滉论继承并发展了曹端、薛瑄的“活理”思想，提出了“理动气生”“理自会动静”，把太极之理说成“能生者”或“主动者”。美国学者白诗朗也认为，朱子的理，当然是在宇宙中的动力，而非如柏拉图的理型一般静止的东西。

[3] 蒙培元：《良知与自然》，《哲学研究》1998 年第 3 期。

朱子认为，天地宇宙是一个活泼泼的生命大体，其间气化流行、万物生生不已，而当问自然大化何以流行不息、万物何以生生不已时，朱子的回答是：由于“天地生物之心”。

在与陈淳的讨论中，朱熹同意陈淳的看法：即“维天之命，於穆不已。所以为生物之主者，天之心也”。[1] 在朱熹看来，至诚不息的生物之心，是天固有的属性，是天之所以为天的本质。他在解释老子作为“天地根”的“玄牝”时说：“至妙之理，有生生之意焉，程子所取老氏之说也”。[2] 就是把美妙的根原之理解释为“生生之意”，这与他的“天地生物之心”含义一致。

然而朱熹也指出，天地之心不是如人心那样是有思虑、能计划之心，而是生发万物的目的和动力。朱子说：“天下之物，至微至细者，亦皆有心……且如一草一木，向阳处便生，向阴处便憔悴，他有个好恶在里。至大而天地，生出许多万物，运转流通，不停一息，四时昼夜，恰似有个物事积踏恁地去。天地自有个无心之心。”[3] 朱熹断定：“无心之心”就是天地生物之心；这个“憔悴”、“好恶”、“积踏恁地去的物事”，便是“生物之主”。而**“生物之主”即是“生物之主宰”，也就是催促、引导着生命前进的力量和意欲，它就是有目的、有意欲、有动力的天地生物之心。简言之，天地生物之心，实质就是创生性**。其实，朱子“天地生物之心”的思想得到了当代生态科学和生态哲学的印证。生态学家约翰·布鲁克纳说，自然中有“一种有机动力，按照它的建造和意图把一切都结合成令人惊奇的一片。”生态哲学家罗尔斯顿也说：“进化的生态系统中存在着一

[1] 朱熹：《答陈安卿》，《朱文公文集》卷五十七，《朱子全书》，第2738页。

[2]《朱子语类》卷一百二十五，中华书局，1986年，第2995页。

[3]《朱子语类》卷四，中华书局，1986年，第60页。

种创造性，它以我们还没有充分理解的机制，形成一切生物物种与生命过程。”[1] 这里的“有机动力”“创造性”，也可以说是朱子的“生物之心”或“生生之意”。朱熹说：“发明‘心’字，曰：一言以蔽之，曰‘生’而已。”[2]“天地之心，只是个生。凡物皆是生，方有此物。”[3]“‘心，生道也’，……生物便是天之心。”[4]“生”就是创生性，如草木之萌芽，都是因这个“生”方有之；人与万物之所以生生不穷的原因，就是创生性。简言之，正是有“天地生物之心”，才有日月星辰、虫鱼鸟兽、花草树木的生成，才有万物的生生不息。因此，“天地生物之心”是宇宙万物的根源，万物的生长化育、流行变化赖它而存；如果无此天地生物之心，则世界死寂一片，毫无生命。

若要问此“天地生物之心”存在哪里？它与世界万物的具体关系如何？朱熹便以“普万物而无心”来回答。

朱熹认为，天地生物之心遍在于气化流行及天地万物的生化之中。他说：“天地以此心普及万物，人得之遂为人之心；物得之遂为物之心；草木禽兽接着遂为草木禽兽之心。只是一个天地之心尔。今须要知得他有心处，又要见得他无心处。”[5]“普万物而无心”，是指天地生物之心蕴藏于、内在于万物之中；万物的每一各别心体现着天地之心，并非另有一个天心独独存在于万物之上。从“一体万殊”看，天地之心是一统体浑沦之心，是天地生生不已之目的，它由万物各自的生意来体现。因此，天地之心即万物之心，万物之每

---

[1] 具体论述，参见乔清举的《仁的生态维度》(《光明日报》2015年4月27日)一文。

[2]《朱子语类》卷五，中华书局，1986年，第85页。

[3]《朱子语类》卷一百五，中华书局，1986年，第2634页。

[4]《朱子语类》卷九十五，中华书局，1986年，第2440页。

[5]《朱子语类》卷一，中华书局，1986年，第5页。

一各别心就是统体之心。朱熹说："万物之心，便如天地之心。……天地之生万物，一个物里面便有一个天地之心"。[1]"天地以生物为心者也，而人物之生，又各得夫天地之心以为心者也"。[2]可见，万物之心即天地之心，天地之心与每一物只是同一个心，说万物有心就是说天地"有心"。故朱熹说：**"天地生物之心即物而在也"**。[3]即现实世界存在的每一物，如一花一草、一虫一兽，自身都有"生物之心"或"创生性"；而每一物的生物之心，就是终极本体的具体表现。[4]

朱熹以"天地生物之心"说终极本体，终极本体实质上已蕴涵着道德和价值意义。因为一提到"心"，本身就包涵着目的性和价值判断在里面。以此为过渡，朱子便直接拈出更具有价值意义的概念——即"仁"来论终极本体了。

朱熹认为，仁是万事万物产生的根原。他说："千头万件，都只是这一个物事流出来。……仁是个主，即心也。"[5]又说："孔门之学所以必以求仁为先，盖此是万理之原，万事之本。"[6]仁是什么？朱

[1]《朱子语类》卷二十七，中华书局，1986年，第689页。

[2] 朱熹：《仁说》，《朱文公文集》卷六十七，《朱子全书》，第3279页。

[3] 同上。

[4] 朱熹在《答廖子晦》信中说："乾坤造化如大洪垆，人物生生，无少休息，是乃所谓实然之理，不忧其断灭也。今仍以一片大虚寂目之，而反认人物已死之知觉，谓之实然之理，岂不误哉？"钱穆解释说，朱子此一条，根据儒家传统宇宙观来驳难佛家，最扼要，最有力。中国儒家思想，**认此宇宙为一整体，为一具体实有，在其具体实有之本身内部，自具一种生生不已之造化功能**。既不是在此宇宙之外之先，另有一大神在造化出此宇宙。亦不是在此宇宙之内，另有一大神在造化出许多各别实然的人和物。宇宙间一切人和物，则只是此宇宙本体之神化妙用所蕴现。若另换一看法，则宇宙间一切人和物，只是此宇宙造化所不断呈现出来的种种形，形只是粗迹，所谓形而下。而宇宙造化，总汇看来，则只是一个理。钱穆《中国思想史之鬼神观》，见其著《灵魂与心》之相关章节。

[5]《朱子语类》卷三十四，中华书局，1986年，第868页。

[6]《朱子语类》卷六，中华书局，1986年，第114页。

熹说，“仁是生理”。仁则“浑沦都是一个生意”。[1] 朱子说：“仁者，天地生物之心。”[2] 在朱子看来，仁、生理、生物之心是三个可以互换的概念，他们都是创生性本体的不同表达。所以朱子说“仁者生之理，而动之机也。惟其运转流通，无所间断，故谓之心。”[3]“仁”含有爱与善之意，它体现着慈爱和善的评判，以“仁”说“生”，仁就是爱生、护生、新生之意。他说：“且以仁言之，只天地生这物时便有个仁，它只知生而已……且看春间天地发生，蔼然和气，如草木萌芽，初间仅一针许，少间渐渐生长，以至枝叶花实，变化万状，便可见他生生之意。非仁爱，何以如此。缘他本原处有个仁爱温和之理如此，所以发之于用，自然慈祥恻隐”。[4] 以此，仁即生、生即仁，自然意义的“生”与伦理意义的“仁”达到了有机统一。也就是说，**仁本体实质就是生本体，这是朱熹本体论的真实内容**。至此，朱子不仅以形式上的太极为终极本体，更是以生物之心或仁为终极本体的实质内容，建立了“生生”或仁本体论。值得指出的是，贺麟曾在《儒家思想的新开展》一文中认为，从儒家哲学看来，仁乃仁体，仁为天地之心，仁为天地生生不已之生机，仁为自然万物的本性，仁为万物一体生意一般之有机关系之神秘境界。简言之，哲学上可以说是有仁的宇宙观，仁的本体论。”[5]

---

[1]《朱子语类》卷六，中华书局，1986 年，第 107 页。

[2]《朱子语类》卷九十五，中华书局，1986 年，第 2440 页。

[3]《朱子语类》卷九十五，中华书局，1986 年，第 2418 页。

[4]《朱子语类》卷十七，中华书局，1986 年，第 383 页。

[5] 贺麟：《文化与人生》，商务印书馆，1947 年，第 5—6 页。值得一说的，陈来先生创发了“仁学本体论”，主张中国哲学的本体是生生不已的，是生命性的，这个本体就是仁体。朱熹等宋儒的生生之仁、一体之仁，构成了儒学仁学本体论的传统，认为春意盎然的宇宙就是人的宇宙，仁学本体论是一体共生的整体性的本体，整体中有关系、关系中有个体。

总之，在朱熹看来，**全体宇宙是一个“活物”，人与天地万物成为同生共育的有机大体，其间气化流行、万物生生，充满着关联性、连续性、生命性、过程性、整体性。**[1]**从形式上看，太极是气化流行、万物生生的终极动力因；从实质上看，生物之心或天地之仁才是真正的本体。生物之心或生生之仁贯串宇宙论和本体论。在此意义上说，朱熹的形而上学，实质就是“生生”（或“仁”）形而上学。**

第三节　朱熹与怀特海宇宙论、本体论之异同

一、宇宙论之比较与省思

方东美指出，对于“宇宙的盎然生意”的见解，怀特海、柏格森、摩根与中国哲学是相同的。[2]的确，在宇宙观上，朱熹与怀特海都把宇宙看作是万物相互关联、相互影响而结成的有机生命大体，并认为在此有机生命大体中，每一事物与其他事物相互联系；由于事物处于相互关联之中，事物之间则相互影响，和谐共生。朱子认为全体宇宙只是一个“天机活物”，怀特海主张“活的自然”，宇宙作为一个万物和谐共生的大生命体，无一刻不发育创造，无一处不变化贯通。

朱子主张“万物一体说”，认为宇宙是人与万物关联、一气流通而生成的有机整体，就如同人的耳目手足同属于一个身体，彼此

---

［1］ 陈来先生曾指出，古典中国文明的哲学宇宙观是强调连续、动态、关联、关系、整体的观点，每一事物都是在与他者的关系中显现自己的存在和价值，故人与自然、人与人、文化与文化应当建立共生和谐的关系。参见陈来《中国文明的哲学基础是宇宙观》（《人民论坛报》2016年6月27日）一文。

［2］ 方东美：《中国人生哲学》，中华书局，2012年，第81页。

痛痒相关、休戚与共；他主张全天下宇宙只是一个“天机活物”，确实具有鲜明的有机主义和过程哲学特色。他说：“天覆地载，万物并育于其间而不相害；四时日月，错行代明而不相悖。所以不害不悖者，小德之川流；所以并育并行者，大德之敦化。小德者，全体之分；大德者，万殊之本。川流者，如川之流，脉络分明而往不息也。敦化者，敦厚其化，根本盛大而出无穷也。此言天地之道，以见上文取譬之意也。”[1] 具体讲，天地间的无生物、植物、动物，如日月星辰、山河大地、四时寒暑、花草树木、鸟兽虫鱼人之间相互关联，同生共育，构成一个复杂多层次有机整体。朱子说：“这个‘太极’，是个大底物事，‘四方上下’曰‘宇’，‘古往今来’曰‘宙’。”[2] 太极是充满无限空间与无限时间的大体，就是整个宇宙，而宇宙就是人与天地万物组成的生命大河流，此宇宙是每一具体生命的源泉和母体，这种生命大河流生起、显现、承载每一具体生命，此即“大德之敦化”。同样，每一人、每一物的生命流与它人、它物之生命流不害不悖，此即“小德之川流”。当然，宇宙生命大河流就是由万物生命之众流汇聚而成，离开了众流便没有宇宙生命大河流。另外，朱熹有时还把宇宙比喻为一棵花树，其实花树是由根、干、花、叶、果乃至其周围的土壤、水、空气、阳光环境组成的有机的生命整体。花树的整体的生命洪流充塞流淌在每一根、干、花、叶、果甚至一滴水、一缕光气中，如果没有根、干、花、叶、果甚至一滴水、一缕光气，就没有花树的生命之流。故花树与每一根、干、花、叶、果甚至一滴水、一缕光气就是同一个有机体，是分不开的。宇宙之

[1] 朱熹：《四书集注 · 中庸章句》，中华书局，1983 年，第 37—38 页。

[2]《朱子语类》卷九十四，中华书局，1986 年，第 2370 页。

生命与每一人、一物之生命是同一个，也是分不开的。

同样，怀特海反对近代科学唯物论孤立的、机械的、僵死的宇宙观，主张有机主义宇宙观，认为宇宙是整体的、有机的、有目的的、活的。具体说，宇宙是能流、物质微粒、无机物、单细胞生物、植物、动物、人之间相互关联、相互叠合组成的层级的有机整体。一些基本物质或能量之流——如质子、电子等组成原子，原子组成分子，分子组成大胶粒、细胞或晶体等等。在此层上面，细胞形成器官和组织，器官和组织合并成有功能的植物、动物的躯体。人是身心统一体，许多人又组成社会群落。其中，人的心与身不离，身躯与动植物不离、动植物与微生物、物质环境不离，如此则物物相关、层层叠合，形成了不可分割的有机大整体。由此可见，正如李约瑟所说的，朱熹的“有机的自然主义”宇宙论与怀特海的有机主义宇宙论相契合。**朱子把宇宙比作一人的身体，或比作一棵花树。而怀特海认为，宇宙中一切实在的东西在根本上是相互关联的，宇宙如同一件无缝的外套，当我们凝望天空，既能感到天地宇宙的统一性，又能感受到宇宙的包含的多样性、个体性**。

另外，与朱熹的气化流行、生生化化的宇宙观相似，怀特海认为宇宙中的每一具体存在都是在创造性促动下的产生、实现、消逝和再生的活动过程；宇宙的根本特征是流变的、充满冒险的创造性进展过程。借用方东美的话说，“宇宙是一个包罗万象的广大生机，是一个普通弥漫的生命活力，无一刻不在发育创造，无一处不在流动贯通。”[1] 总之，朱熹与怀特海一样，都主张互依相关、流变活动

[1] 方东美:《生命理想与文化类型——方东美新儒学论著辑要》，中国广播电视出版社，1992 年，第 138 页。

的有机主义生命宇宙。难怪李约瑟认为，与怀特海一样，朱熹理学是一种有机论哲学。

当然，朱熹与怀特海在宇宙观有不同之处：其一、朱子是以中国哲学传统中的“阴阳气化”为基础来建构有机主义的，而怀特海却是以现代科学尤其量子物理学、生物学的“有机体及其作用”为基础来建构有机主义的。虽有如此不同，正如李约瑟指出的，朱熹主要靠领悟力达到了与怀特海有机主义相同的水平。[1] 其二、朱熹的宇宙论重视人为“天地立心”，重视人参赞天地万物生命化育的能动性和主体性。而怀特海主张的一体平铺的自然主义宇宙论，把人拉平为万物之一，没有突显人——作为宇宙万物之灵长的主体性和使命担当。相反，朱熹认为，虽然人禀理和气而成为天地万物中的一分子，但人是得天地之气的最灵者，人有裁成辅相、曲成万物的能力。朱熹认为，人在天地中间虽与天同有一理，但天的事功作为与人的事功作为有一定的分界，有些事“人做得底，却有天做不得”。也就是说天地宇宙有自身的“局限”，有些事情的完成需要人的辅助。如“天能生物，而耕种必用人。水能润物，而灌溉必用人。火能熯物，而薪爨必用人。”[2] 再如，人禀理与气而成天性，但由于人所禀之气或柔或刚，其恻隐之心、羞恶之心、辞逊之心、是非之心天生就表现出各有偏狭而很难中和齐全，因此就要人扩充“善端”，这非得一番人为修养工夫不可。正如朱熹说：“天只生得许多人物，与你许多道理，然天却自做不得，所以生得圣人为之修道立教，以教化百姓。所谓‘裁成天地之道，辅相天地之宜’。盖天做不

[1] 李约瑟：《中国科学思想史》，第 537 页。

[2]《朱子语类》卷六十四，中华书局，1986 年，第 1570 页。

得底，却须圣人为他做也。”[1] 圣人如何赞助天地之化育呢？朱熹说圣人“法天”。“法天”并不是说有一个超然的偶像供人效法，而是要人反躬体认天地万物生生之理，使人知觉到宇宙的生理、秩序和仁善并达到满心皆是生理的境地，如此就可以“尽人之性”、“尽物之性”、参赞天地化育。也就是说，圣人通过身心来体认万物的生理，同时积极实践，通过遵循人与万物的自然天性或自然之理，使人与万物生命条畅通达，并很好地完成自己的天性，实现自己的目的与价值，让万物与人各得其所，达到共生共育的和谐世界。当然，朱熹说“圣人法天”，却是以一颗积极的有情意有作为的心，来辅助天地自然做成许多事情；他要参与赞助，要裁成辅相，以便造成一个“天地位，万物育”的充满生机与和谐的世界。如方东美所说：“宇宙乃是普遍生命流行的境界，天为大生，万物资始，地为广生，万物咸亨，合此天地生生之大德，遂成宇宙，其中生气盎然充满，旁通统贯，毫无窒碍，我们（即人）立足宇宙之中，与天地广大和谐，与人人同情感应，与物物均调浃合，所以无一处不能顺此普遍生命，而与之全体同流。”[2] **简言之，朱子大讲人为“天地立心”、“圣人法天”，就是强调人作为天地万物生命“协同创造者”（方东美语）的中心地位！**

二、本体论之比较与省思

怀特海把“创造性”作为宇宙万物的终极本体，创造性是不断合成新的事物的力量或冲动，它贯注于宇宙中的每一现实事物中。而朱熹则把太极作为终极之理，把“天地生物之心”（或生生之理）

[1]《朱子语类》卷十四，中华书局，1986 年，第 259 页。

[2] 方东美：《中国人生哲学》，中华书局，2012 年，第 171 页。

作为终极本体的实质内容。他认为，“统体一太极”，而太极又内在于每一事物之中，即“物物各有一太极”，提出了著名的“理一分殊”的命题。同样，又认为天地“天地生物之心”体现于每一事物之中，提出了“天地生物之心即物而在”的命题。简言之，在强调本体论原理“既超越又内在”方面，朱熹与怀特海是一致的。还有，太极是气化流行、万物生生的发动者或终极动因，正如牟宗三认为的，太极就是“创化原则”(principle of creative evolution)。以怀特海的话说，太极是一切发动的“根源”(primordial)、无时的偶起(non-temporal accident)、无动的机动者(unmoved mover)。[1]方东美也指出，怀特海的“创造性”与儒家的“生生”都表示了创生性、综合性、动态性特质。难怪方东美在翻译《易经》“生生之德”的“生生”时，直接采用了怀特海最重要的本体论范畴 creative creativity 对译，并说它们意义相当。由此可见，**朱熹的“太极”与怀特海的“创造性”在强调生生、过程变化等方面具有很大的相通性**。难怪白诗朗指出，朱熹作为世界的事物或者事件的根原之理——即“太极”，最可能的解读是过程性的、甚而创造性的，而不是作为原理、道理、模式或者秩序的静态之理。[2]

当然，怀特海与朱熹的本体论毕竟是不同时空、不同哲学传统的产物，其差异性明显。最大的不同，朱熹的终极本体的实质是“天地生物之心”，是“天地生物之仁心”，是极好至善的道理，是道德的形上学。而且这种发动者或发动力促发了天地万物的发育生生，实际蕴含着某种积极的目的性和善意，故朱熹径直说：

[1] 牟宗三：《周易的自然哲学与道德函义》，台湾文津出版社，1989年，第188页。

[2] 白诗朗：《是否道学为过程哲学？》，俞懿娴译，《哲学与文化》2007年6月。

其一、“太极只是个极好至善底道理”。[1]太极是“天地生物之心”。朱熹反对道家道法自然、天地无心的主张，认为天地是有心的。朱子说：“所以为生物之主者，天之心也”。[2]又说：“天下之物，至微至细者，……且如一草一木，向阳处便生，向阴处便憔悴，他有个好恶在里。至大而天地，生出许多万物，运转流通，不停一息，四时昼夜，恰似有个物事积踏恁地去。天地自有个无心之心。”[3]这里的“天之心”、“无心之心”，就是天地生物之心；其中“憔悴”、“好恶”，“积踏恁地去的物事”，实质便是催促、引导着生命前进的力量和意欲。朱子说：“天地别无勾当，只是以生物为心。一元之气，运转流通，略无停间，只是生出许多万物而已。”[4]“勾当”，即天地之目的性。而天地生物之心，就是天地之仁，故他说：“生底意思是仁”。仁则“浑沦都是一个生意”[5]。“仁者，天地生物之心”。[6]很明显，作为生生不息之机的太极，就是仁心。朱子同意陈淳的说法，认为“太极者，天地之性而心之体也”。[7]由此可见，太极，就是仁心之体。**至此，我们发现了朱熹本体论的最大秘密，朱熹的格物穷理，不仅是穷究心外之理，而乃是“极乎心之所具之理”。[8]这个太极之理，就是仁心；太极本体，实质是仁本体！难怪他说：“孔门之学所以必以仁为先。盖此是万理之原，万事之本”。**[9]

---

[1]《朱子语类》卷九十四，中华书局，1986年，第2371页。

[2] 朱熹：《答陈安卿》，《朱文公文集》卷五十七，《朱子全书》，第2738页。

[3]《朱子语类》卷四，中华书局，1986年，第60页。

[4]《朱子语类》卷一，中华书局，1986年，第4页。

[5]《朱子语类》卷六，中华书局，1986年，第107页。

[6]《朱子语类》卷九十五，中华书局，1986年，第2424页。

[7] 朱熹：《答陈安卿》，《朱文公文集》卷五十七，《朱子全书》，第2744页。

[8]《贺麟选集》，第217页。

[9]《朱子语类》卷六，中华书局，1986年，第114页。

相对照，以天地生物之心、仁心来说本体，在怀特海的本体论中是没有的。怀特海未能如朱熹讲“天地生物之心”那样，把“创造性”的目的性和道德性内涵凸显出来。正如牟宗三所批评的，与朱子相比，怀特海的形上学似乎只有平铺直叙的味道，没有道德形上学的高俨。相反，朱子的“人心即天地生物之心”，更具有形上学的高俨味道，它可以弥补怀特海形上学“平面化”的不足。然而，值得注意的是，怀特海在晚年的《观念的冒险》一书中，有时也把“上帝的爱欲”看作为上帝的原初本性，其“上帝的爱欲”似乎接近于朱熹的“天地生物之心”之意，可惜对此未能充分展开讨论。

其二、朱熹讲论的这个太极、这个仁心，是通过主敬涵养和内心体认而不是通过认知推理获得的。朱熹说：“于是退而验之于日用之间，则凡感之而通，触之而觉，盖有浑然全体应物而不穷者。是乃天命流行、生生不已之机。”[1]这里的“天命流行生生不已之机”，即指“太极”。很明显，太极就是通过人心的主敬涵养、体验感通获得认识的。故朱子说：“天理生生本不穷，要从知觉验流通。”[2]又说：“此心何心也？在天地则坱然生物之心，在人则温然爱人利物之心。”[3]要识得天地生物之心，须反躬自身，体认、默识，这与认知推理的方法获得是不同的。至此可知，**朱熹的太极，不是抽象的空洞的理，而是富含生机和生意的仁心了。相对照，以居敬涵养、反身体认的方式理会本体，这在怀特海那里简直闻所未闻，尤其在我之“温然爱人利物之心”与在天之“盎然生物之心”是一非二的，此种观点，怀特海简直不知所云**。正如熊十力在《新唯识论》中屡

[1] 朱熹：《与张敬夫》，《朱文公文集》卷三十，《朱子全书》，第1315页。

[2] 朱熹：《送林熙之诗五首》，《朱文公文集》卷六，《朱子全书》，第418页。

[3] 朱熹：《仁说》，《朱文公文集》卷六十七，《朱子全书》，第3280页。

次提到的，“自认与西洋哲学不同之点，在于本体之认识，恃性智而不恃量智”。[1]即怀特海、柏格森、康德等西洋哲学以“量智”谈本体，把本体视为外在的东西，通过理性分析、思维构画来获得；而朱熹以“性智”谈本体，不是向外追求本体，而是通过内在的“体认”、“证会”的工夫自见本体。具体说，通过静观默识的内在体验，在鸟啼花笑、山峙川流之中见天地生生之机，见我心与天地生物之心相流通，这才是朱熹与怀特海本体论的最大不同。

其三、朱熹与怀特海虽都强调太极与创造性具有凝聚组织的功能，但朱熹讲太极，总是被“气”所缠绕。朱熹指出，“才说太极，便带着阴阳”。[2]太极是不能离开气来说，他有时甚至不无矛盾地说：“太极只是一个气，迤逦分做两个，气里面动底是阳，静底是阴。又分做五气，又散为万物”。[3]朱熹才说理，便带着气；理不离气，没有气，理无处“凑泊”、“挂搭”。他一方面主张理气不相离，另一方面又主张理在气先。所谓“在先”，是从根本上说，理是一物之所以从宇宙全体中生成的“所以然之故”，是一切物成立的根据。从存在上说，理气不分开、不相离；气是理的显现，没有气，理无所显现，所谓的“凑泊”、“挂搭”，都是显现的意思。更重要的是，朱子把“气”当作生物的基本材料来看，认为“五行阴阳，七者滚合，便是生物底材料。”[4]也就是说，朱子讲太极之理的创发、组织功能，是以气的错综凝聚（即“滚合”）为基础的。按朱熹“阳变阴合”的观点，就是指二五之气相互摄受、相互影响而产生新物的过程；气之

[1] 熊十力：《新唯识论》（语体文本），北京：中华书局，1985年，第681页。
[2]《朱子语类》卷九十四，中华书局，1986年，第2371页。
[3]《朱子语类》卷三，中华书局，1986年，第41页。
[4]《朱子语类》卷九十四，中华书局，1986年，第2376—2368页。

阴倾向于凝结生成物，气之阳倾向于帮助物之新生，阴阳之气在相互作用、相互赞助的过程中使一物得以生成，同时在一物之生成之后又促使一新物产生，如此循环不已，万物便生生不穷。相对照，怀特海虽深晓当代物理学“能流”（a flow of energy）之概念，也懂得物理世界是“能流”聚合的产物，但他在解释“创造性”时，却是通过理性分析的方式解释一物在创造过程中的组织和综合建构能力；为了说明此种组织能力的来源，他还在逻辑上预设了上帝的存在，而且此种上帝似乎有点人格神的味道。为此，怀特海花了大量的精力讨论创造性与上帝关系问题。正如程石泉指出的，一旦当怀特海谈及上帝的概念时，创造性便不再是终极的概念，而是上帝成为其形上学系统中最高概念。他不无遗憾地指出，在这时，上帝已经代替了创造性成为最高的概念。[1] 当然，怀特海的上帝，已经不是传统基督教全知全能、创造主宰一切的人格神上帝，而是一种“哲学上帝观”，怀特海以上帝来完成他的形上学体系。

值得一提的是，**朱熹由太极的“生生不息之机”而上达“天地生物之心”，最后挺立起“仁”本体论，成就自己的道德形上学，而怀特海的形上学则缺失了道德形上学的部分**。在讨论本体论范畴——创造性时，怀特海继续借助于西方哲学和神学传统的上帝观念加以申说，有时甚至把创造性视作为上帝的创造力和意志，在创造性与上帝概念之间矛盾摇摆。总之，朱熹与怀特海的本体论，虽然两者大趋势相通，但各家持有的内容与根本观念互异，毕竟是来自两个哲学传统的东西。

---

［1］ 程石泉：《中西哲学合论》，上海古籍出版社，2007 年，第 287 页。

第三章　朱熹与怀特海认识论比较

第一节　怀特海的认识论

讲完怀特海的宇宙本体论，得述及他的认识论，因为他是从宇宙本体论的进路来讲认识论的，这是怀特海哲学非常有特色的地方。按照怀特海的宇宙本体论，世界上最真实的存在是一个个现实存在或事件；世界是诸多现实存在或事件相互关联、相互影响而构成的有机整体；在这种关联互系的世界里，每一事物都对其他事物及其周围环境有所反应或感受，在这个意义上，一人、一狗、一花、一石等包括其他每一现实存在都是一个经验感受单元。因此，怀特海的认识论是以人或其他事物的“感受”（feeling）为出发点。了解怀特海的认识论，得先了解他的“感受”说。

一、感受与知觉

怀特海认为，我们面对的是一个万物相互关联的世界。在这个关联的世界中，一切事物都是关联性的存在；事物之间处于相互“涵摄”（prehension）之中。所谓“涵摄”，就是一事物把其他事物作为构成成分吸收包容在自身之中的活动，它是一事物对构成其自身的其他事物的凝聚摄入活动。任何一具体事物都涵摄着其他事物，同时该事物也被其他事物所涵摄。怀特海的“涵摄”，又可细分为涵摄主体、所涵摄的材料及涵摄主体的形式等三方面。涵摄主体，是指一个具体事物；而涵摄的材料是被涵摄的其他的事物或者“永恒对象”；涵摄主体的形式，是指主体在涵摄过程中具有的诸如评价、喜欢、厌恶、选择等方面的主观行为。“涵摄”又可分为消极与积极涵摄两种。消极涵摄，是指对不利于自身构成的成分进行排斥的作用。而当所摄入的事物对该事物的内在构成具有正面关系或积极贡献作用时，该涵摄就是“积极涵摄”（positive prehension）。而“积极涵摄”就是怀特海所谓的“感受”（feeling）。他把感受又可分为“物理感受”和“概念感受”两种。[1] 物理感受，是指当前之事物吸收或继承过去之事物的能量和信息的活动；物理感受活动与具体事物的涵摄相关，如磁石与铁的关系。概念感受，是指事物自身实现其理想形式的欲望，概念感受活动是与对“永恒客体”的摄受相关，如对红色、方形、数学公式或善恶等“永恒客体”的摄受。在“涵摄”活动中，涵摄主体对其涵摄的对象会产生诸如评价、喜欢、厌恶等情感经验。所以，涵摄是“非认知”意义上的概念，它是一种经验感受。怀特海说：“现实存在都有来自其他现实存在的经验作用”。每一现实存在是“经验之流”，是“经验的波动”或“感情调子”。[2] 可以说，每一现实存在是“经验单元”，而一切现实存在之间的关系，都是经验感受关系。故怀特海说：“有机体哲学以为，

---

[1] 关于“涵摄”“感受”的分析，可参见 Alfred. North. Whitehead: *Process and Reality*, pp.221–227。

[2] Alfred. North. Whitehead.*Process and Reality*, pp.189–190.

‘感受’遍布于整个现实世界……‘感受’作为我们易于观察到的现实存在的一个已知因素而存在”。[1] 即任一具体事物都是经验感受的单元。正如张君劢指出的，此感摄（即感受）产生于事物之自然嗜好或自然倾向，如磁石的吸铁，如植物的向光，如男女的相爱。有涵摄，就有各元素的辐辏作为生长的资料，有理想与理则作为生长的规范。而一具体事物的形成，正是感摄的材料与感摄的理则（即“永恒客体”）“辐辏同生”的结果。试想从物理学的电磁现象，乃至平日里所谓的无生物的元素，无非相互感摄之力；推而至于植物之所以生于地，鱼之所以游于水，人之所以生男育女，甚至所谓的道德和逻辑活动，都是现实存在及其永恒客体之间互相感受的结果。[2]

明白了现实存在物的“感受”，就可懂得人的经验知觉只是感受活动的一种表现方式。以此，怀特海进入以知觉经验为基础的认识论讨论中。

怀特海对知觉经验的讨论，集中见于《符号的意义及其效果》一书以及《过程与实在》第二部分第八章“符号指涉”中。在《符号的意义及其效果》中他指出，知觉经验是我们认识世界的方式，并提出三种知觉模式：“直接呈现式”（presentational immediacy）、“因果效应式”（causal efficacy）、符号指涉式（symbolic reference）。所谓直接呈现式知觉，是我对于呈现于我之外的事物的直接感知，例如一般经验到事物的形状、颜色、声音等便是直接呈现式知觉。直接呈现知觉形式，展现为当前同一世界的两方——即进行知觉的我与我所知觉的现实事物之间——的空间或几何关系。或者说，通

[1] Alfred. North. Whitehead. *Process and Reality*, p.177.

[2] 王锟：《怀特海与中国哲学的第一次握手》，第 113 页。

过此一直接呈现式的知觉形式，把现实世界的事物知觉为具有明确空间位置的东西。例如，我看到一棵树长在池塘边上，我前面有一把椅子，树与椅子与我相对而有一定的空间关系。直接呈现式知觉所知觉的，是一明晰、精确而单调的世界，这是高级的有机体（即具有眼、耳等感觉器官的人和动物）才有的知觉经验。而所谓因果效应式知觉，是对我的直接经验产生因果作用的事物之知觉。因果效应式知觉，展现的是我与过去的物之间的关系。确切地说，此种知觉，是过去发生事物对当前事物的形成所具有的因果效应。例如，黑暗中闪光，使我眨眼。[1] 我知觉到我现在的眨眼，是由一刹那而过的闪光引起，这便是因果效应式知觉的一个例子。因果效应式知觉是一般的有机体就具有的知觉活动。符号指涉式知觉是由"直接呈现式知觉"与"因果效应式知觉"两者综合作用而产生的知觉活动。怀特海认为，人的心灵功能有象征作用，当一种知觉经验引起另一种其他经验的意识、信念、情绪时便是发生了象征作用；前一种（知觉经验）我们称之为"符号"（symbols），后一种（其他经验）我们称 之为"意义"（meaning）。而知觉从"符号"转移到"意义"的机体作用，怀特海称之为"符号指涉"。[2] 符号指涉式知觉不仅引起符号认识活动，而且还引发行动、情感的反应。例如，当看到五星红旗时，便想到自己的国家并引发爱国的情感经验。如当尝到了家乡的美食时，便想起了妈妈的味道及其浓浓的乡情。

上述三种经验知觉在怀特海看来，以直接呈现式知觉与因果效应式知觉最为基本；相对于直接呈现式知觉的清晰、明确、单调，

[1] 唐君毅：《哲学概论》（下），中国社会科学出版社，2005年，第627—644页。
[2] 怀特海：《宗教的形成符号的意义及效果》，第66页。

因果效应式知觉往往是不太清晰、晦暗不明的。虽然两种知觉模式有所不同，但两者是相互关联的，因为对直接呈现式知觉来源的说明及其真妄的判断，必须依靠因果实效式知觉。

必须指出的是，怀特海更强调因果效应式知觉。一定程度上说，因果效应式知觉是认识的最初级阶段，也是知觉经验和人类意识的最重要的基础，因为我们首先是通过身体的直接感知来认识世界的。怀特海有时把因果效应式知觉称之为“身体经验”或“立即经验”。如张君劢指出的，怀特海的知觉，大多都不是指五官之一的单一感觉，而是指全身的感受。确切地说，感觉是指一机体对外界的因果感觉。怀特海认为，宇宙内无处不是感觉，不管是眼之所觉者色，舌之所觉者味，耳之所觉者声，还是手之所觉者石块，腹中之痛、发脾气、同情、愉快等等，都是由于身体效应而起的因果关系感觉。他还指出，万物与宇宙相联，人与宇宙相联，人一身的无数细胞相联，所以相联的原因，皆是由于因果感觉或感应而形成。[1]

正如牟宗三指出：在怀特海看来，自休谟以来，哲学家对知觉问题都采取直接呈现模式。按照休谟的观点，人们依据感觉认识外界。人有五种感官——眼、耳、鼻、舌、身，随之有颜色、声音、气味、软硬、冷热等感觉经验，而人通过感官获得的感觉是孤立的、零碎的，如我耳闻一声音，眼看一颜色，都是不同感官的一个直接呈现，这只是一个单纯的感觉现象，因为人本无一感官能感觉到诸现象之间的联系。所以此一感觉现象与彼一感觉现象之间联系找不出来，这就是直接呈现的知觉模式的特点。正是从严格的单纯感觉现象出发，休谟认为一现象与另一现象本身不产生影响，没

---

[1] 王锟：《怀特海与中国哲学的第一次握手》，第 113 页。

有直接的关联，如果人们硬说一现象是另一现象的因或果，这只不过是纯粹的“主观联想”。怀特海则认为，休谟的这种直接呈现知觉模式是主观主义的，而康德的感官知觉同样是直接呈现的模式，也是主观主义的，只不过康德强调作为先验建构原则的“认知心”是一种逻辑心、理性心，它具有普遍必然性。因此，康德的认识论是一种理性主义的主观主义。牟宗三认为，与休谟、康德不同的是，怀特海把握因果关系的客观性，是从具体事实进入、从直接经验进入。就直接经验方面，怀特海大体想从知觉本身将因果效应引起来，使因果性在我们的知觉关系中有其直接的确定性。如人吃砒霜可以致死，吃砒霜与致死两现象，这二者本身有物理学上的动力效应过程在其中。也就是说，该事实具有的因果效应关系是直接确定的，也是客观存在的。牟宗三指出，从事实方面，怀特海的因果效应式知觉是要“将有机的自然宇宙之结构与发展解剖出来”。[1]正是通过解剖自然宇宙中每一事物生成的结构和脉络，怀特海从具体事实的效应活动的经验知觉来肯定因果关系的客观性。牟宗三认为，由因果效应式知觉，则一经验活动自身与此活动相关的所有其他事态发生关系。即由因果效应式知觉，每一具体事实将自身与全体宇宙勾连在一起；再由直接呈现式知觉，便可抽象出时空构造和几何关系。如此，通过这两种知觉模式，怀特海在《历程与真实》(即《过程与实在》) 中的全部概念，如数学秩序、永相、缘起事、摄受、主观形式、创造、潜能、实现、真实、现象、客观化、满足化、连续、不连续、个体性等等，一起融合为一，成为一庄严美丽的伟构。通过这两种知觉模式，数学的、物理的、生物融洽而

[1] 牟宗三:《人文讲习录》，第 149 页。

为一。[1]

相对于因果效应式知觉，怀特海认为直接呈现式知觉则较为高级，而概念思维则是认识的更高级的阶段。[2]通过概念认识，我们可以把握三类认识客体：感觉客体、知觉客体、科学客体。“感觉客体”是如声、形、味那样的感官材料；“知觉客体”是如一桌、一香蕉那样知觉经验中普通的宏观物体；“科学客体”是如物理学中的原子、电子、分子那样的微观粒子。怀特海认为，“感觉客体”是认识过程中最基本的材料；“感觉客体”以各种方式关联、综合建构起“知觉客体”，例如一根香蕉就是由形状、颜色、气味等“感觉客体”联系建构起来的。而“科学客体”则是“知觉客体”进一步分析为更小的部分而抽象建构的，例如一支粉笔可以细分为无数的碳酸钙分子。对怀特海来说：“在某种意义上，客体是作为其场所的事件的特征，但它只影响其他事件的特征”。[3]正如唐君毅指出的，我们所认识的客体，无论是感觉客体、知觉客体还是科学客体，都是抽象的客体，它实际就是每一事件的“形构”（按：唐君毅所谓的“形构”，就是事物的性质和结构）。如科学所了解的原子、分子，实际就是原子、分子事件活动的“结构”。而事物的“结构”，实际是形成该物不同事件的“结聚”的呈现。例如，当前的“我”，实际是我思、我说、我写、我走、我吃、我忧、我喜等诸多事件活动的“结聚”呈现。如糖的甜，是我吃糖时糖分子与我的味觉神经细胞等诸多事件活动的“结聚”呈现。所以说，抽象的客体，无论自其概念的生成，还是存在的地位，皆缘于具体事件的活动而来。也就是说，

[1] 牟宗三：《五十自述》，第 55 页。

[2] 怀特海：《宗教的形成符号的意义及效果》，第 71 页。

[3] 怀特海：《自然的概念》，第 139 页。

抽象客体不离具体事件而存在，具体事件与具体事件之间的“结聚”是最根本的、最真实的。而对每一具体事件的最初的认识活动，我们不能用直接呈现式知觉，更不能用抽象概念去思维，只能通过“因果实效式知觉”（身体体验是因果实效式知觉的主要内容）或“立即经验”去感受。

二、知觉与理性

认识论与知觉经验有关，又与理性思想有关。为此，怀特海还讨论了知觉经验与理性思想的不同。他认为，知觉是一个人立即的主观经验，思想则涉及对外在客观事物的辨识。知觉的对象是具体的经验内容，思想的对象则是没有内容的“抽象实物”之间的关系。[1] 在认识论上，怀特海采取实在论的立场，反对先验论。

怀特海一贯认为，感官知觉与理性思想（怀特海有时称之为“科学思想”）不可分开。当然，怀特海首先肯定理性知识的起点是立即的经验，不过此“立即经验”显然是指日常生活中的立即经验，其内容大都是混乱、零碎的，这就有赖于科学思想的组织。经过科学思想整理后的经验材料，往往才能转变成明晰的、抽象的观念（即前面所谓的“感觉客体”“知觉客体”“科学客体”），而这种明晰的理性观念便是知识的高级阶段了。例如，经验知觉到我们在此时此处所见、所触、所坐、所憩的是同一把椅子；科学知识则逻辑地以分子、原子、电子、波动等观念，将椅子表述为一个物体，借以说明它内部组成的原子、电子之间的结构关系。也就是说，科学是逻辑的思维，透过分类、算术、命题方程与分析方式，整理杂多

[1] 俞懿娴：《怀特海的自然哲学：机体哲学初探》，北京大学出版社，2012 年，第 152 页。

的知觉经验，进而形成科学概念。因此，观察是经验知觉，逻辑是理性思维，科学研究有赖此二者相辅相成、缺一不可。怀特海认为，理性知识（或科学知识）必须有身体知觉经验作为基础，而知觉经验则依赖理性原理的组织、纯化才能成为科学知识。在怀特海看来，经验事实依赖思想，思想依赖经验事实，故他在认识论上坚持经验与理性并重的立场。怀特海的这种认识论，与当代“具身认知”理论非常一致。具身认知（Embodied cognition），是近年来心理学中一个新领域。具身认知理论强调身体生理体验与心理状态之间有着强烈的联系，主张思维和认知在很大程度上是依赖于和发端于身体的——身体的构造、神经的结构。感官和运动系统的活动方式决定了我们怎样认识世界，决定了我们的思维风格和认知世界的方式。因此，认知是身体的认知，心智是身体的心智，身体与认知思维一体而不分；离开了身体，认知、心智根本就不存在。无论我们心目中的那个理性思维和认知是什么，它都完完全全地嵌入我们的身体感受活动中。具身认知理论与怀特海的重视“身”的因果实效式知觉或身体经验并以之为理性思维基础的观点是一致的，体现了怀特海认识论的前瞻性和深刻性。

以上是怀特海认识论的大概。正如贺麟指出的，怀特海的认识论非常强调“身”的因果实效式知觉，重视身体经验或“立即经验”，就在这点上，怀特海保持了柏格森之直觉说、詹姆斯之纯粹经验说。当然与他们只重视直觉或纯粹经验不同的是，怀特海还重视理智思维的重要性。他深刻地指出，通过理智思维获得的概念，是对相互涵摄的具体事物关系的简化和抽象，概念是在复杂的经验感受的基础上不断抽象而来的。但这种概念抽象对于认识过程是必要的，因为经验事实往往多而复杂，而人的认识能力与时间又有限，为了应付，人们不能不从复杂的经验事实关系背景中选择明晰的、定型的、重要的部分加以表达，这就是抽象概念、形式、特征及规律的由来。[1] 简言之，通过这些抽象思维而来的各种“客体”（如“感觉客体”“知觉客体”“科学客体”）或概念，我们似乎才可以分清这是什么，那是什么。然而怀特海一再提醒：理智思维的“客体”是抽象的，它并不是指具体真实的事实，如果把客体当作是具体的事实本身，就犯了所谓的“抽象错置为具体之谬误”。怀特海认为，要认识事物，在概念认识的同时，必须加以具体的经验感受或事实内容。例如，要很好地认识“森林”这一概念的意义，必须要辅以我们自己接触过的一片森林及其相关的经验感受才行。正如怀特海所说的，在认识过程中，“我们需要一种调解，在这种调解里面，感受的经验能有概念的说明，而概念的经验又可得到感受的表现。”[2]

总之，认识事物的过程中，经验感受和理性思维兼重而不可偏废，这是怀特海认识论的精髓！

第二节　朱熹的认识论

在宋明理学家中，朱熹是最重视认识论问题的。在一定程度上说，朱熹的重要创新之一就是通过给《大学》“格物致知”章补传来发挥他的认识论。朱熹的认识论，集中体现在格物致知、体认及与之相关的“理一分殊”、“德性之知”、“闻见之知”的讨论上。

---

[1]《贺麟选集》，第65—66页。

[2] Alfred. North. Whitehead. *Process and Reality*, p.16.

一、格物致知与体认

朱熹认识论的起点是“格物”。在他看来，认识不是凭空产生的，也不是纯粹的观念思考，必须是对天地间所存事物的认识。朱熹的“物”，不是抽象的，而是具体存在的。他说：“凡天地之间眼前所接之事，皆是物”。[1] 所谓“眼前所接之事”，就是我们在日常经验中所遭遇到的每一事物，如一星一石、一花一虫、一狗一人、吃饭说话走路等，都是具体而客观存在的。而且，每一事物都有理。他指出，花瓶便有花瓶的道理，书灯便有书灯之理，桃有桃之理，李有李之理；牛有牛之理，马有马之理，起居饮食也有理。另一方面，也是很重要的，人具有认识能力。所以，朱熹说：“盖人心之灵莫不有知；而天下之物莫不有理”。[2] 在这里，朱熹讲认识有两个基本的条件：一是必须先承认外界事物的客观存在，承认外界事物有其秩序和条理；而此客观存在的外界事物及其条理，就是现代认识论所谓的“客体”；一是必须先承认心之“能知”作用，而心之“能知”的作用，就是现代认识论所谓的“主体”。有了此两种认识的条件，才能有认识活动。而认识活动，朱熹称之为“格物”。“格”字，按朱熹著名的训解，“格”就是“至”，“格物”就是在事物之中、到事物之中的意思；格物致知，就是到具体事物之中获得对事物之理的认识。所以朱熹说：“格物是物上穷其至理。”又说：“衣食动作只是物，物之理乃道也。将物便唤做道，则不可。且如这个椅子有四只脚，可以坐，此椅之理也。若除去一只脚，坐不得，便失其椅之理矣。‘形而上为道，形而下为器。’……天地中间，上是天，下

[1]《朱子语类》卷五十七，中华书局，1986年，第1348页。

[2] 朱熹：《四书集注・大学章句》，中华书局，1983年，第6—7页。

是地，中间有许多日月星辰，山川草木，人物禽兽，此皆形而下之器也。然这形而下之器之中，便各自有个道理，此便是形而上之道。所谓格物，便是要就这形而下之器，穷得那形而上之道理而已，如何便将形而下之器作形而上之道理得！”[1] 朱熹区分出“物”（“形而下之器”）与“理”（“形而上之道”）两方面，“格物”就是“要就这形而下之器，穷得那形而上之道理”；格物致知活动，不仅要知其所然，而且更要知其所以然。实际上，**朱熹的格物致知包含着“体认”和“推究”两方面**。

体认与朱熹所谓的“感应”息息相关。朱熹说：“心只是个动静感应而已”[2]。他说：“‘天地之间，只有一个感应而已’。盖阴阳之变化，万物之生成，情伪之相通，事为之终始，一为感，则一为应。循环相代，所以不已也”。[3] 又说：“事事物物，皆有感应。寤寐、语默，动静亦然。譬如气聚则风起，风止则气复聚”。[4] 这里的“感应”，其实就是事物之间的相互感通、相互共鸣的能力和活动。张载下面的话可以做印证：“天地生万物，所受虽不同，皆无须臾之不感。”[5]

朱熹有时把这种“感应”直接称之为“知觉”，认为天地间人物都有某种知觉。如：

问：“人与鸟兽固有知觉，但知觉有通塞，草木亦有知觉

[1]《朱子语类》卷六十二，中华书局，1986 年，第 1496 页。
[2]《朱子语类》卷六十五，中华书局，1986 年，第 1614 页。
[3]《朱子语类》卷九十五，中华书局，1986 年，第 2438 页。
[4]《朱子语类》卷九十五，中华书局，1986 年，第 2438 页。
[5]《张载集》，中华书局，1978 年，第 62—63 页。

否”？朱子回答说：“亦有。如一盆花，得些水浇灌，便敷荣，若摧抑他，便枯悴。谓之无知觉，可乎？周茂叔窗前草不除去，云‘与自家意思一般’，便是有知觉。只是鸟兽底知觉不如人底。草木底知觉又不如鸟兽底。又大黄吃着便会泻，附子吃着便会热，只是他知觉只从这一路去。又问：腐败之物亦有否？曰：亦有。如火烧成灰，将来泡汤吃，也㷮苦。因笑曰：顷信州诸公正说草木无性，今夜又说草木无心矣。”[1]

朱子认为，人与物都有某种感应知觉能力，只不过它有梯次差异。人的感应能力强，所以人本性开通；物之感应能力弱，所以物之本性闭塞。就物来说，其知觉感通能力也有次第差异。牛、猫、虎、狼、蚂蚁等动物知觉相对开通，而花草树木等植物知觉相对较闭塞，而枯槁顽石等无生命之物的感应能力最弱，所以最缺乏生意。然而，不能说枯槁之物无感应知觉，如大黄凉，附子热，它们被人服用之后，仍能对人产生感应和影响。正如张东荪指出，朱熹论知觉，但知觉不限于人，动物、铁石等物亦有知觉。心之功能，就在于“感通”，即通过“感”使小己与大我“通”。心之感通，是与有机主义宇宙观相配合。在宇宙有机体，一部分与全体之关系，就在于其能感，由感而通。“天理”与“私欲”之区别就是“通”与“隔”。我与天地万物打通而不隔，则是“善”。反之，我与天地万物隔而不通，则是“私”。张东荪指出，以“感通”论心，朱子不仅与王阳明一致，而且还与怀特海相一致。[2]

---

[1]《朱子语类》卷六十，中华书局，1986年，第1430页。

[2] 张东荪：《思想与社会》，辽宁教育出版社，1998年，第153—154页。

相对于其他物，人具有很强的感应知觉能力，在格物致知活动中，人具有体认的能力。何为体认呢？体认是一种设身处地的经验感受能力和活动。朱熹说：“**体认者，是将此身去里面体察**，如中庸‘体群臣’之‘体’也。”[1]体认，是物我打成一片、设身处地理解而形成的一种相同感受、相同之理，这就是宋儒所谓的“同情心”。朱熹曰：“只是满这个躯壳，都是恻隐之心。才**筑着**，便是这个物事出来，大感则大应，小感则小应。恰似大段痛伤固是痛，只如针子略挑些血出，也便痛。故日用所当应接，更无些子间隔。痒疴疾痛，莫不相关。才是有些子不通，便是被些私意隔了。”[2]人，首先是用自己的整个身体（即“满这个躯壳”）去感受世界的，而不是先用眼睛看、用心思考世界的。所以，**最初的认识是身体感受（即所谓的“筑着”或“体察”），它是我们认识世界的起点和基础**。体认或身体感受是人（还有其他动植物）具有的一种经验感受，它是主体理解世界最原始的、最基础的方式。

在体认的同时，人还要推究事物之理。为此，朱熹提出了“格物穷理”的命题。“格物穷理”，就是“即物而穷其所以然之理”。首先，格物穷理是要穷尽天下所有事物之理，大到天地日月星辰，小到一草一木一虫之微，无一件事物不理会，积累至多后乃可豁然贯通，见得万事万物的发生都由于“根原之理”。其次，穷理的关键，就是推究事物之理到极处或根原处。朱子说：“推极吾之知识，欲其所知无不尽也。……穷至事物之理，欲其极处无不到也。”[3]按朱子的说法，穷理，不仅要知得事物的“第二义”或“第三义”，而且

[1]《朱子语类》卷九十五，中华书局，1986年，第2454页。

[2]《朱子语类》卷五十三，中华书局，1986年，第1283页。

[3] 朱熹：《四书集注·大学章句》，中华书局，1983年，第4页。

更要推寻事物的“第一义”。朱子常常教导陈淳说，“凡看道理，须要穷个根原来处。如为人父，如何便止于慈？为人子，如何便止于孝？为人君、为人臣，如何便止于仁、止于敬……凡道理皆从根原处来穷究，方见得确定”。[1]又说：“致知，今且就这事上，理会个合做底是如何？少间，又就这事上思量合做底，因甚是恁地？便见得这事道理合恁地，又思量因甚道理合恁地？便见得这事道理原头处。”[2]这段话是说，通过穷理不仅要知得为人君当仁、为人臣当敬；而且更要推上一层，推寻其“第一义”或“道理原头处”，追究人君为何应当仁，人臣为何应当敬。再如，通过穷理，不仅要知得舟当行于水、车当行于陆之“所当然之理”，而且要推上一层寻其“第一义”，即推究舟为何当行于水、车为何当行于陆的“所以然之理”。此种事物的“第一义”、“道理原头处”或“所以然之理”，就是根原之理。

由此可见，格物穷理就是认识每一事物所具有根原之理（太极），通过归纳概括，认识到万事万物都共有的普遍之理，最后明白“总体一太极，物物各有一太极”的道理。

二、理一分殊说

为了论述“总体一太极，物物各有一太极”的道理，说明一与多之关系，朱熹提出了著名的“理一分殊”说。

朱熹的**“理一分殊”说，包括“万殊而一本”与“一本而万殊”两个过程。这两个过程，不仅要通过逻辑的推理，而且还有“体认”活动，是推理与体认的统一**。一方面，通过穷究每一事物之理，今

[1]《朱子语类》卷一百一十七，中华书局，1986年，第2815页。

[2]《朱子语类》卷一百一十七，中华书局，1986年，第2826页。

日格一事，明日格一事，积累之久；但人的能力有限，不可能穷尽天下每一事物，故通过直觉体认——即“豁然贯通”，“觉悟”诸物之理都统会于一个理，此理就是根原之理，此即“分殊而一本”。朱熹把这个认识过程称为“闻见之知”。他曾指出：只要从一身以至万物之理，理会得多，乃是零零碎碎凑合将来，不知不觉，自当豁然有个觉悟，觉悟统体一理。[1]另一方面，通过体认直觉，认识到本体之理就在我心中，他说：“介然之顷，一有觉焉，则即此空隙之中而其本体已洞然”。[2]然后又明白，此本体之理又散在于事事物物之中，此即“一本而万殊”，朱熹把这个过程称为“德性之知”。朱子说：“大凡为学有两样：一者是自下面做上去，一者是自上面做下来。自下面做上者，便是就事上旋寻个道理凑合将去，得到上面极处，亦只一理。自上面做下者，先见得个大体，却自此而观事物，见其莫不有个当然之理，此所谓自大本而推之达道也。若会做工夫者，须从大本上理会将去，便好。”[3]这里的“自下面做上去”的为学方式，就是“万殊而一本”的过程，也就是所谓“闻见之知”；而“自上面做下来”的为学方式，就是“一本而万殊”的过程，也就是所谓“德性之知”。

必须指出的是，朱熹的“理一分殊”的认识过程包含着体认直觉与理智两种活动。朱熹说：“盖万物虽各有当然无过不及之理，然总其根源之所自，则只是一大本而同为一理也。此理人物所共由，天地间所公共，所以谓之道。而其体则统会于吾之性，非泛然事物之间而不根于其内也。”[4]正如贺麟指出的，要明白朱熹的思想方法，

[1]《朱子语类》卷十八，中华书局，1986年，第394页。

[2]《朱子语类》卷十七，中华书局，1986年，第377页。

[3]《朱子语类》卷一百一十四，中华书局，1986年，第2762页。

[4] 朱熹：《答陈安卿》，《朱文公文集》卷五十七，《朱子全书》，第2728页。

应先说明直觉与理智的关系问题。贺麟认为，朱熹的“直觉方法一方面是先理智的，一方面又是后理智的。先用直觉方法洞见其全，深入其微，然后以理智分析此全体，以阐明此隐微，此先理智之直觉也。先从事于局部的研究，琐屑的剖析，积久而渐能凭直觉的助力，以窥其全体，洞见其内蕴的意义，此是后理智的直觉”。[1] 贺麟指出，以朱熹、王阳明为代表的宋儒，重视直觉的方法。直觉就是用理智的同情以体察事物，用理智的爱以玩味事物的方法。直觉可分为向内“反省式直觉”和向外“透视式直觉”。向内反省以回复自己的本心或本性，发现自己的真我，则依赖于反省式直觉；而注重向外体认物性或物理，读书穷理，则依赖于透视式直觉。宋儒的思想方法就是直觉的，其中陆王代表反省式直觉，而朱子代表透视式直觉。但根据宋儒“物我一理”“合内外之道”的原则，用理智的同情向外穷究物理，正所以了解自己的本性；同样，向内反省，回复本心，也正所以了解物理。其结果归于心与理一，人与宇宙合一的神契境界。在贺麟看来，朱子的直觉法，集中体现在“格物穷理说”，就是以“虚心涵泳，切己体察”（即“虚心客观而无成见，切己则设身处地，视物如己，以己体物；体察则用理智的同情以省察，涵泳则不急迫而从容玩味观赏”之意）的工夫，穷究事物之理，而达到豁然贯通的全体之理（即太极）的境界。[2]

必须指出，朱子的“理一分殊”的认识论，与他对“理”的理解息息相关。众所周知，朱子之“理”虽有不同用法和涵义，但概括起来主要有根原之理（牟宗三称之为“本体论的理”）与一物之理

---

[1]《贺麟选集》，第64页。

[2] 以上观点，具体见《贺麟选集》第64—66页。

两个层次的内涵。那么，根原之理和一物之理之间是什么关系，两者能否统一呢？下面分析之。

前面说过，朱子的根原之理，实质就是太极生生之理。作为万物生成变化的根本动因或形上学根据，太极生生之理仅仅是统贯一切的、纯粹的、无限的，它自己不能表达自己、不能实现自己，却只能内在于、弥漫于每一事物中并通过每一事物的生成过程来实现自己、表达自己。[1]这就如同人充沛的生命力，必须通过四肢百骸每一部分肉体来表达一样。也就是说，总体的太极生生之理，必须在万事万物中具体化或现实化才有其意义，离开了具体事物，统体的太极生生之理是无意义。而太极生生之理的具体化或现实化的过程，就是一事物禀受太极生生之理成为自己的过程，而一事物成为自己的过程，必然就呈现出特定的界限、分位或限定之理，此就是所谓的“文理”或一物之理。而此太极生生之理的具体化或现实化，此即“理一而分殊”。另一方面，通过穷究每一事物之理，今日格一事，明日格一事，积累之久，则豁然贯通，“觉悟”得统体只是一个理，此理就是根原之理，进而知得每一事物之理都源于根原之理，此即“分殊而理一”。朱子说：“万物虽各有当然无过不及之理，然总其根源之所自，则只是一大本而同为一理也”。[2]“实理流行，发生万物，牛得之为牛，马得之而为马，草木得之而为草木。”[3]“如这片板，只是一个道理，这一路子恁地去，那一路子恁地去。如一所屋，只是一个道理，有厅，有堂。如草木，只是一个道理，有桃，

[1] 朱子说：自然之生理“必顿此性于气上，而后可以生”。(《朱子语类》卷六十二，中华书局，1986年，第1493页)

[2] 朱熹：《答陈安卿》，《朱文公文集》卷五十七，《朱子全书》，第2728页。

[3]《朱子语类》卷二十七，中华书局，1986年，第695页。

有李。如这众人，只是一个道理，有张三、有李四；李四不可为张三，张三不可为李四。”[1]“虽其形象变化有万不同，然其为理一而已矣。”[2]“盖万物之生，同乎一本，其所以生此一物者，即其所以生万物之理也。故一物之中，莫不有万物之理焉”。[3]这里的“自然”或“当然无过不及之理”，就是所谓“所当然之理”，也就是“一物之理”。而“一大本”或“生万物之理”，就是作为万物根原的太极生生之理。朱子的意思是，只有穷尽每一事物之理，进而知得每一事物之理都源于根原之理。由此可见，根原之理与事物之理是同一个理。即朱熹说：“盖万物虽各有当然无过不及之理，然总其根源之所自，则只是一大本而同为一理也。”[4]

在讨论根原之理与一物之理之间相互统一的关系时，朱子说：“性者道之形体”。“道虽无所不在，然如何地去寻讨他？只是回头来看，都在自家性分之内。自家有这仁义礼智，便知得他也有仁义礼智，千人万人，一切万物，无不是这道理。推而广之，亦无不是这道理。”[5]这里所谓的“道”就是根源之理；而“性”就是一物之理。在朱子看来，一物之理是根原之理在特定事物中的具体实现，根原之理通过一物之理来体现自己。

既然事物共有一理，为什么有形形色色的差别？朱子认为这是由于气禀不同。他说：“同者理也，不同者气也”。[6]朱子还进一步指出，由于每一事物的禀受的气质不同，因此事物之间的理也不同。

[1]《朱子语类》卷六，中华书局，1986年，第102页。

[2] 朱熹：《读苏氏纪年》，《朱文公文集》卷七十，《朱子全书》，第3388页。

[3] 朱熹：《孟子或问》卷十三，《朱子全书》，第998页。

[4] 朱熹：《答陈安卿》，《朱文公文集》卷五十七，《朱子全书》，第2728页。

[5]《朱子语类》卷一百一十六，中华书局，1986年，第2797页。

[6]《朱子语类》卷一，中华书局，1986年，第9页。

即由于牛的气禀与马的气禀不同，统体一理显现在牛的气禀与马的气禀不同载体上，牛之理便不同于马之理。他说："论万物之一原，则理同而气异；观万物之异体，则气犹相近而理绝不同也。"[1]

要问一物之理与太极根原之理是何种关系？朱子指出，尽管每一物之理各不相同，但都是根原之理的体现。朱子以下雨时积水为例解释说，大窟窿水，小窟窿水，草上水，木上水，但水的本质是一样的。也就是说，牛之理，马之理，桃之理，李之理，厅之理，堂之理，理的本质是一样的。故他说："人人有一太极，物物有一太极。"[2]

总之，朱熹认为事物之理与太极根原之理是同一个。根原之理，与事物之理和人伦之理，只是一个。朱熹说："道虽无所不在，然如何地去寻讨他？只是回头来看，都在自家性分之内。自家有这仁义礼智，便知得他也有仁义礼智，千人万人，一切万物，无不是这道理。推而广之，亦无不是这道理。"[3]为什么一物之理与太极之理是同一个呢？正如张东荪指出，这必须从有机主义宇宙论的背景中去理解。因为朱子的太极，根本特点是一元，而物物各有一太极是由一元而显现为多元的，所谓"物物各有一太极"是也。而诸物之理路脉络统会于一个太极，此万殊一理也。其实，从一有机宇宙整体之所以生生不息的根本而言，太极只是整体一元之理。而此一元，显现为有机整体各个部分的条理脉络，此即多元；而各个部分的条理，也只有在整个宇宙脉络为背景才能成立。如一人的生命是活生生的整体，而其生命又灌注于耳、目、手、足、四体百骸的活

[1] 朱熹：《答黄商伯》《朱文公文集》卷四十六，《朱子全书》，第2130页。

[2]《朱子语类》卷九十四，中华书局，1986年，第2371页。

[3]《朱子语类》卷一百一十六，中华书局，1986年，第2797页。

力之中。而耳、目、手、足、四体百骸的生命活力又相激相荡，层层相因，相互映照，结成一无缝的生命大体。[1]可以说，太极根原之理与每一物之理之间是“一”与“多”的关系。太极根原之理是“一”，每一事物有限的、相对的理是“多”。每一物表现着无限的、统一的太极根原之理；太极根原之理是与一物之理实际是同一个。用牟宗三的说法，“本体论上的理”与“物理之理”（或“伦理之理”）是同一个“理”。

一言以蔽之，朱熹的认识论，肯定具体事物的客观存在及其所寓之理，肯定人明觉的认识能力。他主张“理一分殊”说，在具体认识过程中重视体认与推理、直觉与理性的结合，主张德性之知与见闻之知不可偏废，这是非常有特色的认识论。

第三节　朱熹与怀特海认识论之比较评估

正如俞检身所说的，朱熹的认识论，是主观与客观不分，它一面讲即物，一面讲推理，主张直觉经验与理论并用，这与怀特海的认识论相一致。下面先把朱子与怀特海所共享的认识论加以梳理。

从有机主义视角来看，认识就是一种主体与客体之间的关系活动，而认识论就是对主体与客体关系“生成”的分析。知识的生成，在方式上有感受和思维两方面，在内容上有形式的知识和实质的知识两方面，而知识的最终获得和完成，是感受与思维、形式与实质统一的结果。

[1] 张东荪:《思想与社会》，第150页。

一、重视感受与思维之统一

朱熹和怀特海都认为，现实世界是客观存在的，客观存在的世界是由无数的具体事物相互关联而形成。因此，现实世界是事物或事件的海洋。在现实世界中，事物是最真实的、最基本的；事物发生的过程是最真实的、最基本的。有了事物，才有了认识，有了事物活动的过程，才有了认识过程。因此，知识是事物存在和生成过程中所包含的事情。要了解知识，须先理解事物的存在与生成活动。

在现实世界中，事物是具体的，不是抽象的。朱子说："凡天地之间眼前所接之事，皆是物"。[1] 所谓"所接之事"，就是我们在现实世界中所经验到的每一事物，如一星、一石、一花、一狗、一虫、一丝风等等。这些事物存在于特定的情境中，占有一定时间和空间，并与其他事物发生关系。

在现实世界中，一事物与其发生关系的其他事物之间是怀特海所谓的"焦点与场"（focus-field）的关系。在事物间关系中，与该事物发生关系的其他事物，形成了该事物存在的环境，此环境就是该事物的"场"，而该事物就是那个"场"的焦点和核心。也正是如此，该事物可以称之为"焦点事物"。在事物间的关系活动中，作为"焦点"的那个事物，在活动过程中以自己的"身体"与其他事物发生关系。而当焦点事物与外界发生关系时，焦点事物的身体会对外界事物的影响产生某种主观反应，而主观反应的结果，在知识论上就是所谓的"感受"。而感受，在最初意义上，就是朱子所谓的"感应"或怀特海所谓的"摄涵"（prehension）关系。朱子说："如一盆花，得些水浇灌，便敷荣，若摧抑他，便枯悴。谓之无知觉，可

---

[1]《朱子语类》卷五十七，中华书局，1986年，第1348页。

乎？”[1] 这里所谓的“知觉”就是“感应”，是指一事物与其他事物之间的相互作用和相互摄受的活动。“感”者，就是引起或作用于被感者的事物，感者是客体；应者是被引起又能接受和包含感者的事物，应者是主体。例如，水的滋润引起花的欣欣向荣，水就是感者；花的欣欣向荣，是被水所引起并把水的养分或功能包含在自身之中，花就是应者。在感受活动中，其所面对的都是一个个的事物，即感受关系中的主体与客体都是真实的、具体的且互为主客体的事物。所谓“互为主客体”，即在感受中，主体与客体都有表现为自己的“场”；反过来说，主体与客体都是各自“场”的焦点。

而更重要的是，感受的主体不仅限于人。朱熹和怀特海都认为，天地之间人与物都有感应能力。也就是说，不只人有感觉，凡天地之间存在的所有事物都有感觉、感应活动。在朱熹和怀特海看来，一花、一草、一木、一昆虫之微，都有感受；推至极端，一枯槁之木、一片磁石，也有某种感受。

总之，“感受”是焦点事物与外界其他事物发生关系的结果，是焦点事物以自己的“身体”对外界的感受，此即朱子所谓的“体认”，怀特海所谓的“身体经验”。朱子说，“放这身过来于万物中一例看，小大大快活”。而体认，会引发诸如喜爱、厌恶、快乐、忧惧等情感活动。因此，感受是包括人在内的存在物都具有的一种情感经验，它是主体理解世界最原始的、最基础的方式。**必须记住，人与其他存在物一样，首先是用自己的整个身体去感受世界的，而不是先用眼睛看、用心思考世界的。所以，最初的认识是感受，它是我们认识世界的起点和基础。**

[1]《朱子语类》卷六十，中华书局，1986 年，第 1340 页。

如果说感受是主体以身体为媒介对其他事物的作用或影响所产生的反应，它是一种非概念性的认识，那么，思维就是主体之心对这种感应关系的反思，相对于感受，思维就是一种概念性的认识，朱熹与怀特海都很重视推理思维获得的知识。

由于感受是焦点事物对其他事物的感应或摄受活动，这种具体的活动实际上是转瞬即逝、不可重复的。虽然一次感受活动发生之后该活动本身不可再现，但是既然感受是焦点事物与其他事物的关系，如此则事物之间的相互关系便有一种凝聚定格，有凝聚定格便有如牟宗三所谓的“定型”，有定型便全呈现一种“样子”或纹理。例如，我吃奶糖的感受，是我的味觉细胞与奶糖分子之间进行的一系列复杂的物理化学作用关系，该作用关系会凝聚、定型为“甜”的感受。而吃完糖之后，此次糖分子与味觉细胞分子之间的活动虽然不可再经验，但这种“凝聚”定型为“甜”的“样子”或条理，可以被我下一次吃糖所认识，也可以被他人吃糖时所认识。简言之，与感受活动的转瞬即逝、不可再现不同，凝聚的“样子”可以重复。也就是说，“样子”可以作为人们再一次认识的对象。又如一匹马之生命，是经过了从胚胎、雏马、小马到成年马直至死亡等一系列生命活动的凝聚，而这种凝聚便呈现、定型为它是“马”而不是“牛”的样子。这种“样子”被人所认识，即朱熹所谓的“文理”或“条理”，怀特海所谓的“永恒客体”。而“文理”或“永恒客体”是人们思考的对象，它可以被人们再认识。

朱熹与怀特海都同意，感受是焦点事物与其他事物之间的感应关系或摄受关系，这种关系都是相互内在于对方之中。正如牟宗三说，感受是一种内在关系。思维，则是主体对这种内在关系所凝聚而成的“样子”或“纹理”的认识。

二、重视形式与实质之统一

如果感受是焦点事物自身对外界的经验，那么，感受的内容就是事物的“实质”。如果思维是对焦点事物与其他事物发生关系的“样式”的认识，那么，思维的对象是事物的“形式”。而实质，是经验所感受到的事物的实际情状，它是具体的、真实的，并体现在因果效应、价值、目的、情感、审美等方面。

按照朱熹与怀特海共享的观点，世界是诸多事物相互关联的统一体，以世界为背景的每一事物都是关系性的存在。在与其他事物的关系中，一事物才得以生成，以是否“促进”或“阻碍”事物的生成为衡量标准，一切关系又进而规定为价值关系，即肯定性的关系或否定性的关系。因此，每一事物又是价值性的存在物。一事物的价值体现在它与其他事物的关系中。当一事物凭借与其他事物的关系生成自己，同时又促进其他事物的生成时，该事物便具有肯定性价值。反之，当一事物与其他事物的关系，阻碍自己或者其他事物的生成时，该事物具有否定性的价值。由此可见，价值是一切事物的本质；而自我生成、自我实现，进而促进整体的和谐，便是每一事物的目的。所以，每一事物是有效应、有价值、有目的、有意义的事物。不仅如此，一事物与其他事物发生相互作用时，便会产生欣赏、快乐或厌恶、痛苦的情感活动。例如，我拍球时，实际上是“我”与“这只球”发生了关系。当我用我的手拍打，这只球可以弹起；而当我有节奏的拍打时，球会有节奏的弹起。如此，我从中获得了某种快乐，并对这只球产生了喜爱之情，对它进行珍惜、爱护。也就是说，通过拍球活动，使我对这只球的内涵有了更多的感受，体会到了球的情状、价值、意义，并对它产生了爱慕之情。再例如，我观一株花，是我与此花发生了关系。我看到花的艳丽，闻到花的香味，发现了花蕊中的蜜蜂，懂得了此花生命的勃发，而我受花之生命的激发，顿觉得神清气爽，精神愉悦。通过此观花的活动，我对花的美，花的生命，甚至花的意图情感都有深切的认识，使我更加欣赏珍惜此花。总之，**实质具有以下特征：1）实质是具体事物自身固有的内容；2）其内容包括因果效应、价值、目的、情感、审美等方面；3）这些内容是通过感受和体验获得的；4）而这种感受是私人性与公共性的统一。即事物的感受虽然是主体私下得到的，但对同类事物，人们的感受大致相同**。

形式，是对事物相互关系所呈现的“样子”或条理的认识，其内容具体包括特征、本质、规律、数学公式等。例如，“圆性”或“圆理”，L = 2r（即圆的数学形式）都是所谓的形式，而形式是如何得来呢！实际上，“圆性”或“圆理”，是从具体圆形之物中归纳抽象而来的使圆成为圆、而非成为方的特征。而具体圆形之物，它是构成该物诸多关系的凝聚所表现的“样子”（如一圆球包涵的关系，它是由诸多材料聚合成的有规则的闭合曲面，可以在平滑的地面上滚动等等），人们通过对这种“样子”的认识和思考，形成所谓“圆之理”。如果对圆的“样子”进一步概括抽象，就会发现圆的几何和数学的公式，即：圆是与中心点距离相等的各点所组成的闭合曲线。因为圆之理，在这“圆”中存在，在那“圆”中存在，在其他圆中也存在。所以，圆之理是客观的、公共的，圆性或圆理似乎可以独立于具体的某一圆而存在。总之，**事物的形式，具有以下特征：1）形式是对事物间关系所呈现的“样子”的认识；2）此种认识，是把同类事物中共有的“样子”抽离出来，形成该类事物赖以存在的形式或物之理；3）形式具体是指事物的特征、本质、规律等等；4）形式是在思维上、概念认识上形成，它不必然是指经验中的某一**

特定事物。

朱熹与怀特海都同意，知识是主体对客体的理解；获得知识的方式有两种：一种是感受，另一种是思维。我们所获得知识的内涵，有形式和实质两方面。实质是指一事物固有的情感、意图和价值，它是具体的、真实的、主观的，是人通过本身的经验感受获得的。形式是指认识到的事物所呈现的“样子”及其赖以存在的理则，它是抽象的、概括的、公共的，形式是通过逻辑思维获得的，它是对具体事物之理的认识。然而，要真正理解世界，获得对世界的知识，人不仅要具体感受事物的情状，而且还要推寻事物赖以存在的“理”，其理由如下：

其一，感受是主体认识世界首先的、始源的方式，是推理的真正起点。主体首先是通过自己的身体感受外界的，或许这种感受是模糊的、不清晰的，但它却是主体理解世界的基础和起点。正是对事物固有情状感受的基础上，主体才能通过归纳概括等方式获得对一事物的“文理”、“永恒客体”的认识。

其二，推理获得的形式是空洞的，它必须通过自身经验感受去“充实”、“激活”或“呈显”，只有依赖对事物固有情状的感受，形式才会变得完满、清晰，更易于把握。朱子说：“世间只是这个道理……不只是这处有，处处皆有。只是寻时先从自家身上寻起，所以说‘性者，道之形体也’，此一句最好。盖是天下道理寻讨将去，那里不可体验？只是就自家身上体验，一性之内，便是道之全体。千人万人，一切万物，无不是这道理，不特自家有，它也有；不特甲有，乙也有。天下事都恁地”。[1] 也就是说，只有通过自身固有

［1］《朱子语类》卷一百一十六，中华书局，1986年，第2787—2788页。

内容（即"性"）的体验，才可对形式（即"理"）获得清晰的认识；同样，只有通过对一个个具体之物如甲物、乙物自身固有内容的认识，才可推理概括出普遍的形式（即道理）。朱子与怀特海都同意，只有把感受与推理结合起来，才能获得完整的认识。朱子把感受与推理合一的方法，称之为"理会"。"理会"就是既推理又体会之意。也正如怀特海所说，在认识过程中，**"我们需要一种调解，在这种调解里面，感受的经验能有概念的说明，而概念的经验又可得到感受的表现。"**[1] 对于事物的知识，不仅要有理智的理解，而且要有直觉的感受；直觉的感受因理智的理解而获得了普遍性、必然性及可传达性，而理智的理解因直觉的感受而获得了真实性、生动性及可验证性。

总之，在朱熹与怀特海那里，其感受与推理、形式与实质之间相互依赖、相互阐明、有机统一，如鸟之双翼，车之二轮，都是认识的两面，缺一不可。正如俞检身指出的，朱子的知识论，是主观与客观不分，一面讲即物，一面讲推理，主张直觉与理论并用。

以上是朱熹与怀特海认识论的相通之处，当然，朱、怀二氏认识论的差异也是明显的。

怀特海认识论虽然重视身体感受，但其分析与表达方式仍然以概念思维和逻辑分析为主，这是西方理性主义传统的产物。而朱熹虽重视感觉经验、概念辨析和推理，但他的思考和表达方法仍然以体认工夫为主、强调"德性之知"的重要性。朱熹认为，在格物致知外，还需要居敬涵养的工夫。他说："格物不可只理会文义，须实下工夫格将去始得，致知必先有以养其知"。又说："持敬是穷理之

[1] Alfred. North. Whitehead. *Process and Reality*, p.16.

本。”即一个人只有“敬”，他的心才会“明”，才会“惺惺”，才会“操存”，才会“一”和“湛然”。他甚至说：“敬则天理常明，自然人欲惩窒消治”。或许正是为了达到这个“天理”的境界，朱熹提倡并身体力行“静坐”。[1]正如贺麟指出的，以朱子格物穷理的直觉法，需要艰苦着力、紧严笃实的工夫，它既不是简便省事的捷径，也不是反理性的，而是要人虚心忘我，深入事物的内在本质，以领会其意义与价值；不是从外表去加以粗疏的描写或概观，而是一种把直觉从狂诞的简捷的反理性主义救治过来的方法。[2]

另外，即使朱、怀二氏都重视经验感受方面，但朱熹的“体认”明显有“同理心”“修身”之色彩，他强调的“德性之知”就是包涵着对天地宇宙的大德或太极之理的契会、直觉（即牟宗三所谓“理的直觉”或“智的直觉”），以达到冯友兰所谓的“天地境界”。朱熹说：“程子谓：‘将这身来放在万物中一例看，大小大快活！’又谓：‘人于天地间并无窒碍处，大小大快活！’此便是颜子乐处。这道理在天地间，须是真穷到底，至纤至悉，十分透彻，无有不尽；则与万物为一，无所窒碍，胸中泰然，岂有不乐！”[3]“德性之知”是人的虚灵明觉之心对天理、天德的认识，是人对天地万物的根源及其宇宙整体的直观性洞察。德性之知不同于闻见之知，它是对闻见性知觉达到一定阶段后的翻转或跳跃性的把握。通过智的直觉，使人知道具体事物的各种性质、条理都源于、内涵于天地之理，知道人心中的此性、此理都是天地之理的运行和体现。智的直觉，可以借助于“取象”或“象征”“意象”——譬如“逝者之水”、“於穆不已之

---

[1] [韩] 金永植：《朱熹的自然哲学》，第 27 页。

[2] 《贺麟选集》，第 65—66 页。

[3] 《朱子语类》卷一百一十七，中华书局，1986 年，第 2815—2816 页。

天”——来表达，而“意象”是由感应性知觉和闻见性知觉相互阐发、相互作用而来的。正如俞检身说的，朱子把修身工夫当作追求知识的先决条件，认为知识的目的在于实现自由与自然的广大境界，怀特海却没有表达这样的观点。而且，怀特海的因果效应式知觉或身体经验则纯粹是一种复杂的经验感受，似乎没有对人与天地“一体之仁”的“天地境界”的感受。这些认识论的差异，反映了中、西两种哲学传统的差异！

第四章　朱熹与怀特海价值论比较

第一节　怀特海的价值论

怀特海的价值论与有机主义宇宙论密切相关。在《科学与近代世界》一书，他一反前期自然哲学著作中鲜有谈及自然的价值问题，开始大谈自然的价值，肯定具体事件或有机体的价值特性。按照怀特海有机主义宇宙论，宇宙是具体事物相互关联、相互作用的有机整体。价值是指具体事物固有的本性，应从一具体事物与其他具体事物以及整体环境的相互关系、相互作用活动中去理解事物的价值。怀特海说："价值经验构成现实事物每一冲动的本性。任何事物都有为自身、为他者以及整体的价值。这一点表明了现实事物意义的特征"。[1] 可见，价值是与具体事物的本性及实现活动有关的因素。

价值是一具体事物的内在实在性。与传统上从"满足需要理论"或"有用性"的工具主义视角来理解价值不同，怀特海非常重视事物的内在价值。在怀特海看来，价值首先是一现实存在或具体事物

[1] 怀特海：《思维方式》，刘放桐译，商务印书馆，2010 年，第 102 页。

内在固有的，而不是他者赋予的。从这个意义上说，价值就是现实存在的内在实在性。[1]每一现实存在具有价值，达成价值，本身成为目的，是不可怀疑的。每一现实存在，通过自我摄入其他分子建构统一体以实现自己，因此每一现实存在均具有自身价值、内在价值。如柯布所说，内在价值植根于一切事物借以构成的统一事件。因此，价值是“作为主体的内在价值”。[2]而他者的价值则在于，它有助于这个作为自身利益的内在价值，因而他者的价值才是一种工具价值，工具价值是一现实存在的内在价值的衍生价值。可见，内在价值就是一事物成为自身的依据，是事物的内在实在性。在这个意义上，任何一个事物或现实存在都具自身价值。而一个事物或现实存在，只有在具有这种内在价值而成为自身的基础上，它才有可能具有满足他者需要的工具价值。即内在价值才是事物的实在性，而工具价值是内在价值的衍生物。按照怀特海的观点，任何一个事物或现实存在本身，包括每一个人本身，首先具有自身的内在价值，然后才可能具有有利于他者的工具价值。[3]

价值是普遍永恒性与具体流变性的统一。前面说过，怀特海论价值，与其宇宙论密切相关。他认为，宇宙有两个面向，即流变性和不朽性，此两个面向可称为“两个世界”。就强调事物必朽的、流变的一面就是活动世界；活动世界是指直接流变的事实，“万物皆流”，一切事物变动不居，这是活动世界的描述。强调事实不朽的一

[1] 怀特海：《宗教的形成符号的意义及效果》，周邦宪译，贵州人民出版社，2007年，第34页。

[2] [美]小约翰·科布：《怀特海的价值理论》，张学广译，王治河等主编，《中国过程研究》第一辑，第198页。

[3] 关于怀特海内在价值与工具价值讨论，参见陈伟功：《怀特海的价值论》，《求是学刊》2013年第5期。

面是价值世界，价值世界是永恒的、不朽的东西，它表述了事物的永恒性，如高山、大地、人的精神等等。价值与事实的关系是：一方面，一现实事实的发生，仅仅因为它分享某个价值的不朽性；另一方面，虽然价值对任何直接事实在本质上具有独立性，某价值并不必然指向特定的直接事实，但是价值又必须参考短暂的直接事实，否则便失去了意义。因此，“价值参考事实，并且事实参考价值。”[1] 这里的“价值参考事实”的命题，是指价值不能离开活动世界的具体事实来考虑，价值的意义就在于它进入具体事实而实现自己。怀特海说：“价值的本质是它们在活动世界中实现的能力”。[2] 因此，价值具有实现的能力，表明价值也是能动的，这种能动性表现在“评价”(valuation)。所谓“评价”，即价值与具体事实相一致，或者价值在具体事实所能实现的更好或更坏的程度。“事实参考价值”，是指活动世界不能离开价值来考虑；具体事实之所以产生，在于价值进入具体事实并为具体事实赋予确定性。怀氏指出，在活动世界中，每一现实事物是价值实现的过程。具体事物的价值实现，依赖于具体事物选择了某些价值而排除了另一些。例如，一件美的事情发生，就是在于当事者选择了“美”的价值而同时摒弃了“丑”促成的。总之，在怀特海看来，价值世界与事实世界相互依赖、互为条件，缺一不可。短暂流变的具体事实因拥有普遍的价值使自己得以完成并实现了自己的不朽，普遍的价值因植根于短暂流变的具体事实使自己现实化而实现了自己。普遍的价值与具体的事实都是宇宙的两个面向，只有把价值与事实相互结合，才能很好地认识宇

[1] 怀特海：《怀特海文录》，陈养正等译，浙江文艺出版社，1999年，第226页。
[2] 怀特海：《怀特海文录》，第227页。

宙。简言之，怀特海的“价值”有如下的特征：1）价值是每一事物内在固有的属性，它是事物“是其所是”的本性。2）价值具有在变化不居的具体事物中实现的能力；3）价值的实现能力，表现在“评价”、“赋值”的判断活动中，4）正是在价值理想的“诱导”和具体事实的“选择”中，价值得以实现，并有实现“程度的不同”。因此5）价值不仅仅是普遍的形式，而且也有具体的、活动性的面向，价值是普遍永恒性与具体流变性的统一。

价值具有层级性。价值是现实存在的内在属性，而世界中的每一现实存在具有某种层级，因此事物的价值具有层级性。在怀特海看来，虽然世界上的所有现实存在本身都有内在的价值，但它们的价值大小并不完全等同。怀特海用“价值层级”这个概念来指称事件价值的高低排列。从生物进化的纵向维度考察，怀特海认为，从亚原子粒子、无机物、微生物、植物、动物及人的价值层级是不同的。由于内在价值是指现实存在摄入其他分子而成为自身的活动，或者是指现实存在“感受”其他存在的活动，那么不同事物的“感受”活动具有幅度或量的变化。为此，怀特海采用了“(感受)强度”这一概念来说明价值的变量。“强度”这个词表示经验价值可借以判定的变量。他认为，主体之目的在于表现经验的强度，主体性越强，价值就越大。现实存在既有“物理感受”也有“概念感受”，当一个现实存在感受经验的强度越大，主体性越强烈，感受越丰富越敏感，其价值层级越高。[1] 在这种意义上，生物的价值高于非生物，动物的价值高于植物；人类因其复杂性程度更大，主体性更强，其感受经验更为丰富，因此，人类在本质上比其他有机体更有价值。

---

[1] 陈伟功：《怀特海的价值论》，《求是学刊》2013 年第 5 期。

例如，人的脑已经进化到比鱼的脑能从身体的各个部位接受更多的信息，能以更复杂的方式加工这些资料，因此，人的脑高于鱼的脑这是显而易见的。当然，每一类层次存在物，如人，又可以进一步细分为不同的价值层级。要问强调现实存在的价值层级会导致人类中心主义和社会不平等吗？怀特海认为不会的，因为在他看来，承认价值层级与坚持平等观念，这二者并不矛盾。坚持价值层级理论并不必然导致人类中心主义。

价值的五种尺度。更为重要的是，怀特海指出，与感受“强度”的作用最为相同的术语是“美的力度”。实际上，怀特海的内在价值是根据美学范畴来理解的。因此，他在《观念的冒险》一书中提出了五种文明的价值尺度：即美、真、道德、冒险、平和（注：有时他以“艺术”来替代“道德”）。其中，美是首要的、最基础的价值标准。怀特海在晚年曾指出，他的哲学最富有成果的起点是“称之为美学的价值论那部分”，“我们关于人类艺术价值或自然美的欣赏……它们显然揭露了事物的真正意义”。[1]也就是说，与其他哲学体系不同，怀特海哲学以事物的美学经验为逻辑起点。正如罗斯指出的，“在怀特海看来，一切现实的或实在的关系都是审美关系，即主体与感觉价值的关系。最基本或最普遍的审美关系是原因和结果的关系，即被某个‘所与物’或‘他物’影响的关系或‘感觉’。……在怀特海的体系中，一切实在的或现实的关系都用这些审美的或价值的关系加以规定。”[2]很明显，怀特海把审美视为现实事物的真正意义和价值。因此，美，自然成为怀特海价值尺度的第一标准。

[1]《怀特海文录》，第 78 页。
[2] 普利普·罗斯：《怀特海》，第 6 页。

那什么是“美”呢？怀特海认为，美是一经验事态中诸因素的和谐。怀特海以“审美力度”描述美，指出审美力度联合了两因素：即成分的多样性和成分被单个感受的强度。美的力度来自通过尽可能多的和谐来整合过去所提供的东西，同时维持其各部分的强度来强化各部分的贡献。换句话说，美是动态的和谐，是多样性的动态统一。[1]

怀特海也重视“真”的价值。真是现象与实在的适合，是指错误减少了的经验的价值，尽管单纯的准确并不那么有助于价值，但一旦它与美相结合，便会增加美所遗漏的某些东西。完善的“真”有助于“美”的力度，但“真”对“美”的贡献并不会耗尽对经验瞬间价值的贡献。

怀特海认为“道德”价值必定与某种对未来的贡献有关，他强烈反对那种倾向于寻找绝对的道德原则的西方传统，指出一种经验越是广泛地涉及未来，其目的就越是道德的。这是因为：价值世界的首要基础，就是为了进入积极的事实世界而对全部可能性进行协调的过程。[2] 显然，这种协调过程是指向未来的。由此可见，道德价值必定与对未来的贡献有关。另一方面在他看来，道德的目的就是达到完满，即在某种情境中获得完满。怀特海说：“道德总是达到和谐、强度和生动的统一的目的。这种统一包含了这种情境下的重要性的完满。”[3] 怀特海认为，旨在为他人的善乃是一种审美的善，它体现了人的经验中美的力度；而美的力度的目标会在当下经验和未来经验之间、在利己和利他之间出现某种紧张。

---

[1] 樊美筠：《怀特海有机美学初探》，赵成、姜德刚、王治河主编的《中国过程研究》第四辑，中国社会科学出版社，2016 年，第 174—176 页。

[2] 陈伟功：《怀特海的价值论》，《求是学刊》2013 年第 5 期。

[3] 怀特海著，《思维方式》，商务印书馆，2010 年，第 16—17 页。

怀特海珍视“冒险”的价值。他认为，重复一种“美”会丧失其风格；重复一种“真”的陈述很快就会导致厌烦，而厌烦导致的则是“美”的缺失。因此，必须冒险进行改变、创新。故“冒险”也是一种价值。冒险就在于这样一种新颖的观念，即它们创造了以前很少注意到的那些有趣的、富有启迪的经验维度。

怀特海还重视“平和”的价值。他说：“平和的经验远不受目的的控制，它犹如一种天赋，刻意追求平和很容易得到麻木这种劣质的替代品；换言之，得到的不是‘生命和运动’的一种性质，而是对它们的破坏。因此，平和不是造成抑制，而是摆脱抑制。它造成意识兴趣更宽广的范围，扩大注意的领域。因此平和是最大程度的自我控制，这种程度大到了乃至于‘自我’消失，兴趣转化为比个性更广泛的协调行为。”[1] 不可否认，怀特海的“平和”价值晦涩难解，它可能是指人通过自我控制、改变自身急切渴望和克服“冒险”的焦虑紧张之后所到达的某种宁静而自然的心灵境界。

总之，怀特海的价值理论，既不是从抽象普遍的价值原则来思考，也不是从一般经验的“实用性”来论价值，而是从有机主义宇宙论出发来论“价值”。具体地说，他从每一具体事物的关联性及生成实现过程来思考价值，由于1）价值植根于该事物摄入其他成分借以建构自身统一体的活动过程中，因此每一事物具有内在价值；而一个事物在具有这种内在价值而成为自身的基础上，它才有可能具有满足他者需要的工具性价值。也就是说，内在价值才是事物的实在性，而工具价值是内在价值的衍生物。2）价值是一个事物或现实存在的内在价值，由于每一现实存在在宇宙中具有某种层级，因

[1] 怀特海著，周邦宪译，《观念的冒险》，贵州人民出版社，2000年，第336页。

此价值有层级性。3）由于内在价值与每一具体事物“自我综合、自我组织其他分子以建构统一体的活动”有关，而不同事物的“感受”具有幅度或量的差异，因此他便以“（感受）强度”来说明价值的变量。4）“（感受）强度”是一具体事物整合诸多分子成为自身统一体的能力。因此“（感受）强度”有着“和而不同”、“多样性的生动和谐”，怀特海称之为“美的力度”。至此，价值就富有美学意义，价值问题转变成审美的问题。正如贺麟所说的，怀特海的价值论，是把道德价值归结到美学价值，又把美学价值降到自然主义的水平；同时，他用赋予自然物以道德价值和美学价值的方式，提高了自然物的地位。这意味着所有的事物都是有价值的和美好的。[1]

概言之，正是从美学意义的价值观出发，怀特海提出了五种价值标准：即美、真、道德、冒险、平和，认为美即是经验主体的和谐，把美作为首要的价值原则，并用美的原则来理解、评价其他价值标准——真、道德、冒险、平和。例如，他以“在某种情境中获得完满”来讲“道德”的特性；以重复某种“美”或“真”就会丧失其风格来强调“冒险”价值的必要性等。因此，美，就是怀特海价值尺度的第一标准，体现了现实存在生命对丰富性、多样性、新颖性、动态及和谐完满的追求！

第二节　朱熹的价值论

从表面上看，朱熹的确没有直接讨论价值问题，甚至连“价值”

[1] 贺麟：《哲学与哲学史论文集》，商务印书馆，1990年，第70—71页。

二字也未用过，但这不等于没有价值论。其实，朱熹以“性”说价值，他的性论，某种程度上说，就是价值论。

性是人与物的内在价值。朱熹认为，人与物皆有性。一般认为，“性”只是与人性论有关的道德哲学的概念，这实属不正确之论。实际上，程颐与朱熹之间的一个重要差异：就是程颐论“性”只限于人，而朱子论“性”兼及人和物。朱子的“性”，其用法更广，它不仅论人之性，而且泛论物之性。朱子经常告诉其弟子，“性”兼带人与物而言。朱子回答他的学生问“性为万物之一源”时说：“所谓性者，人物之所同得。非惟己有是，而人亦有是；非惟人有是，而物亦有是。”[1]不仅人有性，而且除人之外的其他存在物也有性。朱子认为，性是一物固有之理，也就是一物的内在价值。朱子说：“盖所谓性，即天地所以生物之理”。[2]性是指一物所禀得的天地生生之理。所以朱子说“（天地生生之理）凝成于我者即是性”。[3]“性是天生成许多道理”。[4]性是人物天生就有的道理。朱子又说：“性者，人物所得以生之理也”。[5]《北溪字义》说：“盖理是泛言天地间人物公共之理，性是在我之理。只这道理受于天而为我所有，故谓之性。”[6]可见，性，是天之生理在人物自身上的落实或聚焦。一般地，“性”与“德”相连，称为“德性”。性是天理赋予每一具体物而该物得以生成为自己的德性。《北溪字义》说：“所谓‘德性’者，亦只是在

[1]《朱子语类》卷九十八，中华书局，1986年，第2511页。
[2] 朱熹：《答李伯谏》，《朱文公文集》，《朱子全书》，第1594页。
[3]《朱子语类》卷七十四，中华书局，1986年，第1897页。
[4]《朱子语类》卷五，中华书局，1986年，第83页。
[5] 朱熹：《四书集注》卷八，中华书局，1983年，第297页。
[6] 陈淳：《北溪字义》卷上，中华书局，1983年，第6页。

我所得于天之正理，故谓之德性。”[1] 朱子认为，万物都有性，人有人之性、牛有牛之性、马有马之性、有蜂蚁之性、有荷花腊梅之性，甚至有瓦石枯槁之性，它们各自天性分明，互不混乱。就是说，天地间的每一物，天生就有各自的本性。

性是一物本有的生生之理，是一物自我生成实现的能力。朱子说：“生之理谓性”。[2] 又说：“程子曰，‘心譬如谷种，其中具生之理是性，阳气发生处是情’。推而论之，物物皆然。”[3] 朱子的意思是，每一物都有“性”，譬如谷物皆有“谷种”，而性就是“生之理”。正如一粒谷子春则发生，夏则成苗，秋则结实，冬则收藏，生成和实现了自我生命一样，每一物都有生成自己、实现自己的能力，而每一物之所以生成者，是由于“生之理”或“生之性”。因此，在朱子看来，性，就是一物所具有的生生之理，是事物之所以生成的内在根据，它表现为一物自我生成、自我实现的能力，故朱子说：“性本自成”[4]（后王夫之主张“性日生而日成”，都是从生成活动或过程来理解）。唐君毅也指出：物之性在感通他物生起自身时，“随境有一种创造的生起而表现自由”之性。也就是说，物在生起时，自身有某种“主体自由”，而不完全受过去之习惯或外界影响力的机械支配。因此，物之性，表现出它能随环境变化而创造变化，即物之性具有自由原则、生化原则，这与西方必然的自然律相异。[5]

[1] 陈淳：《北溪字义》卷下，中华书局，1983年，第42页。
[2]《朱子语类》卷五，中华书局，1986年，第82页。
[3]《朱子语类》卷五，中华书局，1986年，第95页。
[4]《朱子语类》卷一百二十五，中华书局，1986年，第3000页。
[5] 唐君毅：《中国文化之精神价值》，广西师大出版社，2005年，第66页。

性是植根于物与物之间的感应活动中。朱子说："（物）有此性，自是因物有感。"[1]感应之性，贯穿于天地万物之中。他说："'天地之间，只有一个感应而已'。盖阴阳之变化，万物之生成，情伪之相通，事为之终始，一为感，一为应。循环相代，所以不已也"。[2]"事事物物皆有感应，寤寐、语默、动静亦然。譬如气聚则风起，风止则气复聚。"[3]这里的"感应"，其实就是相互关联的事物之间的相互感通、相互摄受的活动。宇宙间有了这种感应力互相摩荡，才形成万事万物。即事物的生成，就是事物与事物相互影响和相互感通的结果。如风之生，是因气之聚的影响，而气之聚，又是风之止的影响。事物的生成与实现，就是事物之性的体现。事物的感应活动体现着性。他说："今且以理言之，毕竟却无形影，只是这一个道理。在人，仁义礼智，性也。然四者有何形状，亦只是有如此道理。有如此道理，便做得许多事出来，所以能恻隐、羞恶、辞逊、是非也。譬如论药性，性寒、性热之类，药上亦无讨这形状处。只是服了后，却做得冷做得热底，便是性，便只是仁义礼智"。[4]朱子的意思是，性只是物之理，只有通过如"做得许多事来"、"服了"——即人感应其他事物的经验活动来体现。正如唐君毅指出的，一物之性，表现于一物感通或融摄他物之德量。也就是说，一物如何表现生理，将生起何种事象，取决于该物所感通其他物的情况。"一物愈能随所感而变化者，其所具的生之理亦愈丰富而充实，亦即为愈能生之物。"此外，物之性在感通他物生起时，"随境有一种创造的生

[1]《朱子语类》卷九十九，中华书局，1986年，第2536页。

[2]《朱子语类》卷九十五，中华书局，1986年，第2438页。

[3] 同上。

[4]《朱子语类》卷四，中华书局，1986年，第63—64页。

起而表现自由”之性。[1] 也就是说，物在生起时，自身有某种“主体自由”原则，而不完全受过去之习惯或外界影响力的机械支配。朱子有时把事物的此种感应或摄受活动，称之为“知觉”。性就是一物感通他物的能力，它是一物的德性或自我价值，因感应活动之不同，性有通塞开闭的差异。但性是通过事物的感应活动来体现，而事物的感应活动和能力有大有小，则事物的德性也就有通与塞、开与闭之差别。下面朱子与弟子的一段对话很能说明这个道理。

> 问：“人与鸟兽固有知觉，但知觉有通塞，草木也有知觉否”？朱子回答说：“亦有。如一盆花，得些水浇灌，便敷荣，若摧抑他，便枯悴。谓之无知觉，可乎？周茂叔窗前草不除去，云‘与自家意思一般’，便是有知觉。只是鸟兽底知觉不如人底。草木底知觉又不如鸟兽底。又如大黄吃着便会泻，附子吃着便会热，只是他知觉只从这一路去。又问：‘腐败之物亦有否？’曰：‘亦有。如火烧成灰，将来泡汤吃，也焳苦。’因笑曰：顷信州诸公正说草木无性，今夜又说草木无心矣。”[2]

朱子认为，性有人与物之差别。他说：“人物所禀形气不同，故其心有明暗之殊，而性有全不全之异耳。若所谓仁，则是性中四德之首……唯人心至灵，故能全此四德而发为四端，物则气偏驳而心昏蔽，固有所不能全矣。……然不可谓无是性也。若生物之无知觉者，则又其形气偏中之偏者，故理之在是物者，亦随其形气而自为一物之

[1] 唐君毅:《中国文化之精神价值》，广西师大出版社，2005 年，第 66 页。

[2]《朱子语类》卷六十，中华书局，1986 年，第 1430 页。

理，……然亦不可谓无是性也。”[1] 人的感应能力强，所以人本性开通；物之感应能力弱，所以物之本性闭塞。就物来说，其性也有次第差异。牛、猫、虎、狼、蚂蚁等动物之性相对开通，而花草树木等植物之性相对较闭塞，而枯槁顽石等无生命之物的感应能力最弱，所以最缺乏生意。然而，不能说枯槁之物无性，如大黄凉、附子热，它们被人服用之后，仍能对人产生感应和影响。而产生感应活动，必有引起感应活动的理由，此理由便是枯槁之理、枯槁之性。所以，朱子说："枯槁亦有性"。当然，正如张东荪指出的：性字，就一事物本身而言。一物之性就是一物之条理。而"条理必是连成一片的，……条理既是连成一片，则讲条理必定隐然包有一个整体为其托底，如果没有整体，则条理便无所呈现了。"而一物之所以有其性，就是由其宇宙全体上的位置所决定。这里是说，一物之性，是该物在宇宙全体中有自己的特殊职能而显示出来，或者说是由该物在全体中所担当的职分以决定其性质。换言之，即以"职能"观念替代"性质"观念。譬如，人之性与水之性，必须在宇宙全体中展现各自职能。就在全体宇宙中所发挥的"职能"或"职分"上说，人之性与水之性不能截然分开。在此意义上，人事与物理是统一的，是不分的。[2]

仁、义、礼、智、信是五种价值尺度；人与物在仁义礼智信之性上有一定的等级差异。朱子说："性，即理也。天以阴阳五行化生万物，气以成形，而理亦赋焉，犹命令也。于是人物之生，因各得其所赋之理，以为健顺五常之德，所谓性也。"[3] 即仁、义、礼、智、信五常是天赋予人和物的德性内涵，是人和物天生都具有的内在价

[1] 朱熹：《答徐子融》，《朱文公文集》卷五十八，《朱子全书》，第 2767—2768 页。

[2] 张东荪：《思想与社会》，第 143 页。

[3] 朱熹：《四书集注 · 中庸章句》，中华书局，1983 年，第 17 页。

值。在天生的内在价值上，人与物是平等的。他进一步说："论性，要须先识得性是个甚么样物事。程子'性即理也'，此说最好。今且以理言之，毕竟却无形影，只是这一个道理。在人，仁义礼智，性也。然四者有何形状，亦只是有如此道理。有如此道理，便做得许多事出来，所以能恻隐、羞恶、辞逊、是非也。譬如论药性，性寒、性热之类，药上亦无讨这形状处。只是服了后，却做得冷做得热底，便是性，便只是仁义礼智。"[1] 即人有仁义礼智，如大黄、附子那样的药物也有仁义礼智之性。人与物在具有仁义礼智等内在价值是平等的，但人物内在价值的表现却有差异和不同。朱子说："盖天之生物，其理固无差别，但人物所禀形气不同，故其心有明暗之殊，而性有全不全之异耳。若所谓仁，则是性中四德之首，非在性外别为一物而与性并行也。然惟人心至灵，故能全此四德而发为四端。物则气偏驳而心昏蔽，固有所不能全矣。然其父子之相亲、君臣之相统，间亦有仅存而不昧者。然欲其克己复礼以为仁、善善恶恶以为义，则有所不能矣，然不可谓无是性也。若生物之无知觉者，则又其形气偏中之偏者，故理之在是物者，亦随其形气而自为一物之理，虽若不复可论仁义礼智之仿佛，然亦不可谓无是性也。"[2] 朱子把性分为人之性与物之性两大类，就人来说，性就是仁义礼智信。人天生就有仁义礼智信之本然之性，本然之性必须依赖人的具体形气才能得以实现和存在，然而人禀受天地之气或清或浊、或通或塞，驳杂各异，如此人之本性也有贤愚清浊之分，此称之为"气质之性"。如有些人，仁上多一点子；有些人，义上多一点子。就物来说，而物之性就是寒燥温热冷等。如"水之性润"，润之性，便是水能使物

[1]《朱子语类》卷四，中华书局，1986 年，第 63—64 页。

[2] 朱熹：《答徐子融》,《朱文公文集》卷五十八,《朱子全书》，第 2767—2768 页。

品湿润的理由；而“火之性燥”，燥之性，便是火能将物品烘干并使之燃烧的理由。按照感应和知觉能力之大小，可分为动物、植物和无生物之性。仁义礼智信，是感应知觉能力的高级者，只有如人类那样的高级生物才具有；而寒燥温热之性，是感应知觉能力的低级者，为低级生物及无生命之物所具有。

总之，性就是一物感通他物的能力，它是一物的内在价值。价值的内容具体是指仁、义、礼、智、信的德目。仁的本质就是感通扩充的能力。朱子说：“人只有个仁义礼智四者，是此身纲纽，其他更无当。于其发处，体验扩充将去。恻隐、羞恶、是非、辞逊，日间时时发动，特人自不能扩充耳。又言，四者时时发动，特有正不正耳。如暴戾愚狠，便是发错了羞恶之心；含糊不分晓，便是发错了是非之心；如一种不逊，便是发错了辞逊之心。日间一正一反，无往而非四端之发。”[1]又说：“此心之量，本足以包括天地，兼利万物。只是人自不能充满其量，所以推不去。或能推之于一家，而不能推之于一国；或能推之于一国，而不足以及天下，此皆是未尽其本然之量。须是充满其量，自然足以保四海。”[2]就是说，**仁的本质就是感通扩充能力，此“扩充”之仁就是人对与之共存的人、物有同情和关爱能力，并对同情关爱的万物寄予敬意和调节（此即“礼”），使万物各得其所（此即“义”），而且使万物成就实现自己（此即“智”）**。故朱子说：“这个是统论一个仁之体。其中又自有节目界限，如义礼智，又自有细分处也。”[3]仁义礼智以“仁”的感通扩充为基础，即“仁包四德”之命题。正如唐君毅指出，儒家价值

[1]《朱子语类》卷五十三，中华书局，1986年，第1293页。

[2]《朱子语类》卷五十三，中华书局，1986年，第1294页。

[3]《朱子语类》卷一百零五，中华书局，1986年，第2634页。

之核心，以人日常生活中性情之上，即以自然本性流出的同情恻隐之心、是非之心、羞恶之心、恭敬之心，说穿了即人自然流露出的好善恶恶，好是恶非，好生恶死之天生的情感或直觉立教、成教。[1]

一直以来，很多人认为同情利他、善恶道德感、公平感是一种理性，而否认它们是一种情感或直觉。现代的神经科学实验已经初步揭示了所谓同情、善恶道德感、是非感、公平感思维活动的脑区，大都属于人脑的情感区。可以这样说，同情利他、善恶道德感、公平感是镶在我们人肉身之上的“觉情”。情，则是人心感通事物而发动心理情绪活动，如有恻隐、羞恶、辞让、是非之心情，饮食男女之情，以及嫉妒、嗔怒、夺取之情等。其中，恻隐、羞恶、辞让、是非之心情，是善情；而饮食男女之情非善非恶，当合于仁义礼智则善，违背则是恶。而嫉妒、嗔怒、夺取之情是恶情，恶是只求自我欲望的满足而不能感通其他人物之生命的结果，恶恰恰是漠视、压制他物之生命。“尽性”就是发挥人与物固有的内在本性、能力和价值，导引和参赞事物并使之完成和实现。

为此，朱子强调人在自我实现与万物生成过程中的积极作用，认为人是得天地之气的最灵者，人有裁成辅相、曲成万物的功能。朱熹说，人在天地中间虽与天同有一理，但天的事功作为与人的事功作为有一定的分界，有些事“人做得底，却有天做不得”。也就是说天有自身的“局限”，有些事情的完成需要人的辅助。如“天能生物，而耕种必用人；水能润物，而灌溉必用人；火能熯物，而薪爨必用人。”[2] 再如，人禀理与气而成天性，但由于人所禀之气或柔或

[1] 唐君毅:《中国文化之精神价值》，广西师大出版社，2005 年，第 74 页。

[2]《朱子语类》卷六十四，中华书局，1986 年，第 1570 页。

刚，其恻隐、羞恶、辞逊、是非之心天生就表现出各有偏重而很难中和齐全，因此就要人扩充“善端”，这非得一番人为的修养工夫不可。正如朱熹说：“天只生得许多人物，与你许多道理，然天却自做不得，所以生得圣人为之修道立教，以教化百姓，所谓‘裁成天地之道，辅相天地之宜’是也。盖天做不得底，却须圣人为他做也。”[1] 圣人如何赞天地之化育呢？朱熹说圣人“法天”。“法天”并不是说有一个超然的偶像供人效法，而是要人反躬体认天地万物生生之理，使人知觉到宇宙的生理、秩序和仁善并达到满心皆是理的境地，如此就可以“尽人之性”、“尽物之性”、参赞天地化育。也就是说，有修养的人，通过身心来体认万物的生生之理，同时积极实践，通过遵循人与万物的自然天性，使人与万物生命条畅通达，并很好地完成自己的天性，实现自己的目的与价值，让万物与人各得其所，达到共生共育的和谐境地，以实现“天地生物之心”。当然，朱熹说“圣人法天”，却是有修为的人以一个积极的、有情意、有作为的心来辅助天地自然做成许多事情；他要参赞、要裁成辅相，以便造成一个“天地位，万物育”的充满生机与和谐的世界。儒家的“法天”，强调人的能动、作为、善意和仁爱，它不像道家那样消极地随天地造化而已。[2] 如方东美说的，中国人的宇宙充满道德性和艺术性，认为宇宙乃是一个沛然的道德园地，也是一个盎然的艺术境界。所以，宇宙是一个价值领域，足以透过人的努力加以发扬光大。

---

[1]《朱子语类》卷十四，中华书局，1986年，第259页。

[2] 具体论述参见王锟的《“天地以生物为心”——朱熹哲学在生本论》(《哲学研究》2005年第2期）一文。

第三节 朱熹与怀特海价值观之异同

朱熹、怀特海的价值观与二人的宇宙观紧密相关。朱熹与怀特海一样，既不是从抽象的价值原则来思考价值，也不是从一般经验的“实用性”来论价值，而是从有机主义宇宙论出发来论“价值”。具体地说，是**从具体事物的相互关系和生成过程来思考价值，二者都重视每一事物的自身价值或内在价值**。

前面已说过，按照朱熹与怀特海共享的宇宙观，世界是诸多事物相互关联的统一体，以世界为背景的每一事物都是关系性的存在。在与其他事物的相互关系、相互影响中，一事物才得以生成实现；以是否“促进”或“阻碍”事物的生成为衡量标准，一切关系又进而规定为价值关系，即肯定性的关系或否定性的关系。因此，每一事物是价值性的存在物，现实事物是价值实现的过程。一事物的价值体现在它与其他事物的关系中。当一事物凭借与其他事物的关系生成实现自己，同时又促进其他事物的生成实现时，该事物便就有肯定性价值。反之，当一事物与其他事物的关系，阻碍自己或者其他事物的生成实现时，该事物具有否定性的价值。由此可见，**价值是一物的本质和特征；而自我生成、自我实现，进而促进整体的和谐，便是一物之目的**。**所以，每一物是有效应、有价值、有意义的东西**。朱子认为，性是一事物自身固有的德性和价值。同样怀特海认为，“价值”是每一事物内在固有的不朽东西，是事物具有的特性，即朱子与怀特海把价值都看作一物内在本性。

由于从具体事物的相互关系和生成活动过程讲内在价值、自身价值，此种价值实质是指一物自我生成、自我实现的能力。朱子认为，“性”是一物所固有的生生之理，它是一物在生成活动中实现自己的能力。同样，怀特海认为，价值是一物自我综合、自我组织其他分子而建构自我统一体的实现能力。

由于构成世界的诸多事物有层级差异，朱熹与怀特海都认为价值有层级性。从无机物、微生物、植物、动物及人，由于各类存在物感受他物而自我生成、自我实现的能力梯次增加，因此它们的价值也表现出由低到高的层次性，而且二者都认为人比其他有机物更有价值，二者都认为宇宙是一个有目的的价值系统；人，还有其他万物都可以通过自己的努力加以发扬光大。就人与动物的关系来看，一方面朱子与怀特海承认人的价值与动物的价值有一定的差异性，另一方面来看，他们都承认人与动物虽有价值差异但却没有不可逾越的鸿沟。如朱子指出，有虎狼之仁、蝼蚁之义，即动物有时也有某种“人性”的一面。另外，朱子与怀特海不是把“性”与“价值”看作永恒的、静止的形式，而是从具体事物自我生成、自我实现的过程来体现价值。因此，价值具有浓厚的过程性、动态性色彩，是永恒性与活动性的统一。

当然，朱子与怀特海价值论的差异也是明显的。从具体的内涵来看，朱熹把仁、义、礼、智、信之性作为价值尺度，提出“仁包四德”的命题。他说：“‘仁’字须兼义礼智看，方看得出。仁者，仁之本体；礼者，仁之节文；义者，仁之断制；知者，仁之分别。犹春夏秋冬虽不同，而同出于春：春则生意之生也，夏则生意之长也，秋则生意之成，冬则生意之藏也。自四而两，两而一，则统之有宗，会之有元，故曰：‘五行一阴阳，阴阳一太极’。”[1] **朱子强调**

[1]《朱子语类》卷六，中华书局，1986年，第109页。

"仁"作为首先的、基础性的地位，并用身心的关爱感通来解释义、礼、智、信。对此，唐君毅给出了很好的诠解：即人对与之共存的万物有同情和关爱（此即"仁"），并对它们寄予敬意（此即"礼"），使它们各得其所（此即"义"），而且使它们成就实现自己（此即"智"）。怀特海则把美、真、道德、冒险、平和作为价值尺度，强调"美"作为首要的价值原则，并用"美"的原则来理解、评价真、道德、冒险、平和。还有，朱熹特别强调价值情感尤其如恻隐、羞恶、辞让、是非之情感对价值实现的重要性，这是怀特海所没有提及的。

还有，朱子强调人的主体能动性和积极作用，强调发挥人固有的内在本性和价值，导引和赞助其他人与物并使之完成和实现。而怀特海虽然认可人处于价值层级高端，也认可人——作为将潜能变成现实的"能动者"——对环境中相关联的他者的价值和责任，但他在把人视作为"能动者"时，是把人与狗、花草、昆虫等其他"能动者"等量齐观的。[1] 也就是说，怀特海并未如朱子那样突显、强调人在他人与他物生成实现过程中的主体地位，这是二人非常不同的地方。

另外，朱熹与怀特海都主张表现为一物自我生成、自我实现过程中的价值能力，但具体方法和路径是不同的。怀特海认为，价值的实现能力表现在人的"评价"、"赋值"的理性判断活动中；而朱熹则指出，价值的实现能力主要是通过人的德性涵养工夫来实现。前者重视理性思维，后者重视修养实践工夫，这是二人在价值论上最大的不同。

---

[1] 按照菲利普·克莱顿教授的说法，怀特海认为每一现实存在，都是寻求把潜能变为现实"能动者"，人与共同体中的其他现实存在一样，都是一个"能动者"。世界是由这样的能动者构成的共同体，每一能动者对其他的能动者负有价值和责任，故这样的共同体是价值共同体。具体参见（美）菲利普·克莱顿（Philip Clayton）：**《"无生命的自然"与"活的自然"：论怀特海的自然哲学》**，"纪念怀特海《自然的概念》出版一百周年国际学术研讨会"论文，2020 年 1 月 9 日。

下　篇

第五章　朱熹的“太极”“生生之理”与怀特海的“创造性”概念之比较

太极（或“生生之理”）与创造性分别是朱熹与怀特海最具有代表性的本体论概念，在前面“朱熹与怀特海宇宙本体论比较”一节已有所阐述，这里从概念比较的角度，围绕太极与创造性两个概念的内涵、理路及其相似性与相异性进行细致分析。

第一节　太极、生生之理之内涵及理路

一、太极、生生之理——“模样之理”

天地之间，气化流行，万物纷纭。而阴阳二气的流行、万物的生成，必先有一引起它们产生的最终根据，必先有一使气化流行和万物得以生成的最终动因，此一最终理由或根据，朱子称之为“根原之理”。

前文所述，朱子对“根原之理”进行了不懈的思考，晚年他对高足陈淳的重要教诲，便是穷“根原之理”或思考万物的“根原来

处”。朱子对“根原之理”的追问，体现在“格物穷理”及“理是生物之本”的讨论中。“格物穷理”，就是“即物而穷其所以然之理”。格物穷理，重在“推究”事物的“所以然之理”或“所以然之故”。“所以然之理”即事物赖以产生的原因和根据。“推”事物的“所以然之理”，就是从逻辑上、理性上思考事物生成的原因和根据。穷理的关键，就是推究事物之理到极致处或根原处。按朱子的说法，穷理，不仅要知得事物的“第二义”或“第三义”，而且更要推寻事物的“第一义”。朱子教导陈淳说，“凡看道理，须要穷个根原来处。如为人父，如何便止于慈？为人子，如何便止于孝。为人君，为人臣，如何便止于仁、止于敬……凡道理皆从根原处来穷究，方见得确定。”[1] 又说：“致知，今且就这事上，理会个合做底是如何？少间，又就这事上思量合做底，因甚是恁地？便见得这事道理合恁地，又思量因甚道理合恁地？便见得这事道理原头处。”[2] 这段话是说，通过穷理不仅要知得做人君当仁、做人臣当敬；而且更要推上一层，推寻其“第一义”或“道理原头处”，追究人君为何应当仁，人臣为何应当敬。再如，通过穷理，不仅要知得舟当行于水、车当行于陆之“所当然之理”，而且要推上一层寻其“第一义”，即推究舟为何当行于水、车为何当行于陆的“所以然之理”。此种事物的“第一义”、“道理原头处”或“所以然之理”，就是根原之理。

而根原之理，朱子通常称之为“太极”。朱子说：“太极之义，正谓理之极致耳”。[3] 太极是事物之理的“一个极至”[4]。“自外而推

[1]《朱子语类》卷一百一十七，中华书局，1986 年，第 2815 页。

[2]《朱子语类》卷一百一十七，中华书局，1986 年，第 2826 页。

[3] 朱熹：《答程可久》，《朱文公文集》卷三十七，《朱子全书》，第 1642 页。

[4]《朱子语类》卷九十四，中华书局，1986 年，第 2371 页。

入去，到此极尽，更没去处，所以谓之太极”。[1] 所谓“理之极致”、“极尽处”，就是根原之理。也就是说，太极就是事物“根原之理”另一种名称而已。

朱子的太极，不是描述事物生成或事物生成有条理的样子，而是要理会、推究事物所以如此生成或事物生成有条理的理由或根据。朱子说：“至于天下之物，则必各有所以然之故，与其所当然之则，所谓理也。”[2]“穷理者，欲知事物之所以然，与其所当然者而已。”[3] 关于所以然之故与所当然之则的区分，他说：“事亲当孝，事兄当弟之类，便是当然之则，然事亲如何却须要孝，从兄如何却须要弟，此即所以然之故。”[4] 朱子又说：“(所当然之则)只是指事而言。凡事固有‘所当然而不容已’者，然又当求其所以然者何故。其所以然者，理也。理如此，固不可易。又如人见赤子入井，皆有怵惕、恻隐之心，此其事‘所当然而不容已’者也。然其所以如此者何故，必有个道理之不可易者。……以至于天地间造化，故是阳长则生，阴消则死，然其所以然者是如何？”“不成只说道：‘天，吾知其高而已；地，吾知其深而已；万物万事，吾知其为万物万事而已’……须知有极至之理(即所以然之理)。”“广曰：‘大至于阴阳造化，皆是‘所当然而不容已’者。所谓太极，则是所以然而不可易者。曰：‘固是’”。[5] 由此可见，“太极”或“所以然之理”，就是从逻辑上、从推理上，推寻阴阳二气变化流行或人的至当行为产生的“根原之

[1]《朱子语类》卷九十八，中华书局，1986 年，第 2526 页。

[2] 朱熹：《大学或问》卷一，《朱子全书》，第 512 页。

[3] 朱熹：《答或人》，《朱文公文集》卷六十四，《朱子全书》，第 3136 页。

[4]《朱子语类》卷十八，中华书局，1986 年，第 414 页。

[5]《朱子语类》卷十八，中华书局，1986 年，第 414—415 页。

理”或终极原因。

朱子又说，理是“生物之本”，气是“生物之具”。[1]“本”，根柢、根本，“理”就是万事万物之根。譬如一花木生长，都有一个生命之根，其茎、干、枝、叶、花、果实之生命，皆出于此花树之根。而宇宙间万物的生存，都有“理”为根本或根源。无花树之根，就无花果枝叶，无生物之理，就无万事万物的生成变化。朱子把“理”作为阴阳气化流行或万物发生的根由和枢纽。朱子认为，天地造化，四时流行，其实不过是一阴一阳之生生不已。那么，要问一阴一阳何以生生不息？朱子的回答是：理。他认为，理是一阴一阳承前启后的枢纽；“理”能使前一气消退之际，又能使后一气继而生起，它是阴阳二气生生不已的主宰或根本动因。朱子说：“一阴一阳之谓道……从古至今，恁地滚将去，只是个阴阳，是孰使之然哉？乃道也。”[2]又说：“阴阳是气，不是道，所以为阴阳者，乃道也。若只言‘阴阳之谓道’，则阴阳是道。今曰‘一阴一阳’，则是所以循环者乃道也。”[3]又说：“‘一阴一阳之谓道’，太极也”。[4]又说：“天地之间，只有动静两端，循环不已，更无余事，此之谓易。而其动其静，则必有所以动静之理焉，是则所谓太极者也。”[5]这几段话的“道”就是太极；“孰使之然哉”，是指太极是促发者、主导者。[6]朱

---

[1] 该句出自司马迁在《史记·太史公世家》中的“神，生物之本也；形，生物之具也”。神是人的精神，形是体现神的载体、材具，形具是体现神的材料。

[2]《朱子语类》卷七十四，中华书局，1986年，第1896页。

[3] 同上。

[4]《朱子语类》卷七十四，中华书局，1986年，第1897页。

[5] 朱熹：《答杨子直》，《朱文公文集》卷四十五，《朱子全书》，第2071页。

[6] 陈淳在《北溪字义》中指出，理有“必然、当然、自然、能然”四意，其中“能然”，就是从朱子的“使之然”引申而来，强调了理的发动力或能动性。

子认为，太极就是能致使阴阳、动静继起生生的“所以然之理”，是发动者。他说：“原‘极’之所以得名，盖取枢极之义。圣人谓之‘太极’者，所以指夫天地万物之根也。”[1]“太极如一木生上，分而为枝干，又分而生花生叶，生生不穷。”[2]正如陈淳所言：“其实理不外乎气。盖二气流行，万古生生不息，不成只是空个气？必有主宰之者，曰理是也。理在其中为之枢纽，故大化流行，生生未尝止息。”[3]这里的**“造化的枢纽”，指天地大化流行的发动机或发动力，也是引起阴阳动静的发动力，即太极是一阴一阳承前启后的枢纽或主导者。“理”能使前一气消退之际，又能使后一气继而生起，它是阴阳二气生生不已的主宰或动力。在此意义上，太极就是“生生之理”**。牟宗三赞赏朱子把太极当作“阴阳二气气化流行的所以然之故”，认为太极就是“创化原则”(principle of creative evolution)。“创化原则”很好地指出了太极作为气化流行的发动机或发动力的内涵。而根柢、本根之喻，则是指万物所来由的最终的存在，这是从本体论说“太极”。“如今识得个大原了，便见得事事物物都从本根上发出来。如一个大树，有个根株，便有许多芽蘖枝叶。牵一个则千百个皆动。”[4]“太极只是天地万物之理”。[5]在朱子看来，正如一树木之根，能生干枝花叶；如果把世界比作一棵大树，万物比作干枝花叶，那么，太极就是产生宇宙这棵大树的根。这个比喻，形象生动地说明了太极是天地万物的根原之理。

朱子指出，“未有天地之先，毕竟也只是理。有此理，便有此天

[1]《朱子语类》卷九十四，中华书局，1986 年，第 2366 页。

[2]《朱子语类》卷七十五，中华书局，1986 年，第 1931 页。

[3] 陈淳：《北溪字义》卷上，中华书局，1983 年，第 1 页。

[4]《朱子语类》卷三十六，中华书局，1986 年，第 977 页。

[5]《朱子语类》卷一，中华书局，1986 年，第 1 页。

地；若无此理，便亦无天地，无人无物，都无该载了。有理，便有气流行，发育万物。”“若无太极，便不翻了天。”[1]又说：“‘理’之一字不可以有无论，未有天地之时，便已如此了也。”[2]“先有个天理了，却有气”。“有是理，后有是气”。[3]这段话的意思是，须事先有阴阳二气赖以生生的“根原之理”，才能有天地万物的产生；如果事先无“根原之理”，就不会有阴阳二气流行生生，也就不会有天地万物和人。所以，“根原之理”是阴阳二气流行不息、天地万物生生不已的终极原理，在逻辑上它是超越的。

实际上，朱子的“所以然之理”= 太极，其目的就是要为阴阳气化流行、万物生生的现实世界在逻辑上寻找一个终极理由。正如朱子指出的，不成只说万物万事，吾知其为万物万事而已，须知有极至之理（即太极或所以然之理）。朱子的分析能力极强，他并不满足于只对事物变化生成的样态作平铺直叙的描述，而是要从气化流行或具体事物翻转上去，从源头上推寻事物生成变化的终极动因和理由，这是朱子与其他理学家的不同之处。的确，人们是通过事物或现象本身及其相互关系来认识世界的，但还须回答事物或现象何以产生的问题。而要回答事物或现象为何能呈现生起，必须在逻辑上先有一个使该事物或现象赖以生起的“所以然之理”。因此，“所以然之理”或太极在逻辑上先于、独立于有形迹的具体事物而不与之混杂。“理”先于天地万物，此处的“先”，是逻辑上而非时间上的“先”。“问：‘有是理便有是气，似不可分先后？’曰：‘要之，也先有理。只不可说是今日有是理，明日却有是气；也须有先后。且

[1]《朱子语类》卷一，中华书局，1986 年，第 1 页。

[2] 朱熹：《答杨志仁》，《朱文公文集》卷五十八，《朱子全书》，第 2764 页。

[3]《朱子语类》卷一，中华书局，1986 年，第 2 页。

如万一山河大地都陷了，毕竟理却只在这里’。”[1] 必须指出，这里的先后，是在逻辑上说的先后，在一物之存在生成来说，不能分先后。**而且在逻辑上的先后，气在后，并不意味着气是理所生出的；相反，理在先，并不意味着理是气的源头**。**理之先、气之后，实质是指理是主宰、是动因**。**也就是说，理并不存在于万物之前，它只是万物产生的逻辑前提**。从逻辑上言，“所以然之理”或太极，是天地万物产生的最终理由，它是独立于、超然于万物的。相对于现实世界中的每一具体事物，“所以然之理”或太极是终极的、超然的、纯形式的。故朱子说，理“无形迹”、“无情意、无计度、无造作”，“只是个净洁空阔底世界”。[2] 由此可见，太极只有“理之模样”（朱熹语），是纯形式的、空洞的特征而没有实质的内容，如佛家的“空理”。因为实质内容是理之属性，是有情意的、有目的、有计划的。太极是“根原之理”形式之一极的表达，这是从逻辑上、从认知上寻找阴阳气化流行或人的至当行为产生的最终根据。“盖尝窃谓先生之言，其高极乎无极太极之妙，而其实不离乎日用之间；其幽探乎阴阳五行造化之赜，而其实不离乎仁义礼智、刚柔善恶之际。其体用之一源，显微之无间，秦汉以下，诚未有臻斯理者，……。盖其所谓太极云者，合天地万物之理而一名之耳；以其无器与形，而天地万物之理无不在是，故曰无极而太极，以其具天地万物之理，而无器与形，故曰太极本无极也。是岂离乎生民日用之常，而自为一物哉！**其为阴阳五行造化之赜者，固此理也**。”[3]

---

[1]《朱子语类》卷一，中华书局，1986 年，第 4 页。

[2]《朱子语类》卷一，中华书局，1986 年，第 3 页。

[3] 朱熹：《隆兴府学濂溪先生祠记》，《朱文公文集》卷七十八，《朱子全书》，第 3748 页。

作为解释万物生成的终极理由，即称之为“太极”。太极在逻辑上是先于现实世界的万物，是万物生成变化的逻辑前提，它相对于现实世界的具体事物具有本质上的独立性。然而，在另一方面，太极与现实事物又是相关联的；离开现实世界的万物，太极失去了它存在的意义，因为太极仅仅作为现实事物生成的依据而存在。一**言以蔽之，太极与万物不可分**。**太极参照着世界万物；世界万物参照着太极**。**没有了太极，就没有世界万物生成变化的根据，而如果没有了世界万物的生成变化，太极也就失去了存在的意义**。**进一步讲，万物的生长变化体现着、表现着太极的存在**。**因为太极是空洞的、纯形式的东西，它自己不能表现自己，只能靠现实世界的有形迹的具体事物来表现**。人们不能直接看到、摸到、嗅到“所以然之理或太极”，它只能从具体事物的生长变化中去体现。朱子指出，太极虽无形体可见，只看日往月来，寒往暑来，水流不息，物生不穷，便可见太极。或者说，以上这些事物是作为太极（即道）的“形体”（即“无体之体”），体现着“太极”，此即所谓“是皆与道为体”之真意。[1] 此处的“道体”就是太极，只不过是从流行和动态上说“太极”。简言之，在现实世界中，日月之运、寒暑之行、水之流、物之生，最能体现太极。

二、生物之心与仁——“实然之理”

太极、生生之理是从逻辑上推致事物生成的形式之理或理之样子，那么试问：太极究竟何指？它仅仅是一个空洞的概念吗？它的真正内涵为何？正如蒙培元指出的：“朱熹是理性主义者。但朱熹

[1]《朱子语类》卷三十六，中华书局，1986 年，第 975 页。

所说的理性（即‘理’）绝不是‘纯粹理性’，即不是抽象的形式理性，而是有具体内容的，说得更明白一些，是有情感内容的实践理性。”[1]为了回答该问题，朱子提出了“天地生物之心”或仁。

在朱子看来，“根原之理”不仅在逻辑上、理智上能认识到，而且在经验直觉上还能感受到。如果说太极是人们推理所获致的“根原之理”，是空洞的纯形式，是“空（虚）理”，那么，“天地生物之心”是人所主观体会得到“根原之理”的实质内容，是“实理”或“实然之理”。[2]

朱子认为，天地宇宙是相互关联、牵一发而动全身的活泼泼的生命大体，其间气化流行、万物生生不已，而当问阴阳气化何以流行不息、万物何以生生不已时，朱子的回答是：由于天地生物之心。

关于天地生物之心的讨论，可溯源于王弼对“复见天地之心”的解释。王弼认为万物之本就是“天地之心”，后来欧阳修直接以“生物”解“天地之心”并提出了“天地以生物为心”的命题。欧阳修说：“天地所以生育万物者本于此，故曰天地之心也。天地以生物为心者也。”[3]朱熹对王弼的“复见天地之心”的解释进行批评。他说：“曰：‘固是。但又须静中含动意始得。’曰：‘王弼说此，似把静作无。’曰：‘渠是添一重说话，下自是一阳，如何说无？上五阴亦不可说无。说无便死了，无复生成之意。’”[4]不同于王弼从“静”处、“无”处说“天地之心”，朱熹则创造性地从“动”处、从“静

[1] 蒙培元：《论朱熹“生”的学说》，《鄱阳湖》2011年第1期。

[2] 朱熹说：“乾坤造化，如大洪垆，人物生生，无少休息，是乃所谓实然之理，不忧其断灭也。”（《朱文公文集》卷四十五“答廖子晦”）

[3] 欧阳修：《易童子问》卷一，《文忠公文集》卷七十六，四库全书本。

[4]《朱子语类》卷七十一，中华书局，1986年，第1793页。

中含动”处说“天地之心”。

在与陈淳的讨论中，朱子同意陈淳的看法：即“‘维天之命，於穆不已’。所以为生物之主者，天之心也。”[1]在朱子看来，至诚不息的生物之心，是天地创生万物的主宰；天地具有创造生命的内在属性，天之所以为天的根据或天地的德性就是“生物之心”。朱熹说：“盖天地之间，品物万形，各有所事，惟天确然于上，地隤然于下，一无所为，只以生物为事。”[2]

然而试问：天地到底是“有心”还是“无心”呢？朱熹在同弟子的一次争论中，肯定了天地有心的主张。争论一开始，弟子主张“天地无心”，并争辩说如果将“仁”看作天地之心（这其实是朱熹的看法），就承认天地有心；如果天地有心，就承认天“必有思虑、有营为”，然而天本来无思虑作为的，我们看到的四季运行、万物生化，只是天地“合当如此便如此，不待思维”，这只是天地的自然之道。很明显，这个学生以“无情意、无计度、无造作”之天的“无心”一面，来反对朱熹承认天地有心的一面，这实质是以道家天地之无目性来反对儒家天地之有目的性！对于弟子天地无心的主张，朱熹反问道：如果天地果真无心，可是《易》所谓“复其见天地之心”、“正大而见天地之情”之句明明是说天地有心，这该如何理解呢？另他又追问：若果真无心，“则须牛生出马，桃树上发李花”？然而事实却是牛只能生牛，桃树只能发桃花，它们都有“自定”？明眼人一看就知道，朱熹后一个反驳是他立论的基础。在反驳中，朱熹承认了“自定”是万物生化的内在原则，并直截了当地指出：这

[1] 朱熹：《答陈安卿》，《朱子文集》卷五十七，《朱子全书》，第2744—2745页。

[2] 朱熹：《答张钦夫论仁说》，《朱文公文集》卷三十二，《朱子全书》，第1408页。

个“自定”，便是万物化生的“主宰处”，此“主宰”就是天地之心，是“天地生物之心”。[1]朱子同意陈淳“所以为生物之主者，天之心”的说法。[2]简言之，朱子认为天地是有心的，天地之心是生物的主宰。当然，**朱子也指出，天地之心不是如人心那样是有思虑、能计划之心，而是生发万物的目的和动力。所谓“生物之主”，即“生物之主宰”，也就是“催促”、“引导”着生命前进的力量和意欲，这就是有目的、有意欲、有动力的天地之心，是创生性的冲动**。朱子有诗说：“闻道西园春色深，急穿芒屩去登临。千葩万蕊争红紫，谁识乾坤造化心？”[3]这里的“乾坤造化心”（或“造化力”），就是“天地生物之心”，是创生性的冲动。朱子说：“发明‘心’字，曰‘一言以蔽之，曰生而已’”。[4]“天地之心只是个生，凡物皆是生方有此物。”[5]“‘心，生道也’，……生物便是天之心。”[6]“天地别无勾当，只是以生物为心。一元之气，运转流通，略无停间，只是生出许多万物而已。”[7]“穷天地亘古今，只是一个生意”。[8]天地广大，古往今来，只蕴含着生生之意。“生”，就是创生性、生命力，如草木之

[1]《朱子语类》卷一，中华书局，1986年，第4页。

[2] 朱熹：《答陈安卿》，《朱子文集》卷五十七，《朱子全书》，第2745页。

[3] 朱熹：《春日偶作》，《朱文公文集》卷二，《朱子全书》，第285页。其实，唐宋诗文中多有肯定天地创生造化能力的诗句，如李白说：“揽彼造化力，持为我神通”。寒山诗：“天高高不穷，地厚厚无极。动物在其中，凭兹造化力。”白居易诗：“我愿暂求造化力，减却牡丹妖艳色。”李纲《鼓山灵源洞》诗：“森罗尽尤物，无乃太兼并。伟哉造化力，至巧于此罄。”朱子后学杜范的诗《天柱峰》曰：“一峰柱中天，壁立千仞直。旁无寸土势，始觉造化力。”

[4]《朱子语类》卷五，中华书局，1986年，第85页。

[5]《朱子语类》卷一百五，中华书局，1986年，第2634页。

[6]《朱子语类》卷九十五，中华书局，1986年，第2440页。

[7]《朱子语类》卷一，中华书局，1986年，第4页。

[8]《朱子语类》卷九十五，中华书局，1986年，第2417页。

萌芽，皆因是“生”方有之，人物所以生生不穷者，以其生也。也就是说，天地有生物之心，才有日月星辰、虫鱼鸟兽、花草树木的生成，才有万物的生生不息。陈淳在《北溪字义》中说：“以造化言之，如天地间生成万物，自古及今，无一物之不实。散殊上下，自古有是，到今亦有是，非古有而今无，皆是实理之所为。……若就物观之，其彻始彻终，亦只是一实理如此。故以一株花论来，春气流注到则萌蘖生花，春气尽则花亦尽。又单就一花蕊论，气实行到此则花便开，气消则花便谢亦尽了。方其花萌蘖，此实理之初也；至到谢而尽处，此实理之终也。”[1] 这里的“实理”，即是生物之心，即是创生性。因此，创生性，是宇宙万物的根源，万物的生长化育、流行变化赖它而存；如果无创生性，则世界死寂一片，毫无生命。如前面所说，“所以然之理”、太极是在逻辑上推致的纯形式之空理，“生物之心”则是天地宇宙真实存在的最高“精神”，这是从本体论意义上体认到的终极原理。

若要问此“天地生物之心”存在哪里？它与万物的具体关系如何？

朱子认为，生物之心遍在于气化流行及万物的生成存在之中。他说：“万物之心，便如天地之心。……天地之生万物，一个物里面便有一个天地之心”。[2]“天地以生物为心者也，而人物之生，又各得夫天地之心以为心者也。”[3] 可见，万物之心即天地之心，天地之心与每一物只是同一个心，说万物有心就是说天地“有心”。不仅如此，朱子还要人在“天地无心处”体认天地生物之心。朱子说：“万

[1] 陈淳：《北溪字义·补遗》，中华书局，1985年，第71—72页。

[2]《朱子语类》卷二十七，中华书局，1986年，第689页。

[3] 朱熹：《仁说》，《朱文公文集》卷六十七，《朱子全书》，第3279页。

物生长，是天地无心时。枯槁欲生，是天地有心时。”[1]此句似乎有点费解，因为照常人的理解，万物生长时最能见天地生物之心，怎能说天地无心呢？当万物枯槁时，好像最能见天地之无心，怎能说天地有心呢？朱熹的解释是：“万物生时，此心非不见也，但天地之心悉已布散丛杂，无非此理呈露，倒多了难见。若会看者，能于此观之，则所见无非天地之心矣。惟是复时万物未生，只有一个天地之心昭然著见在这里，所以易看也。”[2]朱熹说“谁识乾坤造化心”、“默识造化机。”[3]其中的“造化机”、“乾坤造化心”，就是天地生物之心。这里的意思是说，当千葩万蕊、万物畅发而生命茂盛时，天地生物的目的就体现于万物的生机中，由于人经常徜徉于生机勃勃的生命大河中，对万物生命现象习以为常，人反而不能感受天地之心的存在。可见，这里的“天地无心”，是人具有的一种熟视无睹的心理状态，这就像人经常呼吸空气而常常忘记空气的存在一样。相反，在万物生命力收藏或收敛的种子里，如在谷种、桃种、李种，在万物生命的萌动处或者在阳春之气萌动而生命力渐渐发端时，人们越能感受到、体认到生命的力量和生命的不息，便就越能见得天地只是一生物之心，这如同人们在空气稀少时才感受到空气的存在一样。事实上，万物生长时，天地之心照常存在，只要你有慧眼，能全身心体认，就可以当下直觉到天地生物之心，此即朱熹所谓“无心处”实是“有心”。当初春万物复苏时，当生命力收藏、收敛或枯槁欲生时最能见天地之心。如“忽如一夜春风来，千树万树梨花开”。“沉舟侧畔千帆竞，病树前头万木春”之诗句，描述的就是

[1]《朱子语类》卷一，中华书局，1986年，第5页。

[2]《朱子语类》卷七十一，中华书局，1986年，第1790页。

[3] 朱熹:《次韵刘彦采观雪之句》,《朱文公文集》卷二,《朱子全书》，第285页。

这个道理。另外，要识得天地生物之心，须反躬自身，体认、默识“我心即天地心”，以下朱子与学生的问答最能说明这点。

“问曰：‘今不知吾之心与天地之化是两个物事，是一个物事？’公且思量。良久，乃曰：‘今诸公读书，只是去理会得文义，更不去理会得意。圣人言语，只是发明这个道理。这个道理，吾身也在里面，万物亦在里面，天地亦在里面。通同只是一个物事，无障蔽，无遮碍。吾之心，即天地之心。圣人即川之流，便见得也是此理，无往而非极致。但天命至正，人心便邪；天命至公，人心便私；天命至大，人心便小，所以与天地不相似。而今讲学，便要去得与天地不相似处，要与天地相似。’又曰：‘虚空中都是这个道理，圣人便随事物上做出来。’又曰：‘如今识得个大原了，便见得事事物物都从本根上发出来。如一个大树，有个根株，便有许多芽蘖枝叶。牵一个则千百个皆动。’”[1]

这段对话，就是说明我之心本来就是天地之心，但我心常被障蔽，使自家心与天地之心不相似而相隔离，必须穷理涵养，除去我心与天地之心不相似处，最终见得“我心即天地心”。

总之，朱子认为“天地生物之心”是天地生物的主宰，它蕴藏于、内在于万物的生命中，生物之心并非超绝于万物而独独存在于万物之上。不仅如此，万物之各别心就是天地生物之心。只要切身体会，便见得“我心即天地心”。朱子说：“仁之为道，乃天地生物

[1]《朱子语类》卷三十六，中华书局，1986年，第977页。

之心，即物而在”。[1] 即现实世界中的每一物，如一花一草、一虫一兽自身都有“生物之心”；而每一物的生意，就是“创生性”此一终极原理的具体表现。或者说，现实世界中每一物都是“造物”或“生物”（朱子语），都是“创生性”的例子。

朱子以“生物之心”说“创生性”，“创生性”实质上已蕴涵着道德和价值意义。因为一提到“心”，本身就包含着目的性和价值判断在里面。以此为过渡，朱子便直接拈出更具有价值和道德意义的词——“仁”来论“根原之理”了。

朱熹认为，仁是万事万物产生的根原。他说：“千头万件，都只是这一个物事流出来。……仁是个主，即心也”。[2]“孔门之学所以必以求仁为先，盖此是万理之原，万事之本。”[3] 仁是什么？朱熹说，“仁是个生底物事。既是生底物，便具生之理，生之理发出便是爱。”[4]“仁者，天地生物之心。”[5] 仁，就是那个天地生物之心；天地生物之心是一个充满仁爱和善意之心，万事万物都源自于天地之仁心。在此，仁即生、生即仁，自然意义的“生”与伦理意义的“仁”达到了有机统一。另外，既然“仁”是天地生物之心，“理则天地生物之心”。[6] **可见，天地生物之理的根本，就是天地生物之心，也就是天地之仁。**

上面是从形而上说天地之仁心，然形而上之理不离形而下之气并通过形而下之气来体现。下面我们看朱子如何从形而下、从气上

[1] 朱熹：《仁说》，《朱文公文集》卷六十七，《朱子全书》，第 3280 页。

[2]《朱子语类》卷三十四，中华书局，1986 年，第 868 页。

[3]《朱子语类》卷六，中华书局，1986 年，第 114 页。

[4]《朱子语类》卷二十一，中华书局，1986 年，第 498 页。

[5]《朱子语类》卷九十五，中华书局，1986 年，第 2424 页。

[6]《朱子语类》卷六，中华书局，1986 年，第 111 页。

体认天地之仁心。

朱子说："盖仁之为道，乃天地生物之心，即物而在"。[1] 这里所谓的"即物而在"，就是指"天地生物之心"内在于万物之中的意思。朱子认为，仁就是遍在于万物之中的生物之心。朱子常用生气、四时、五行和木树花草鸟兽来论"仁"。故朱子说："夫仁者，天地生物之心，而人生所得以为心者。其体则通天地而贯万物，其理则包四端而统万善。"[2]"要识仁之意思，是一个浑然温和之气，其气则天地阳春之气，其理则天地生物之心。"[3] 仁是阳春之气与生物之心的结合。一元之生气就是仁，仁是天地之生气。在四时，则"春为仁，有个生意；在夏，则见其有个亨通意；在秋，则其见有个诚实意；在冬，则见其有个贞固意。在夏秋冬，生意何尝息！本虽凋零，生意则常存。"[4]"春时尽是温厚之气，仁便是这般气象。夏秋冬虽不同，皆是阳春生育之气行乎其中。"[5] 仁为春，阳春温和之气行于四时，天地之仁心贯注于春夏秋冬四季，万物在春生、夏长、秋收、冬藏体现着天地生生之仁。在五行，如春包夏秋冬那样，木则包火、金、水，因为"木是生气。有生气，然后物可得而生；若无生气，则火金水皆无自而能生矣，故木能包此三者"。[6] 所以，五行之中，木为仁。朱子常用草木花树说天地之仁，"谓如一树，春荣夏敷，至秋乃实，至冬乃成。……方其自小而大，各有生意。到冬时，疑若树无生意矣，不知却自收敛在下。每实各具生理，更见生生不穷之

[1] 朱熹：《仁说》，《朱文公文集》卷六十七，《朱子全书》，第 3280 页。

[2] 朱熹：《答陈安卿》，《朱文公文集》卷五十七，《朱子全书》，第 2707 页。

[3]《朱子语类》卷六，中华书局，1986 年，第 111 页。

[4]《朱子语类》卷六，中华书局，1986 年，第 105 页。

[5]《朱子语类》卷六，中华书局，1986 年，第 112 页。

[6]《朱子语类》卷六，中华书局，1986 年，第 108 页。

意。”[1]朱熹有诗为证：“瑞雪飞琼瑶，梅花静相倚。独占三春魁，深涵太极理”。[2]一句话，天地之仁心，尽见于阳春之气、见于花木之生气中，见于一年四季生机勃勃的万物之中。

前面是从自然界、从天上说宇宙之仁，下面从人生界、从人说仁。朱子在论人心之仁时，提出仁包“四端”“四德”的命题。人只是一个仁心，从“四端”言，此心里面就可分恻隐、羞恶、辞逊、是非四个方面。“本只是这恻隐，遇当辞逊则为辞逊，不安处便为羞恶，分别处便为是非。若无一个动底醒底在里面，便也不知羞恶，不知辞逊，不知是非”。[3]其中，恻隐是“四端”的根本，它是一个警觉心，当恻隐之心活动时，人们在羞恶处便有羞恶心，在辞逊处便有辞逊心，在是非处便有是非心，羞恶辞逊是非不待作为而自然流露出来，而如果没有恻隐之心的发动，便没有后三者。所以，恻隐是羞恶、辞逊、是非的发动处，它统摄其他三者，这即是恻隐包羞恶、辞逊、是非。朱子认为，恻隐之心乃人心根本，正如程明道的“满腔子是恻隐之心。”恻隐之心就是仁爱之心。人只是一个心，从“四德”言，此心里面就可分仁、义、礼、智四德。其中仁是四德的根本，“仁者，仁之本体；礼者，仁之节文；义者，仁之断制；知者，仁之分别。”[4]也就是说，仁是义、礼、智的体，义、礼、智是仁之用，它们从仁上渐渐推出，三者同出于仁，即所谓“仁包义礼智”。朱子说：“仁乃天地生物之心而在人者”。[5]朱子的意思

---

[1]《朱子语类》卷六十九，中华书局，1986年，第1729页。

[2] 武夷山地方志编辑委员会编：《朱熹墨宝》，海峡书局，2011年，第68页。

[3]《朱子语类》卷九十五，中华书局，1986年，第2416页。

[4]《朱子语类》卷六，中华书局，1986年，第109页。

[5] 朱熹：《答张钦夫论仁说》，《朱文公文集》卷三十二，《朱子全书》，第1409页。

是，仁、义、礼、智只是一理，仁就是人心之理。另外，在论述人心之仁时，朱子以“恻隐”配“仁”、“羞恶”配“义”、“辞逊”配“礼”、“是非”配“智”而综括四端和四德。由此可见，朱子的重视仁心，而仁心是活泼泼的自然如此，它不待作为和思虑，如见“孺子入井”便自然产生恻隐之心，说父子自然有亲爱，说君臣自然有义。

总之，朱子认为，仁贯通天人，在天，则是生物之心；在人，则是恻隐之心，是心之德，爱之理。故他说：仁“在天地则坱然生物之心，在人则温然爱人利物之心”。[1]“且以仁言之，只天地生这物时便有个仁，它只知生而已……且看春间天地发生，蔼然和气，如草木萌芽，初间仅一针许，少间渐渐生长，以至枝叶花实，变化万状，便可见他生生之意。非仁爱，何以如此。缘他本原处有个仁爱温和之理如此，所以发之于用，自然慈祥恻隐”。[2]可见，仁爱温和是天地生生之理，是万物产生的真正根原，是“根原之理”的真实内容，即“仁是天理之统体”。[3]

三、由翕辟成变见生物之心、生生之理

天地生物之心，是对万事万物生成动因或根源笼统地表达，是泛言，而天地生物之心、生生之理，还具体表现为阴阳二气之翕辟功能。朱子说：“如造化只是个阴阳，舍阴阳不足以明造化。”[4]“阴阳相推，见天地之心。朱子曰：‘夫舒而为阳，惨而为阴，孰非天地

[1] 朱熹：《仁说》,《朱文公文集》卷六十七,《朱子全书》, 第3280页。

[2]《朱子语类》卷第十七，中华书局，1986年，第109页。

[3]《朱子语类》卷六，中华书局，1986年，第112页。

[4]《朱子语类》卷第一百零五，中华书局，1986年，第2631页。

生物之心哉?’”[1]这里的“舒”，即气之舒展、发散，就是“辟”的活动；而“惨”是气之收敛、凝聚，就是“翕”的活动。翕是凝聚、综合的功能；依此功能，创生性使诸多分散之气综合为统一体而成为一有形之物。辟是刚健而一味向前生发的功能；依此功能，创生性主导着物的生发，并能冲散、开发已有形体的限制而趋向新生。朱子的意思是，阴阳之气的翕辟、屈伸蕴含着天地生物之心，蕴含着生生之理。[2]或者说，生物之心或生生之理是阴阳之气一翕一辟的“主宰”，依据生物之心或生生之理，阴阳之气才能翕辟成变而生生不已。正是通过翕与辟的功能，万物才能生生化化、新新不已。朱子又说：“‘形既生矣’，形体，阴之为也；‘神发知矣’，神知，阳之为也。盖阴主翕，凡敛聚成就者，阴之为也；阳主辟，凡发畅挥散者，阳之为也”。[3]这里的“形体”，指具体的有形物；“聚敛成就”指诸气（阴阳五行之气）通过自我综合、自我组织而生成为一物。“神发知”之“发”，是“生发、发散”也，也就是“冲散形体拘束”之义；而“神知”，即能动、主宰之义，这是“生物之心”的另一种表达。这段话的意思就是：气之综合凝聚成有形之物，是“阴”之功用，“阴”之功用，即“翕”之功能；有形物是“翕”之功能的具体迹象、表现和结果。同时，能主宰一物之生发、并冲破物之形体的限制而成为新生之物者，是阳之功用；阳之功用，即“辟”之功能。**所以，从创生万物的功能上讲，“翕辟”即“阴阳”，把二者结合起来表达就是“阴翕”与“阳辟”。“阴翕”，即气之凝结成物的**

[1] 朱熹：《与建宁傅守札子》，《朱文公文集》卷二十五，《朱子全书》，第1121页。

[2] 后来王阳明简明扼要地说：“太极之生生，即阴阳之生生。”（《传习录·答陆原静书》）这与朱熹以阳阳二气之翕辟变化具体说“生生”或创生性是相同的。

[3]《朱子语类》卷九十四，中华书局，1986年，第2381—2381页。

功用；“阳辟”，是气之发散创进之功用。“阴翕”与“阳辟”，即朱子所谓的“阳变阴合”也。万事万物之中，都包含着阴与阳两方面，而万事万物的生成变化，都是阳变阴合的结果。所以，朱子说：“盖天地变化不为无阴，然物之未形则属于阳。物正其性不为无阳，然形器已定则属乎阴”。[1]

“辟”是创生的主宰，是气之扩散创进之冲动；而“翕”是气之凝聚成物的功能。“翕”即成物，辟是生物之心，然而“阳辟”作为纯粹的创生，自己不能表达自己，不能表现自己，必须依赖“翕”所凝聚生成之物来表达和体现，朱子说：“凡属阳底，便是只有个象而已。象是方做未成形之意，已成便属阴。”[2] 因此，“阳辟”是在“阴翕”中却主导着“阴翕”。例如朱子说，以人之生看，“阳在内而阴包于外，故心知思虑在内，阳之为也；形体，阴之为。”[3] 即，人之形体是依“翕”之功能（即“阴之为”）而形成，而人之“心知思虑”，是依“辟”之功能（阳之为）而存在；“阳在内而阴包于外”，就是指人之心灵知觉在肉体之中，它由肉体活动来体现，并主导着肉体活动。实际上，不仅人是如此，推而广之，花草虫鱼鸟兽乃至一微小之物，其“形体”也是依“阴翕”之功能而形成，其“知觉运动”也是依“阳辟”之功能而存在，“知觉”由形体活动来体现并且“知觉”主导着形体活动。所以，在天地万物创生过程中“阳辟”与“阴翕”之关系是：“阴翕”体现着“阳辟”，“阳辟”在“阴翕”之中主导着“翕”。此正如熊十力所说：“翕以显辟，辟以运翕”。[4]

---

[1] 朱熹：《答廖子晦》，《朱文公文集》卷二十五，《朱子全书》，第 2080 页。

[2]《朱子语类》卷七十四，中华书局，1986 年，第 1902 页。

[3]《朱子语类》卷九十四，中华书局，1986 年，第 2374 页。

[4] 熊十力：《新唯识论》（语体文本），中华书局，1985 年，第 442 页。

辟与翕之间相互依赖、相互激活。朱子说：“盖天地之化，不翕聚则不能发散也。”[1] 反之也可以说，“不发散则不能翕聚”。

总之，阴翕与阳辟是生物之心或生生之理的具体表达，生物之心或生生之理，正是在气之一翕一辟运行中得以体现。翕与辟相互依存，互为条件，相互激活；翕是辟的先决条件，辟是翕的先决条件。翕是生物之心或创生性凝聚物化的势能，而辟是物化的主宰和打破；无“翕”万物不能凝聚生成，如此宇宙便空寂一片；无“辟”，万物不能新生不已，如此宇宙便停滞不前而最后沦于死寂之中。正是在翕与辟相互对待、相互依赖的过程中，万物因生物之心而得以生成，生物之心因万物得以显现。牟宗三认为，阳主生、阴主成；凡一物之成，阳必附于阴，为阴所箝。阳性发动而四散，故必附阴始能成其生；阴性凝聚，故阳附之而为所箝，始能成其合聚而为一也。可以说，阳性是“创进原则”，阴性是“聚合原则”。[2] 唐君毅也指出，在中国哲学中，一物之所以为物，在于它的摄受性和感通性。摄受性是物的收敛或阴性，而感通性是物的开启或阳性。自然中任何一物，是不断生化历程的收敛与开启。此收敛而彼开启，此摄受而彼感通，互为虚实消长、阴阳更迭。于是质力（物质与能量）之统一的观念，可融于阴阳相依之观念下。[3] 可见，唐君毅所谓的一物之“摄受性和感通性”，牟宗三的阳性是“创进原则”、阴性是“聚合原则”，就是朱熹所谓“阴翕”与“阳辟”的活动。

总之，**朱熹认为，天地生物之心或生生之理体现在阴阳之气的翕辟活动中；而翕与辟，就是气之凝聚和开辟的功能；而凝聚和开**

[1]《朱子语类》卷六，中华书局，1986 年，第 109 页。

[2] 牟宗三:《周易的自然哲学与道德函义》，第 190 页。

[3] 唐君毅:《中国文化之精神价值》，第 74 页。

辟功能，实质就是组织力和新生力。换言之，生物之心或生生之理，具体体现为“组织力”（如李约瑟所言的[1]）和新生力。白诗朗也认为，朱熹的创生，是具有综合性原理。[2]

四、生生之理即天地生物之心

前面说，理是事物生成的所以然之理或太极，而生物之心则是天地万物固有的创生性。前者是从逻辑上推论得到的客观的、形式之理，是概念的认识；后者是从体认上得到的主观的、固有德性，是经验的感受。太极、生生之理与生物之心都是解释世界万物得以生成化育的“根原之理”，那么太极、生生之理与生物之心两者究竟是何种关系。

实质上，太极、生生之理与生物之心是相互依赖、相互统一的。形式上的太极、生生之理是以主体固有的生物之心为基础的。因为任何思维上的“理”都是纯形式的、空洞的，其背后都有感受的内容为背景，离开经验感受的事实，概念、抽象思维便没有起点。正是基于对真实存在的“生物之心”、“生意”、“仁心”的感受，太极、生生之理才被概括抽象出来。相反，生物之心又依赖于纯形式上的太极之理获得了某种绝对性、普遍性的说明，因为经验感受到的生命创造，都是表现在具体自我私下的生命活动中，只有经过某种概括抽象，才能获得某种绝对性、普遍意义的“创生性”。

由此可见，朱子形式上的“太极、生生之理”与实质上的“生物之心”，都是为天地万物的生成或人至当行为寻找一个形上学意

[1] 李约瑟认为，朱熹的“理”可看作内在于自然界的“模式”和“秩序”，或者确切地说是“组织力”或“场力”，它不是任何精神性的东西或超越性的“律则”。

[2]（美）白诗朗：《论创造性：朱熹、怀特海和南乐山比较研究》第150页。

义上的根原之理。形式意义上的“太极”与实质意义上的“生物之心”，都是此根原之理的两个面向，只不过前者——“太极”是从理会上、逻辑上的推究，**它是理的形式方面、客观方面，是对“生物之心”经验的概念性说明；而后者——“生物之心”则是须从现实世界中去当下体认和亲证的经验事实，是理的实质方面、主观方面，它是对“太极”这一客观概念的经验性表现，两者的统一和结合，是对根原之理的完整表达**。因为如果偏言纯形式之理，根原之理则耽于空无；耽于空无，空无之中则不能生万物（这是对道、佛虚无空寂本体论的拒斥）；如果偏言实质的“生物之心”（或“仁心”），其流弊则是只见到物之生机，而不知根原之理的纯形式性、绝对性、终极性，不知绝对性、终极性，则把根原之理当作有生机的一物，如此，则不足以生万物（这是对鬼神论者的拒斥）。只有把纯形式之理与“生物之心”（或“仁心”）结合起来，才能全面表达根原之理。所以，朱子的天地之心即是天地之理。在与陈淳的讨论中，朱子同意陈淳而主张“太极者，天地之性而心之体也”。[1] 即太极就是天地生物之心。

正如熊秉明指出的，西方哲学的最后目的是要在思想上建立一个抽象的观念系统，一个严密的逻辑体系，中国哲学的最后目的是在思想上省悟贯通之后，还要回到实践的生活之中。中国哲学的努力也求建造一个在观念上说得圆融的体系，但最后不是走入观念世界，达到绝对精神，进入天国，达到神，而是要从抽象观念中归还日用实际。[2] 同样，朱子在逻辑上、理会上推究的“理”，并不是要

[1] 朱熹：《答陈安卿》，《朱文公文集》卷五十七，《朱子全书》，第 2744 页。
[2]《熊秉明文集》（第三卷），文汇出版社，1999 年，第 171 页。

最终获得一个如康德那样的“纯粹理性”，也不是要构画一个抽象的数理公式或概念，它只是为了指明：纯形式之理（朱子称之为“空理”）是空洞的、无形的，通过它并不能认识根原之理的实际内涵，而要认识根原之理的实际内涵，必须在此种认识上逼近之后又“折反”回来，反躬自身而当下体认我之心就是天地生物之心、我之仁就是天地之仁、我所以生之理就是天地万物所以生之理，它是实实在在的、活泼泼的。[1] 朱子说：“天理生生本不穷，要从知觉验流通。”[2]**“生意”即是“生命的意识”、“生命之目的性”，这是不能用概念语言去说明的，“今不可于名言上理会，只是自到便有知得”，“上蔡所谓‘饮食知味’也”，这是生命体验的问题**。[3] 可以这样说，朱子只把纯形式上的“太极之理”当作一种辅助性的认识手段，通过这种手段，以便使人更好认识人与万物赖以生成的“生物之心”或“仁心”是绝对的、终极的本体。“要识仁之意思，是一个浑然温和之气，……其理则天地生物之心”。[4]“仁是天理之统体”[5]“天地之帅，则天地之心而理在其间也。”[6] 朱子说：“天地生这物时便有个仁，它只知生而已。从他原头下来，自然有个春夏秋冬，金木水火

---

[1] 金春峰在《朱熹哲学思想》一书中认为，朱熹所论之“理”，确实是康德实践理性批判中在实践之后所见的“实理”；但所不同者，朱子的“实理”是由实践的途径而见证起来的，而康德的“实理”是通过理性的、批判的途径而构建起来。为此，他不同意牟宗三以“朱子为道德功夫是他律”说，认为朱熹的功夫论，恰恰都是主体的自觉或自律。最后他希望，我们应该继承儒家的心性论，继承儒家通过主体实践和体认来表达道德形上学的传统，即我们不必借助康德式思辨理性来表达道德形上学。

[2] 朱熹：《送林熙之诗五首》，《朱文公文集》卷六，《朱子全书》，第418页。

[3]《朱子语类》卷六，中华书局，1986年，第119页。

[4]《朱子语类》卷六，中华书局，1986年，第111页。

[5]《朱子语类》卷六，中华书局，1986年，第112页。

[6] 朱熹：《答答黄道夫》，《朱文公文集》卷四十七，《朱子全书》，第2756页。

土。……且看春间天地发生，蔼然和气，如草木萌芽，初间仅一针许，少间渐渐生长，以至枝叶花实，变化万状，便可见他生生之意。非仁爱，何以如此。缘他本原处有个仁爱温和之理如此。"[1]由此可见，"天地生物之心"或仁心，才是根原之理的实质，此即朱子所谓的"实理"。也就是说，天地生物之心或者天地之仁，才是阴阳二气得以大化流行，万事万物得以生成的真实根原。这也是可以将朱子看作为"生本论"、"仁本论"而不是"理本论"的原因所在。故朱熹指出："保合大和即是保合此生理也，天地氤氲乃天地保合。此生物之理造化不息，及其万物化生之后，则万物各自保合其生理，不保合则无物矣。""道无一息之停，其在天地，则见于日往月来，寒往暑来，水流而不息，物生而不穷，终万古未尝间断。其在人，则本然虚灵知觉之体常生生不已，而日用万事亦无一非天理流行而无少息。故举是道之全而言之，合天地万物、人心万事，统是无一息之体。分而言之，则'於穆不已'者，天之所以与道为体也；'生生不已'者，心之所以具道之体也；'纯亦不已'者，圣人之心所以与天道一体也；'自强不息'者，君子所以学圣人存心事天而体夫道也。"[2]

最后必须指出，在朱子那里，"根原之理"（或道体）只有一个，从理之至极而言，"根原之理"就是太极；从阴阳、动静循环有节奏或秩序而言，则是理；从健动创生、永不停息而言，则是生生之理；从有目的和意向而言，则是生物之心；从善意来说，则是"天地之仁"。其实，太极、生生之理、生物之心、仁都是同一个"根

[1]《朱子语类》卷十七，中华书局，1986年，第383页。

[2] 朱熹：《答陈安卿》，《朱文公文集》卷五十七，《朱子全书》，第2733页。

原之理”不同面向而已。**只不过太极、生生之理是客观、外在地讲，从宇宙论上讲；而生物之心、仁是主观、内在地讲，从心性论上讲。然而在人上看，道体与心体统一、宇宙论与心性论统一起来。**[1]

第二节　怀特海的“创造性”内涵及理路

前面说过，生物之心是朱子根原之理的实质；而生物之心，就是创生性。创生性，是阴阳二气生生不息、万事万物变化流行的根本动力因和根原之理，它是朱子用来解释经验世界的一切事物生成变化的第一原理或终极原理。与朱子一样，怀特海的形而上学，非常重视对“第一原理”的追问。“创造性”（creativity），是怀特海解释经验世界一切事实的第一原理或终极原理。

怀特海的“创造性”（creativity）范畴，是逐渐演化而来的。早期自然哲学时期他使用“创进”（creative advance），在《科学与近代世界》中使用了“创造”（creativeness）或“实质性的活动”（real activity）一词。后来在《宗教的形成》中使用大写的“创造性”（Creativity），形而上学时期在《过程与实在》一书，小写的“创造性”（creativity）最终固定下来，成为形而上学的终极范畴。怀特海说：“在有机哲学里，其终极原理称之为“创造性”。（In the philosophy of organism this ultimate is termed “creativity”.）怀氏对“创生性”有如下的描述。

[1] 后来，王阳明径直把“太极”与“生生之理”连用，称之为“太极生生之理”，揭示了“太极”与“生生之理”的一致性。如他说：“太极生生之理，妙用无息，而常体不易。”（《传习录·答陆原静书》）

前面说过，“创造性”是诸共相的共相，它刻画了终极事实的特征。创造性是终极原理，惟有借此原理，“多”——即分离的宇宙，综合成为一个统一体的现实事态——即联合的宇宙。“多”进而成为复杂的统一体，这是事物的本性所致。[1] 就是说，凭借“创造性”的功能，杂多分离的事物综合成为有秩序的有机统一体，同时统一体又表现为包含多样性的统一体。因此，“创造性”说明了宇宙是一个蕴含多样性的有机整体，该有机整体是不断创生而形成的。“创造性是诸共相的共相”，即创造性是最高的、终极的范畴和原理，所有其他范畴和原理必须根据“创造性”范畴才得以理解。怀特海说：“创造性如亚里士多德的‘质料’一样，没有属于自己的特征。作为现实性基础的是那个终极的最高概括的概念，它是不能加以刻画的，因为所有特征都比它自身更加特殊”。或者如他所说：“个体事实是一个创造物，创造性则是一切形式背后的最根本原因，它不能用形式来解释，且受到它的创造物的规定。”[2] 他指出，“创造性”是最原初的，它是产生经验事态的理由。按怀特海的说法，“创生性”不能用形式、特征等抽象的东西加以把握，因为一切形式、特征，都是最高范畴——“创生性”所派生出来的次一级的概念。然而，“创造性”虽然不能用抽象的范畴来刻画，但可以通过具体事实来把握，因为它受到“具体事实”（即“创造物”）的规定。

要理解“具体事实”规定“创造性”之意，必须明白“具体事实”所指为何？怀特海说过，“多”进入复合统一体，这是事物的本性所在。我们所说的每一事物都可分解为“多”，并结合为

[1] Alfred. North. Whitehead: *Process and Reality*, p.21.

[2] Alfred. North. Whitehead: *Process and Reality*, p.20.

“一”，而“创生性”使“分离的多”结合成为一个复合统一体。在此意义上，“创造性”就是众多走向统一体的综合性或组织性原理。此综合性或组织性原理，也就是所谓“合生原理”（principle of concrescence）。而每一个复合统一体是由“分离的多”综合而成，而此“复合统一体”是不同于以前任何一事物的新颖事物。在此意义上，“创造性”也是每一新事物产生的“新颖性原理”（principle of novelty）。由于每一事物的本性是自我综合、自我新生的，“创生性”也就在每一事物之中。因此，怀氏认为，“创造性”是具体事实的本质，而具体事实是“创生性”的例子，或者是“创造物”。明白了“具体事实”，现在再看“具体事实”规定“创造性”之意。怀氏曾说：“任何实体都不脱离创造性概念。一个实体至少是这样一种特殊形式：它能够把它自己的特殊性注入到创造性之中”。[1]这里所谓的“一个实体”，就是“具体事实”。每一具体事实，“它能够把自己的特殊性注入到创造性之中”，也就是“创生性”受到“创造物所规定”的意思。简单地说，“创生性”依赖具体事实使自己现实化，并由具体事实来例示；即我们通过具体事实的形成来把握“创造性”原理。关于“创生性”与具体事实的关系，本书的第二章“**以‘创造性’为中心的本体论**”一节进行了较为详细的讨论，这里不再赘述。

若要问具体事实又是如何形成呢？按照怀特海的观点，具体事物的形成是涵摄先前事物和“永恒客体”的结果。为了进一步理解“具体事实”的形成，有必要提到“永恒客体”的概念。

永恒客体是与现实存在相对的一组概念。现实存在是现实世界

[1] Alfred. North. Whitehead.*Process and Reality*, p.213.

中具体实在的事物，如一颗星、一块石、一花木、一狗、一人、一细菌，甚至太空中的一丝风，都是现实存在。现实存在是具体的、真实存在的一面，而“永恒客体”是抽象的、概念的一面。“永恒客体”是指在概念认知意义上所获得的事物的“本质”，或者说是有待在经验世界中实现的“可能性”或“潜能”。“永恒客体”能“进入”具体事物并为具体事物提供“确定的形式”(或赋予特征)，通过赋予确定的形式，“永恒客体”得以现实化。而能推动永恒客体“进入”具体事物者，就是“创造性”。而这种“进入”过程，实际上是具体事物主动选择某些“永恒客体”的结果。

总之，**通过对具体事物形成的认识，可以发现创造性原理的两方面功能：一是创造性使分离的多样性组织结合成具体事物的统一体；二是创造性使“可能性”或“潜能”转化为现实，从而使具体事物具有某种特征**。然而怀特海指出，创造性内在于每一具体事物或每一创造物中，它体现在每一具体事物的自我创造活动中。由此可见，创造性与具体事物之间的关系是相互依赖的。一方面，创造性是每一具体事物产生的终极理由，另一方面，创造性又体现在每一事物中，它们之间的关系是既内在又超越的。

值得一提的是，为了让人更好地理解“创造性”这一终极范畴，怀特海以“上帝”来表征“创造性”。

怀特海说：“在有机哲学中，这一基本概念可称之为创造性；而上帝便是创造性的原初的、非时间性的特例”。[1] 可见，怀特海哲学的终极形而上学原理就是“创造性”，他把“上帝”视为“创造性”原理的一个方便名称。他说：“上帝是这一创造性本原的例子……

[1] Alfred. North. Whitehead: *Process and Reality*, p.7.

上帝就是创造性的永恒的原初特性。"[1] 怀特海把上帝分为"原初性"(primordial nature of God)和"后得性"(consequential nature of God)两方面。上帝的原初性，是指上帝对所有"永恒客体"之包含或总揽；由于上帝是先于现实世界的万物而存在，因此称之为"原初性"。而上帝的后得性质(又译为"上帝派生性")，来源于万物产生之后上帝对万物摄入的结果中；由于现实世界的万物是后于上帝而产生的，因此称为"后得性"。后得性是上帝对现实事物摄入的结果，正因为上帝对现实事物的摄入，上帝使自己客体化并内在于万物之中。

正如"创造性"与具体事物之间是既内在又超越的关系，上帝的原初性与后得性也是既内在又超越的。"创造性"如同上帝的原初性，它是万物的终极根据；就其作为万物的终极根据来说，上帝是超越于万物。与之相反，上帝又必须依赖其派生的每一具体事物来体现其特性，就其依赖于万物表现自己来说，上帝又是内在于万物的。所以说，完整的"上帝"，必须是"原初性"与"后得性"统一，是内在与超越的统一。

总之，怀特海的"创造性"主要有以下特征：1)创造性是终极的形而上学原理，它是宇宙所有事物的终极根源，宇宙中的一切事物都是通过创造性而来的。凭借"创造性"的功能，宇宙成为一个生命创化、生生不息的有机大体。2)创造性是纯粹的创造力，在时间之流中革故鼎新、新新不已，并依赖现实世界的具体事物来体现自己，而具体事物是创造性原理的一个例子。3)创造性是一具体事物的组织性、合生性、新生性原理。一方面它可使分离的多样性结

[1] Alfred. North. Whitehead: *Process and Reality*, p.225.

合成具体事物的统一体；另一方面创造性可使"潜能"转化为现实，从而使具体事物具有某种特征。4）上帝只是表征创造性的方便工具，是创造性的一个特殊例子。5）最后，怀特海形成了一套"创造性"的形上学；而创造性，是指创造力或创新力，它遍在每一事物而成为是具体事物的普遍本质。每一事物的活动过程正是由于创造力而产生。正如哈茨霍恩所言，理解了"创造性""现实存在"（即每一具体事物）"摄入"以及由（诸多"现实存在"通过"摄入"形成的）"集群"，就可以掌握怀特海创造哲学的核心。[1]

第三节 太极、生生之理与创造性之比较省思

如果怀特海的"创造性"可以做如上的理解，那么，它与朱子的太极、"生生之理"就非常接近。

就"创造性"是解释现实世界的每一事实的终极原理来说，生物之心或太极也是万事万物生成的最高理由。在朱子与怀特海那里，"创造性"与太极生生之理都是形而上学的第一原理，它们都是终极范畴，是其他范畴和原理产生的根据。唐君毅指出，朱子的"统体生生之理"（即太极）不同于西方神学的"神的创造性"，而与怀特海的"创造原则"（creativity）一致。[2] 如牟宗三的说法：朱子的太极就是"创化原则"（principle of creative evlolution）。"创化原则"一词很好地指出了太极作为气化流行的发动机或发动力内涵，具有强

[1]《万物有情论：怀特海的心理学》，第 49 页。

[2] 唐君毅：《中国哲学导论》，中国社会科学出版社，2005 年，第 286 页。

烈的过程性色彩，它明显是借鉴了怀特海的“创造性”（creativity）一词。也就是说，在唐君毅、牟宗三看来，朱熹的太极与怀物海的“创造性”是一致的。值得指出的是，牟宗三晚年直接说，“道体”就是创造性本身（creativity itself）。[1] 然而，唐君毅、牟宗三未能注意到：朱子“太极生生之理”更强调体现为气之“阴翕”之聚合功能与“阳辟”之开新功能，非常接近于怀特海的“合生”原理与“新颖性原理”。具体说，“翕”相当于怀特海的“合生”，指物之生成过程的“凝聚综合功能”；而“辟”相当于怀特海的“转化”，指物之生成过程的“开辟创进功能”。前面说过，受怀特海的启发，牟宗三在解释《易》之阴阳变化时，就认为阳性是“创进原则”、阴性是“聚合原则”。总之，朱熹与怀特海都认为，宇宙生命的创生力具体体现在聚合和新生两方面。怀特海的“创造性”和朱子的“太极”，作为解释经验世界一切事物的生成存在的最高理由，都是纯粹的原理，是范畴中最高范畴，它们是不可描述、不可刻画的。然而，怀特海指出，“创造性”虽然不可刻画，但它可以被具体事物所体现，因为具体事物都具有创造性的本质，此种本质，体现于每一事物自我创造的活动中。同样，朱子也认为，太极或生物之心遍在于阴阳五行中，遍在于万物之中。“物物一太极”、“天地生物之心即物而在”。每一事物的理或生物之心就是该物的本性，该事物本性也体现该事物自我生成、自我实现的过程中。朱子还说“性即理”、“性即天地生物之心”。也就是说，“天地生物之心”遍在于每一事物之中，而每一事物之“性”就是“天地生物之心”在具体事物生命活

[1] 牟宗三主讲、卢雪崑整理：《〈周易〉大义》(三)，《鹅湖月刊》总号第381，第4—5页。

动中的体现。

另外，怀氏认为，上帝的原初性总括、贮存了所有的“永恒客体”。朱子也认为，太极是“总天地万物之理而言”，人心之中众理皆俱，秩序粲然。当然，与怀特海的创造性不同，朱子的根原之理，作为万物得以变化流行的根据，它不仅是纯粹的形式，而且还有实际的内容，其实际内容就是“天地生物之心”或“天地之仁”，这使得朱子的终极原理更有主观性、能动力和道德的意涵，使朱子的终极原理更容易被人体认和理解。不可否认，怀特海的“创造性”，已经具有“生命冲动”、“生命创化”的意义，但它没有如朱子的“天地生物之心”或“天地之仁”那样，把创造性原理的目的性和道德性内涵凸显出来。

还有，朱子一再从天人境界层面强调，“吾之心即天地之心”，我之心与天地之心是一非二的。也正如牟宗三所说的，与朱子相比，怀特海的形而上学似乎有平铺直叙的味道。因为怀特海虽然也讲创造，也讲动力，也讲潜能，这只是外在地、物理地、泛宇宙论地讲创造；他把生命看作一个外在的“自然之流转”，一个缘起事之过程，而不是真正从人的生命上、精神生活上讲生命。由于他把生命外在化，因此，怀特海讲生命，不能上接道德宗教的心灵主体。[1]相反，朱子的“人心即天地生物之心”，更具有形而上学的高俨味道，它可以弥补怀特海形而上学“平面化”的不足。当然，值得注意的是，怀特海在后来的《观念的冒险》一书中，有时也把“上帝的爱欲”（即“上帝的主体目标”）看作为上帝的原初性，其“上帝的爱欲”似乎非常接近于朱子的“天地生物之心”之意，可惜怀特海

[1] 牟宗三:《五十自述》，台北：鹅湖出版社，1989 年，第 57—58 页。

对“上帝的爱欲”未能展开讨论。

还有，朱子的“生生之理”，实质就是组织力和新生力。而怀特海也说，创生性就是新颖性与（把诸多事态结合成统一体的）综合性原理。不过，朱子的说法还比较笼统和隐晦，相对照，怀特海的“创造性”，以“多”与“一”来表达，并且体现在具体事物的宏观和微观的生成过程中，显得清晰而有条理。因此，朱子对“太极生生之理”之论述，需要借助怀特海“创造性”范畴的分析来开显。

最后必须指出，关于太极与创造性相异之处的比较，本书第二章之第三节“朱熹与怀特海本体论之比较与省思”部分有详细分析，读者请参阅，兹不重复。

第六章　朱熹的“事物”与怀特海的“现实存在”概念之比较

前面所述，朱熹与怀特海都以现实存在的具体事物为起点来建构各自的哲学体系。太极生生之理与创造性作为本体论范畴，都内在于世界的每一具体事物之中，不能离开具体事物而存在。也就是说，在朱熹与怀特海那里，太极生生之理、创造性依赖具体事物，要真正理解这两个概念，必须把握具体事物的概念。朱熹说明具体事物的概念是“事物”，而怀特海说明具体事物的概念是“现实存在”（或“现实事态”）。正如俞检身认为的，朱子的“事物”（或器）相近于怀特海的“现实存在”（或“现实事态”），下面将二者进行深入比较。

第一节　朱熹的“事物”之内涵和理路

一、物即事、事即物

在前面“朱子的宇宙论”一节中已经讲过，朱子认为世界是由各种各样真实存在的事物组成的。世界万物是真实的，不是空幻的；

真实而具体的事物，是由阴阳二五之气凝聚而成的。按朱子的看法，世界上有各种各样的事物，如日月星辰、风云雷电、山石川流；如花草树木、虫鱼鸟兽人。这些事物，各有各的声色相貌，各有各的性情特征，可谓五花八门，差异万千，其大体可分为无生命之物（生气已绝但有形质臭味者）、植物（无血气知觉但有生气者）、动物和人（有血气知觉者）等几种类型。

朱子认为，现实世界的每一事物，无论是何种类型，它们都有两种形态：一是“物”，另一是“事”。朱子说：“凡言物者，指形器有定体而言，然（物）自有一个变通底在其中”。[1] 就“形器有定体”的每一存在来讲，就是“物”；就每一存在自身的“变通（活动）”来讲，就是“事”。换言之，一固定静态的存在物象，就是物；当该存在流变成了动态过程，就是事。

一方面，物是天地间有形状、有质体的存在。朱子说：“天道流行，造化发育，凡有声色貌象而盈天地之间者，皆物也。”[2] 必须指出，朱子“以声色貌象而盈天地之间者”说“物”，其所说的“物”是指天地间具体存在的每一物，而不是如荀子以抽象的方式言物。[3] 天地间的无生物、植物、动物，如日月星辰、石头桌椅、花木虫兽，它们有各自的体积、形状，有各自的声色味道，都是见得着、摸得着、嗅得着的存在物。他又说：“气积为质”、“定体”。“质”即“质体”，物之质体由气积聚而成。“质体”、“定体”，就是指具有某种“刚性”或“硬性”（或者如西方哲学所说的“不可入性”和空间性）。在朱子看来，物，就是天地间一个个有固定形状并占有空间的东西，

[1]《朱子语类》卷九十四，中华书局，1986 年，第 2404 页。

[2] 朱熹：《大学或问》卷上，《朱子全书》，第 528 页。

[3]《荀子 · 正名》曰：“物也者，大共名也”。

此即“万物”之谓也。

另一方面，朱子认为任何存在物，都有一个流行变化的动态过程。他用元、亨、利、贞来描述事物的变化生成的过程，元是物之初生；亨是物之生长茂盛。利是物之开始结果成熟；贞是物之成熟完成。植物，譬如一花木，“方其发一萌芽之始，是物之元者；及其抽枝长叶，只是物之亨；到得生实欲熟未熟之际，此便是利；及其既实而坚，此便是贞矣。”[1]一花木都有生根发芽、抽枝长叶、开花结果的生长过程。动物，譬如人，都有幼、少、壮、老的生长过程。更有甚者，朱子还由“化石”的形成察知山石等无生命之物也有其演变活动的过程。总之，在朱子看来，世界上的每一存在物，无论是植物、动物，还是山石等无生物，其生命活动都经历着初生、成长、完成和终结的过程；而在此过程的每一阶段，该物都有特定的生命变化活动，而该生命变化活动就是“事”。在此意义上，朱子说：“泛观天下之事，精粗巨细，无不周遍。”[2]他认为，天地之间皆是事。

不仅如此，朱子还把事物细分为相互作用、相互依赖的诸多阶段。他认为，一花木的生命，其由初生之事、方壮之事、终结之事串连而成，或者由春之事、夏之事、秋之事、冬之事串连而成。他甚至还说，春之中包括一个“小四时”(即春夏秋冬)。即春之事又可细分为春夏秋冬之事，夏之事又可细分为春夏秋冬之事，以此类推。也就是说，一物生命的初生、成长、完成的每一阶段之事，又可分为更小的初、壮、终之变化阶段。朱子说：“一日之间，事变无穷，小而一身有许多事，一家又有许多事，大而一国，又大而天下，

[1]《朱子语类》卷六十八，中华书局，1986年，第1701页。

[2]《朱子语类》卷一百一十七，中华书局，1986年，第2824页。

事业恁地多”。[1]不仅如此，朱子认为，前阶段之事与后阶段之事之间还是相互影响、相互作用的。朱子说：“若无冬，则做得春夏不长茂……如生物而无冬，只管一向生去，元气也会竭了”。[2]又说：“只有春夏而无秋冬，则物何以成？一向秋冬而无春夏，又何以生？”[3]这段话的意思，即前阶段之事与后阶段之事是相互影响和相互作用的，后一阶段之事是以前一阶段为条件的；如果没有前段之事发生，也就没有后一阶段之事产生。他明确地说过：“只因这一件事，又生出一件事，便是感与应；因第二件事，又生出第三件事，第二件事又是感，第三件事又是应。”[4]此处所谓的“感应”，有因果关系的意义，即现在一件事的生成受前一件事的因果作用，将来之事又受现在之事的因果作用。由此可见，物是诸事所构成的活动系列和过程，或者说，物是一串事，所以朱子说：“物即事也”。[5]

另外，事还是人与物、物与物之间的相互感应或感通活动。朱子说：“凡在天地之间，无非感应之理，造化与人事皆是。”[6]“事事物物，皆有感应”。[7]也就是说，每一事物，只是事物之间的感应活动。“如风来是感，树动便是应；树曳又是感，下面物动便是应。”[8]风、

[1]《朱子语类》卷一百一十七，中华书局，1986年，第2824页。

[2]《朱子语类》卷九十四，中华书局，1986年，第2384页。

[3]《朱子语类》卷七十二，中华书局，1986年，第1815—1816页。

[4]《朱子语类》卷七十二，中华书局，1986年，第1815页。

[5] 必须指出，儒家以“事”释“物”，不是朱子的独创。郑玄早就说：“物，犹事也”。(《礼记注·大学》)这一界定被宋明理学家所认可，如程颐便认为：“物则事也。凡事上穷极其理，则无不通。”(《二程集》，中华书局，1981年，第143页）王阳明也说：“物即事也。”(《传习录上》)但朱子的解释最为系统且有条理。

[6]《朱子语类》卷七十二，中华书局，1986年，第1813页。

[7]《朱子语类》卷七十二，中华书局，1986年，第2438页。

[8]《朱子语类》卷七十二，中华书局，1986年，第1814页。

树是物，然风吹动树，风对树施加作用活动，如此风则嬗变为“事”；同样，树受风之摇曳而动，树则嬗变为“事”。推而广之，世界是诸存在物形成的统一体，在世界中，任何存在物都是在与其他存在物的感应关系中存在。因此，物与人、物与物之间有相互感应或相互作用的活动。就物与人、物与物的感应或影响活动来说，物即是事。[1]

朱子认为，物即事，事即物。他说：“凡天地之间眼前所接之事，皆是物”。[2]又说：“物，事也，亦是万物”。[3]他既主张“物即事”，又主张“事即物”，实际是表明这样的观点：**即现实世界的每一存在物，其有“物”与“事”两种形态。物是事之体，是一物整个生命活动的“轨迹”；事是物之活动的发用。物是事的形体、形迹，它是特定阶段之事或整个阶段之事所经过的“轨迹”，或者说，物是事在空间中的“定形”或“空间化”**。朱子说：“日月阴阳之精，终古不易，然非以今日已昳之光复为来日将升之光也。故常见而常新”。“若论其实，须以终古不易者为体，但其光气常新耳。然此非但一日一个，盖顷刻不停也”。[4]就是说，日月之“形迹”虽不变，但日月之光辉时时常新常变。当下之日月，只是日月整个生命活动事件序列的呈现。比如，当下书桌前的“我”，是一存在物，然而却是“我”的整个生命事件序列的“当下的”定形和呈现。再如，一支正在点燃的香烟，它作为存在物，只不过是其生命活动诸阶段之事在“当下的”的形体。“当下的”那支香烟，在未点燃之前，有不

[1] 杨国荣教授在讨论儒家包括朱熹的“物”与“事”的关系时，也指出“物”与人的行动和实践相关联，就是“事”；事包括人与物、人与人打交道两方面；物与事是相统一的。参见杨国荣：《意义世界的生成》，《哲学研究》2010年第1期。

[2]《朱子语类》卷五十七，中华书局，1986年，第1348页。

[3]《朱子语类》卷六十四，中华书局，1986年，第1579页。

[4] 朱熹：《答吕子约》，《朱文公文集》卷四十七，《朱子全书》，第2178页。

同于现在的形体；在五分钟之后，它会变短；再几分钟之后，它成为灰烬、成为一缕缕烟，会变成另一种形体。因此，物是变动不已的过程，物之不同阶段的活动，表现为不同的“形迹”；物之不同的形体，表现为不同阶段的活动。可见，“物”是特定时空下“事”之固定形体，而“事”是“物”的活动和功用。

总之，**朱子认为“物即事”、“事即物”**。[1] **也就是说，物是事之凝聚固定之形迹，事是物之活动流之功用，物与事之间是一而二、二而一的关系，两者之间相互统一而不可分离。用怀特海哲学的话语说，现实存在即是生命活动过程，存在即是过程**。物与事是每一存在物的两极性，“物即事”、“事即物”，难怪朱子说：“物，谓事物也”。[2] 即朱子经常把每一物统称之为“事物”或“物事”[3]。换言之，“事物”就是每一具体存在的活动过程和功用。

二、物是理气之合

在朱子看来，任何现实存在物，都有气与理两方面因素，都是由诸气依据一定之理凝聚而成。朱子说：“人之所以生，理与气合而已。”[4]“故人物之生，必得是理，然后有以为健顺仁义礼智之性。必得是气，然后有以为魂魄五藏百骸之身。”[5] 又说：“人之所以生，理与气合而已。天理固浩浩不穷，然非是气，则虽有是理而无所凑泊。故必二气交感，凝结生聚，然后是理有所附着。凡人之能言语动作，

---

[1] 朱子曰：“阴气流行即为阳，阳气凝聚即为阴，非直有二物相对也”。(《朱文公文集·答杨元范》,《朱子全书》, 第 2289 页)

[2]《朱子语类》卷十五，中华书局，1986 年，第 284 页。

[3] “心无形影，惟诚时方有这物事。”(《朱子语类》卷二十一，第 503 页)

[4]《朱子语类》卷四，中华书局，1986 年，第 65 页。

[5] 朱熹：《大学或问》卷上，《朱子全书》, 第 507 页。

思虑营为，皆气也，而理存焉。故发而为孝弟忠信仁义礼智，皆理也。然而二气五行，交感万变，故人物之生，有精粗之不同。自一气而言之，则人物皆受是气而生；自精粗而言，则人得其气之正且通者，物得其气之偏且塞者。惟人得其正，故是理通而无所塞；物得其偏，故是理塞而无所知。且如人，头圆象天，足方象地，平正端直，以其受天地之正气，所以识道理，有知识。物受天地之偏气，所以禽兽横生，草木头生向下，尾反在上。物之间有知者，不过只通得一路，如乌之知孝，獭之知祭，犬但能守御，牛但能耕而已。人则无不知，无不能。人所以与物异者，所争者此耳。”[1]可见，草木植物、动物和人，都是理与气凝合而生，二五之气凝聚成为物的身体，理凑泊于物的形气之上而成为仁义礼智信健顺之性。由于生成每一物的气有精粗、清浊、偏塞的差异，因此不同的人与动物在性理有很大的差异。然而，植物、动物和人，虽大不同，但它们都是理与气凝合生成这方面是一致的。

朱子还进一步申说：“天地之间，有理有气。理也者，形而上之道也，生物之本也；气也者，形而下之器也，生物之具也。是以人物之生，必禀此理然后有性；必禀此气然后有形。其性其形，虽不外乎一身，然其道器之间分际甚明，不可乱也。”[2]这里所谓的“生物之具”，即所谓“生物底材料”。其意思是说，有作为生物材料的气，就有物；如果没有作为生物材料的气，就不能凝聚成形，不能凝聚成形，就没有物。然而，仅仅空有个气之材料，而没有主宰气的理，一物也就不能成形，而一物不能成形，便不能禀受天之理而成为自身的德性（或定理）。朱子说：“气之所聚，理即在焉，然理

[1]《朱子语类》卷四，中华书局，1986年，第65—66页。

[2] 朱熹：《答黄道夫》，《朱文公文集》卷五十八，《朱子全书》，第2755页。

终为主，此即所谓妙合也。"[1] 朱子认为，任何事物的形成，必须有理与气两方面的因素，必须有理与气的融合。因此，一提到物，就包含着理与气的两极性。朱子说："所以有此物，便是有此气；所以有此气，便是有此理。……不说气，只说物者，言物则气与理皆在其中"。[2] 天地万物，"在是理，必有是气，不可分说。都是理，都是气。那个不是理？那个不是气？……此身在天地间，便是理与气凝聚底。"[3] 朱子认为，理与气，是存在物的两极性，它们之间的关系是一而二、二而一的。一方面，从具体的存在物来说，其理与气的两极是相互依赖，不可分离，统一于一物之中。朱子说："天下未有无理之气，亦未有无气之理"；[4]"所谓理与气，此决是二物。但在物上看，则二物浑沦，不可分开各在一处，然不害二物之各为一物也；若在理上看，则虽未有物而已有物之理，然亦但有其理而已，未尝实有是物也。大凡看此等处须认得分明，又兼始终，方是不错。"[5] 也就是说，理与气虽是不同的两极，但此两方面相互依存，统一于融合于已成之物中。另一方面，理与气分先后。当然，理与气的先后不是时间上的先后而是逻辑上的先后。朱熹与弟子之对话："问：'有是理便有是气，似不可分先后？'曰：'要之，也先有理。只不可说是今日有是理，明日却有是气；也须有先后。且如万一山河大地都陷了，毕竟理却只在这里'。"[6] 即理气之先后，不可说为"今日有是理，明日却有是气"那样的时间上的先后，而是

[1] 朱熹：《答王子合》，《朱文公文集》卷四十九，《朱子全书》，第 2255 页。
[2]《朱子语类》卷六十八，中华书局，1986 年，第 1690 页。
[3]《朱子语类》卷三，中华书局，1986 年，第 46 页。
[4]《朱子语类》卷一，中华书局，1986 年，第 2 页。
[5] 朱熹：《答刘叔文》，《朱文公文集》卷四十六，《朱子全书》，第 2146 页。
[6]《朱子语类》卷一，中华书局，1986 年，第 4 页。

说“理”为气（流行运动）得以产生的逻辑上的理由。朱子说：“若在理上看，则虽未有物而已有物之理，然亦但有其理而已，未尝实有是物也。”[1]在此段话中，所谓“从理上看”，就是从逻辑上推理之意。朱子的意思是，就一物的具体生成来说，物之理与物之气是相互依赖、相互统一、相互融合的；然而就逻辑上推论，具体每一物都有一使该物存在之理，而且物之理在逻辑上应该先于该具体物。即虽未有该物，先有该物之理。朱子曰：“未有这事，先有这理。如未有君臣，已先有君臣之理；未有父子，已先有父子之理。”[2]“如未有此物，而此理已具；到有此物，亦只是这个道理……且如未有涂辙，而车行必有涂辙之理。”[3]总之，在朱子看来，物之理与物之气是先与后、本与末的逻辑关系，物之理是使物之气所以存在的理由和根据。在此意义上说，理与气毕竟是不同的“两极”，二者不可混杂，故朱子认为理气之间“不离不杂”。

现在要问：作为事物两极之理与气，其“不离不杂”究竟何指？朱子认为，每个存在物都是理与气相互融合而成的，一切物都由理与气两极因素来描述。此“理”，是指事物所具有的定理，它是从思维上推致而来，它并不必然指现实世界上某一特殊的具体事物。如有马之理，它并不必然就是指某一匹马。事物之理在逻辑上是独立于特定的某一事物，它仅仅从思维上推致的“观念”，是抽象的、形式的存在，它没有现实内容。在此意义上，理与具体之气（器物）是不相混杂的。然而，真正的、纯粹的理是没有意义、没有价值的；理，不能完全独立于现实存在的事物。因此，理还有一种潜能，使

[1] 朱熹：《答刘叔文》，《朱文公文集》卷四十六，《朱子全书》，第2146页。
[2]《朱子语类》卷九十五，中华书局，1986年，第2436页。
[3]《朱子语类》卷九十五，中华书局，1986年，第2437页。

自己进入具体事物而现实化，而“现实化”就是理在事实世界中具体化并获得某种确定性。

那么试问，“理”如何进入事物而现实化？事实上，事物之理，是一个解释某事物所当然或为何如此的理由。当回答某物“为何如此”时，“理”就进入事物并说明了事物的活动。例如，“马为何跑得快？”回答是：该马具有“马善跑之性”。因此，马之理（即马善跑之性），进入具体一匹马并解释了马的活动（即“马跑得快”）。另一方面，从具体事物看，因为一事物期望拥有事物之理，使自己成为真正的事物，从而实现了自己应有的价值，而“实现”是事物达到“理”的某种期望。例如，这匹马正因为自身包含了“马之性”，才使自己成为善跑的马，而不是慢吞吞的牛，实现了自己作为马的价值，使自我得以实现。也就是说，**当我们理解每一事物时，我们正在体验着理与气的连接。如果把物的生成活动看作是该物“期望”的实现时，或者把“理”之可能性看作是引导事物实现自身的一种推动力时，存在物的两极——即理与气才真正融合起来了。即一方面是生成变化的事物（气），因其合乎“理”而获得了自身的价值和意义，另一方面，形式上的“理”因生成变化的事物（气）而获得自身的实现。在此意义说，理与气相互统一，互相实现。**

以上是从认识论意义上来说明“理如何进入现实事物”的。这仅仅是认识论的层面，然而从现实事物的实情来看，万物天生就各具有其本性，那么万物自身的本性究竟从何而来？朱子的回答即：本性来自天。朱子说：“天赋万物以性”。也就是说，天是“理”进入具体事物的动力，天是理进入具体事物的根据。而此“天”，就是指生生之理，就是创生性；“天”的本质就是“创生性”。有意思的是，牟宗三也提出了对朱子之理与气的解释。他认为，气，即是那些可分的一个个的“物实”；理即是那“气化流行生生条理的所以然之故”，可称之为“创化原则”(principle of creative evolution)。只有气，不能气化流行；只有理，也不能成气化流行。[1]只有把理与气结合起来才能成气化流行，而理，在其中扮重要的角色。

总之，朱熹认为，现实的每一存在，就其固定存在而有形体看，即是物；就其变化活动看，即是事；每一存在是物与事的统一。另一方面，现实的每一存在，都包含气与理两方面因素，都是由气依据一定之理凝聚而成，是理与气的融合统一。

第二节　怀特海的“现实存在”之内涵及理路

与朱熹一样，怀特海哲学具有强烈的多元实在论色彩，他的哲学建立在经验中最具体、真实的事物上。他说：“万物皆流的经验，就是我们赖以编织我们的哲学体系的一个核心。”[2]怀特海把最具体的、真实的每一物变化流动的经验，称为“事件”(event)、“现实存在”(Actual entity)或“现实事态”(actual occasion)[3]，并建构了一套以“事件”或“现实存在”为中心的理论。这里有必要简述“事

[1] 牟宗三:《周易的自然哲学与道德函义》，台湾文津出版社，1989年，第188—190页。

[2] Alfred. North. Whitehead: Process and Reality, p.208.

[3] 怀特海“actual entity”和“actual occasion”的译法很多，牟宗三将其译成“实物”和“实缘”；唐君毅译成“现实存在”(actual entity)和“现实情境”(actual occasion)，而日本人田中裕译成“活动性存在”和“现实发生”，樊美筠把actual entity译成“动在”等等。此译法各有千秋。由于“actual entity”，既有“现实性”，又有“活动性”面向，而“actual occasion”既有“事态性”，又有“情境性”面向，因此，很难在汉语中找出两种兼顾的对应词，这里姑且把它们译成“现实存在”和“现实事态”。

件”、“现实存在”或“现实事态”在怀特海哲学中的含义及其演变。

一、事件

在自然哲学时期，怀特海以“事件”来描述最实在、最具体的事物。他认为，世界是由诸多事件所组成的有机体。一草、一木的生长，人的一举手、一投足，一块纪念碑的雕刻、移位，一个政策的实施，甚至天体的陨落，都是“事件”。也就是说，一切事物都是“事件”，世界是由事件组成的，没有不是事件的事物。在《自然的概念》《自然知识原理》及《科学与近代世界》著作中，“事件”一词大量出现，并且区分出不同的“事件”。如人的身体活动是事件，故称为“身体事件”；不含人的价值判断发生于自然界的事件则称为“自然事件”；而没有任何实际事件发生的称为“空虚事件”（特指古典物理学的“真空”）；相对于“空虚事件”，具有确定性的事件发生的称为“实有事件”。此外还有物理事件、电子事件、历史事件等等说法。正如杨士毅指出的，在自然哲学中，“事件”的概念不涉及主体活动的价值或评判问题，只谈到事件具有的“扩延性”（extension），事件可扩延至其他事件，也会被其他事件所扩延。而在《科学与近代世界》一书的后半部分中，怀特海开始把“价值”与“事件”联系起来，把价值视为事件的“内在真实性”，且有时还用“现实事态”来代替“事件”，但出现的频率没有“事件”多。[1]

二、现实存在

在后期形上学著作中，“事件”才被“现实存在”或“现实事

[1] 具体参见杨士毅的《怀特海哲学入门》（台北：扬智文化出版社，2001年）关于“事件”的章节。

态”所取代，用以描述世界的最实在、最基本的单位。怀特海说：“现实存在”——亦称现实事态——是构成世界的终极实在物。在现实存在的背后不可能找到任何更实在的事物。现实存在之间彼此不同：上帝是一个现实存在，遥远太空中的一缕细微的存在也是一个现实存在。虽然它们各自的重要性等级不同，作用各异，然而就现实性说明的原理而言，它们都是在同一层面上的，所有的事实都一样是现实存在。[1] 在怀特海看来，现实存在是最终极的事物，宇宙中的任一事物都是一现实存在，如“神”那样的永恒存在，虽然令人向往，但它是不真实的。

现实存在（actual entity）是怀特海后期形上学的核心概念。在《过程与实在》一书中它出现了三百七十余处，几乎每页都出现。而在《过程与实在》之前的著作，“现实存在”鲜有出现。在《科学与近代世界》、《形成之宗教》的著作中，怀特海用“现实事态”（actual occasion）[2] 来描述现实世界的各个事件。当时，“现实存在”一词也偶然使用，但只是在描述“非时间性的现实存在”——上帝时使用。“现实事态”在《过程与实在》中使用频率大大降低（大概共有九十四处，且多在论述时空、广延连续体上使用），而且只是在强调“存在”的事件性质时使用“现实事态”一词，在许多场合“现实存在”与“现实事态”可以互用，只是在讨论上帝时才加以区分。怀特海认为，上帝是“现实存在”而非“现实事态”。因此，限定于特定时空的“现实存在”才称为“现实事态”。

---

[1] Alfred. North. Whitehead, *Process and Reality*, p.18.

[2] Actual occasion，译法很多，如现实情境、现实场遇、缘现、现实事态、现实发生等。由于 Actual occasion 描述现实世界发生的各个事件具有动态性、发生性、事件性的含义。因此，Actual occasion 译为“现实事态”或“现实发生”更为确切，本书倾向于用“现实事态”。

与“事件”相比，“现实存在”更加明确化、意义更加丰富；与“现实事态”相比，“现实存在”的长处可以表示主体化“事物”的性质。怀特海认为，现实存在（或现实事态）是构成世界的终极实在事物（the final real things），即它是作为组成世界的要素性事物。“现实存在”本身是“一小宇宙式”的存在（在《科学与近代世界》中称之为“有机统一体”），它又称为“聚合体”（nexus）和“社会”（society）。诸多现实存在的集合，形成了日常经验中小宇宙式的存在，如单个人、树、房屋等。“actual”这一修饰词，表示“实在”不是僵死静态之物，而是活动着的、能动性的“存在”。在自然哲学时期，怀特海用“事件”（event）来表达物质的“事件”本质。在那时，“事件”不过是指我们知觉中的客体。在后期形而上学著作中使用的“现实存在”与“现实事态”，兼有客体、主体的二重性；但为了明确突出主体的性质，“现实存在”比“现实事态”更恰当。怀特海指出，每一现实存在，就是一个经验主体。我们每个人自身，就是经验主体的很好例子。而作为经验主体的现实存在来说，它就是“经验之流”。必须注意，当论及某一现实存在是经验之流，并不是说如一石头那样的无生命之物充满着意识，而是指意识不过是现实存在的主体经验的一种形式。此外，在《过程与实在》中，怀特海偶尔也用“事件”，但此时的“事件”已不是最基本单位，而是转化成诸多现实事态相互摄受而成的“聚合体”（nexus），且其重要性已大大降低。[1] 正如唐君毅指出，怀特海的本体论是以当前世界的具体事物为起点的，而他讲具体事物，用了“事”、“现实存在”或“现实情境”（即本书所谓的“现实事态”）三个范畴，是为了代替西

[1] 具体讨论，参见杨士毅：《怀特海哲学入门》的相关章节。

方哲学中“实体”（substance）的概念。因为“实体”预设了一个原则上不变的存在，而“事”、“现实存在”或“现实情境”则是表达了一个活动变化的存在，它们更能反映宇宙间具体事物的真实状况。在怀特海看来，每一实现存在（如太阳、岩石、我）都是“一串事”；而所谓事，就是指一现实存在的活动。如一块岩石，看起来是不变的，其实是一团分子、电子剧烈活动的事件。如我，就是我一生所做的全部事的“串系”，离开我所做的诸事，便无我。而且，任一事的发生，都在一定的情境之中。如我唱、我走是一事，但当我唱、我走时，道路及周围的环境，都被我“摄握”（prehending），从而成为我唱、我走之事的情境。由于每一事都有情境，所以说，现实存在的事，就是现实存在的情境。由此可以说，“现实存在”与“现实情境”的概念可以互用。按照唐君毅的说法，怀特海的一“现实存在”或“现实事态”，可分为“主体之情”与“客体之境”两面。“情”就是一事对构成其“境”的其他之事的摄握活动或功能，它属于主体；而“境”是被摄握的对象，被摄握的对象，就是客体。就一事物来说，主体与客体、情与境是统一的、不可二分的。如我在看我所写的字，看字之我是主体，而所写的字便是客体，我与我的字，都同时存在于、统一于“我看我写的字”这一事之中。[1] 另外，正如唐君毅指出：在怀特海那里，主体的“摄握”（prehension）活动就是“感”（feeling）；而摄握的对象有两种，一为物极之摄握（physical prehension），一为心极之摄握或概念的摄握（conceptual prehension）。所谓物极之摄握，就是对作为一事物赖以生成环境中

[1] 以上参见唐君毅：《哲学概论》（下），中国社会科学出版社，2005 年，第 627—644 页。

的其他事物的摄握；物极之摄握，也就是物极感（physical feeling）。而所谓的心极摄握或概念的摄握，就是对“永恒之法相”（eternal object）（本书译为“永恒客体”）的摄握，而心极摄握或概念的摄握就是概念感（conceptual feeling）。[1] 正是依赖于物极之摄握与心极之摄握（或概念的摄握），一事物才得以形成。以上是唐君毅对怀特海“现实存在”范畴的解释，颇能把握该范畴的真实含义。

总之，在怀特海的《过程与实在》及其后期形而上学著作里，**“现实存在”成为最核心的范畴，是指“每一具体存在的活动过程及其功用”**。“现实存在”具有以下特征：

1）宇宙中一切事物，都是真实的现实存在。除了现实存在，则什么也没有。万物都明确地存在于现实中的某处，且潜在地无所不在，这就是怀特海所谓的“本体论原理”（principle of ontology）。事物真实的存在，是一个完整的事实，其他存在都是以这个事物的存在为基础。

2）现实存在是构成世界的基本单位，世界是由诸多事物交互相关而组成的一个不可分割的有机整体。现实存在不是单一的物质体，确切地说，一现实存在就是如“细胞”那样的“有机体”，怀特海主张宇宙的基本单位就是有机体。

3）现实存在具有“相关性原理”。怀特海说：“它属于这样一种性质，每个‘存在’都是另一‘生成’的潜能。这便是‘相关性原理’。”[2] 怀特海认为，宇宙中没有孤立存在的事物，任何事物都与其

---

[1] 有意思的是，唐君毅把怀特海的“永恒之法相”，理解为“一串事之形构”；所谓“一串事之形构”，可能就是一事物诸活动或发生所呈现的某种形式或结构，而这种形式或结构可以被人普遍认识。如糖之甜味，是糖之分子与味觉细胞分子进行复杂的化学活动而结聚成了“甜”的形式，而且“糖甜”的形式或概念还可以被别人或自己后来吃糖时认识到。以此，糖的甜味，便是“永恒之法相”。

[2] Alfred. North. Whitehead, *Process and Reality*, p.23.

他事物处于相互关联之中，影响着其他事物的生成；宇宙是诸多事物相互关联而形成的一个有机大体。怀特海认为，宇宙中的每一事项，包括所有其他事项，都是某一现实事物结构中的一个构成成分。即任何具体事物都摄涵着其他事物，而其他事物也摄涵在该事物之中。因此，现实存在是关系之中的“存在物”，现实存在的本质就是“相关性原理”(principle of relativity)，现实存在，包括上帝，就是其他现实存在生成的施动者。

4）一个具体的现实存在，其“存在”是由它的“生成”所构成，生成就是活动的过程，这就是“过程原理”(principle of process)。怀特海说过，“杂多”进而成为复杂的统一体，这是事物的本性所致。因此，在怀特海看来，一现实存在的自我生成的过程，就是自我综合、自我组织的过程。在此过程中，一事物把先前的事物和“永恒客体”综合进自己而成为一个聚合体，从而实现了自我。怀特海认为，每一现实存在是如“细胞”那样的“有机体”，其自我综合、自我组织源于现实存在自身所具有的创造性。**怀特海把具体事物的生成活动，分为微观过程和宏观过程。宏观过程就是过去事态对当前事态的形成或者当前事态对未来事态施加因果效应的过程。而微观过程是一事物形成的“生命史”，它经过“反映”阶段（即单纯的物理感受）、添加阶段（即概念感受、审美感受）和“满足”阶段。**[1] 即一事态继承过去事态并添加某种新颖性而主动生成自我的过程，微观过程便是主体目的的实现和完成。就现实存在的生成过程来说，存在即生成，生成即活动过程，活动过程就是事态。因此，现实存在，就是“现实事态”。

---

[1] ［美］菲利普·罗斯：《怀特海》,《中华书局》，2002 年，第 45—46 页。

5）现实存在是一个经验单位。怀特海说，“一个现实事实就是一个审美经验的事实。”[1]也就是说，每一个现实存在都是一经验感受的单位。怀特海认为，现实存在之间相互关联，其原因是相互“涵摄”（comprehension）[2]。所谓“涵摄”，就是一事物把其他事物作为其构成成分包容在自身中，它是一事物对构成其自身的其他事物的凝聚活动，而“积极的涵摄”（positive comprehension）就是“感受”（feeling）。一事物在“涵摄”其他各种元素的过程中，涵摄主体（即该事物）在“主观目的”的指引下，对其摄涵的对象产生诸如评价、喜欢、厌恶等情感经验，并选择吸收或排斥一些元素进而使内部平衡与和谐，以求主观目的之实现。所以，涵摄是“非认知”意义上的概念，它是一种经验感受。怀特海说：“现实存在都有来自其他现实存在的经验作用”。因此，每一现实存在是“经验之流”，是“经验的波动”或“感情调子”。[3]由此可见，现实存在是“经验单位”，而一切现实存在之间的关系，都是经验感受关系。

第三节　事物与现实存在之比较反思

如果怀特海的“现实存在”可以做上述理解，那么，“现实存在”与朱子的“事物”有相通的地方。

---

［1］ Alfred. North. Whitehead. *Process and Reality*, p.280.

［2］ “comprehension”也是怀特海的重要概念，该词译法较多。如牟宗三译成“摄受”，唐君毅译成“摄涵”、“容摄”，贺麟译成“涵容渗透”。另外，还有译成“摄入”、“握抱”等等，不一而足。这里我将其译成“涵摄”或“摄受”。

［3］ Alfred. North. Whitehead: *Process and Reality*, pp.189–190.

与怀特海一样，朱子认为日常生活中所遭遇到的具体事物，如一石、一椅、一星、一花、一木、一狗、一人都是真实存在的，并且把真实存在的具体事物作为哲学思考的起点和基础，故“格物”是朱子哲学最重要的起点。尽管怀特海与朱子对具体事物的称谓不同，但无论怀特海的“现实存在”还是朱子的“事物”，都是指真实存在的具体事物，而不是抽象意义上的“物”。不仅如此，怀特海用“现实存在”来描述占有特定空一时的、现实化了的具体事物，而用“现实事态”来说生成活动过程中的具体事物，并且认为“存在即生成”，“现实存在”即“现实事态”。此种观点与朱子的“物即事”之观点相一致。前面说过，**朱子的“物”，也是指占有特定空间的有形的存在，它近似于怀特海的“现实存在”。朱子的“事”是指存在物的生成变化活动，它近似于怀特海的“现实事态”。朱子把“事”与“物”连用，并说“物即事也”，实质也表达了“存在即生成”的观点**。如唐力权说的，不过“物事”一辞的重点在物或由物生事的过程，而“事物”一辞的重点则在事或由事相转为物相的过程。其实，事和物乃是二而一、一而二的东西。事相中有物相，物相中有事相。这个“即事即物”的观念不止是怀德海本体论的核心的所在吗？[1]

在宇宙观上，朱子与怀特海都把宇宙看作是万事万物相互关联、相互影响而结成的有机大体，并认为在此有机大体中，每一事物与其他事物处于相互联系；由于事物处于相互关联之中，事物之间则相互影响，相互感受。因此，任何具体事物都是经验感受的单位。无论是怀特海把“现实存在”称作“经验之流”，还是朱子说天地万物只是一个“感应”，其实都肯定了具体事物作为“经验主体”或

[1] 唐力权:《周易与怀德海之间》，辽宁大学出版社，1997 年，第 23 页。

“感受单元”的意思。[1] 同样，由于事物处于相互关联之中，他们都承认事物之间的关系实质是一种价值的关系，即任何事物的存在，都对其他事物的形成有某种正面或负面的价值。因此，任何事物都是有价值的，它对自己、对其他事物甚至整个宇宙环境都具有某种价值。

与怀特海一样，朱子认为每一存在物都是一个生成变化、自我创新的过程。朱子认为，变化体现为不同的生命阶段；“变”是从“阴”到“阳”的过程，“化”是从“阳”到“阴”的过程。“变”是事物从隐微渐渐至于显著的过程，也可以说是事物从“潜（无）”到“成”（有）的过程。而“化”是事物从显著渐渐消化至无微的过程，也可以说是事物从“成”（有）到“潜”（无）的过程。具体说，朱子把存在物的生成变化过程分成元、亨、利、贞四个阶段，即物的初生、物的成长、物的成熟和物的完成四个阶段。可见，存在物是生长活动的过程，或者如怀特海所谓的“存在即生成”。也正是从此意义上说，每一存在物就是朱子所谓的“生物”，或怀特海所谓的“创生物”。

另外，朱子与怀特海都认为，现实存在物的生成是自我生成的过程。怀特海认为，现实存在物的生成过程，有“合生”（concrescence）与“转化”（transition）两方面。“合生”就是一事物摄受其他事物而成为完整的统一体，它是从“多”至“一”，这是一事物自我综合、自我组织的过程；而“转化”是指该事物又被其他事物所摄受而成为其他事物的一部分，它是从“一”至“多”，这是

[1] 前文张君劢曾指出，怀特海认为每一事物就是一个“感觉”，此相当于程颐所谓的“天地之间只有感与应而已，更有甚事”。可以间接地证明朱子的“感应”相当于怀特海的“感受”。

一事物向另一事物的变型新生的过程。在事物的生成创化过程中，“合生”与“转化”相互联系，不可分割，永不间断。如果没有“合生”，就没有万物；没有“转化”，就没有自然的进展。同样，朱子也说：“万物自生自长，自形自色，岂是逐一妆点得如此”。[1]他肯定万物自我创生、自我生成的特性，而物的生成过程是由二五之气综合和组织的结果。有意思的是，朱子还把物之生成分为“翕”与“辟”相互依赖的两方面，翕是凝聚成物的功能；依此功能，创生性使诸多分散之气综合为统一体而成为一有形之物；辟是刚健而一味向前生发的功能；依此功能，创生性主导着物的生发，并能冲散、开辟已有形体的限制而趋向新物的产生。因此，朱子的“翕”与“辟”非常接近于怀特海对“合生”与“转化”的讨论。

最后必须指出，朱子与怀特海都认为，每一物具有两极性，朱子的“理”，相当于怀特海的“永恒客体”，而朱子的“事物”相当于怀特海的“现实存在”。但是他们的看法还是有差异的，其中最明显的是对事物“概念极”的认识。相对于怀特海对“永恒客体”较为模糊的认识，朱子对“事物之理”的讨论显得更清晰、更前后一致。还有，相对于“永恒客体”的纯形式倾向，朱子非常重视对“性”与“情”的分析，并以性、情来表达“概念极”（即物之理）的实际内容，这是朱子比怀特海高明的地方，也是更具有中国味的地方。

---

[1]《朱子语类》卷四十五，中华书局，1986年，第1150页。

第七章　朱熹“一物之理”与怀特海“永恒客体”概念之比较

前章所述，朱熹的“事物”生成存在与“理”密切相关，而怀特海的“现实存在”与“永恒客体”相依赖，要真正理解“事物”与“现实存在”，必须把握朱熹的“一物之理”与怀特海的“永恒客体”之异同。

第一节　朱熹“一物之理”之内涵及理路

一、一物之理

陈淳在《北溪字义》中把朱子的“理”在字面上分为“必然”、“当然”、“能然”、“自然”等四种含义，然而从形而上学来讲，朱子的理，实际只有二义：一是作为天地万物最终依据的根原之理（即前面所谓的“太极”或生生之理）；一是一物所具之理。[1] 化用牟

[1] 朱子在与弟子的一次对话中，肯定“天地之中是指道体，天然自有之中是指事物之理”，(《朱子语类》卷十八，第411页）并认为“天地之中”就是“太极”，就是根原之理。可见，他严格区分了根原之理与事物之理。相当于美国学者南乐山所谓的事物的“本质特征和条件特征”。

宗三的说法，朱子的理可分为“本体论上的理”与“物理之理”（或“伦理之理”）不同又有关联的两类。“本体论上的理”，是一切现象产生的所以然之故，同时它又遍在于一切现象中。“本体论上的理”在万物万事之中的表现，便是“物理之理”和“伦理之理”。[1]前一种本体论意义上的“理”，与怀特海“创造性”概念相似，这在上文有所论述。前面说过，秦家懿《上帝与世界：朱子与怀特海》、白诗朗《是否道学为过程哲学？》二文中都简单提及朱子的“理”可看作怀特海的“永恒客体”，这是从后一种意义上的“一物之理”才能成立。下面试详之。

朱子说：“故理之在是物者，亦随其形气而自为一物之理”。[2]一物之理，是一具体事物所具有的定理或所当然之理，它是根原之理在一物的凝聚或聚焦，是“物之成为物”所呈现的条理和确定性。陈淳认为，所当然之理是“目今直看其合当如此，是理之见定形状也。”[3]朱子说：“天下事事物物皆知有个定理”[4]。朱子认为，事事物物莫不各有自己的“定理”，莫不各有自己的“条理界瓣”。“理是有条理、有文路子”。[5]桃有桃之理，李有李之理；牛有牛之理，马有马之理。一物之所以生成为自己而不是他物，就是因为它呈现了不同于他物的“文理”。“文理”最能反映儒家对物理的看法。《说文》曰：“物相杂谓之文”；“物”，“杂色牛也”；“牛为物之大者”。儒家的“物”，指一个个具体的存在物，如一牛、一人、一花、一草、一

---

[1] 相关论述，参见《怀特海与中国哲学的第一次握手》，第69页。

[2] 朱熹：《答徐子融》，《朱文公文集》卷五十八，《朱子全书》，第2768页。

[3] 陈淳：《答伯澡问大学》《北溪大全集》卷四十，文渊阁四库全书本。

[4]《朱子语类》卷十四，中华书局，1986年，第278页。

[5]《朱子语类》卷六，中华书局，1986年，99—100页。

星，不是抽象意义的“类”概念。“文”本是指一个个具体事物拼起来的花样、图案，例如日月寒暑结合的天文，山水结合的地理，父母子女、兄弟姐妹关系结合的人文等等。“理”是纹路、条理，是这些花样、图案自身呈现的理路。可见，**“文理”就是诸物相交相错、相辅相成而形成的复杂秩序及其条理。也就是说，文理或一物之理是从与他物相交相配的整体脉络背景中得以显现**。例如，天文的日月轮转、四季更替，地理的山川脉络、人文的父子兄弟血脉、玉石的纹路，腠理的肌肤脉络、竹席的纹路等等。没有物与物的相交相配关系（“文”），就没有一物之“理”。朱熹实际上继承了这种儒家的“文理”观。

而“定理”、“界限”，就是指具体事物受特定之理的限定。毕竟，桃不同于李，牛不同于马，君不同于臣。所以，理是“使之然者”，它是万物自身的“确定性”。朱子说：“理则就其事事物物各有其则者言之”[1]。这里所谓的“则”，就是指每一事物所具的定理、确定性或特征而言。《北溪字义》说：“理字较实，理有确然不易底意。……理无形状，如何见得？只是事物上一个当然之则便是理。‘则’是准则、法则，有个确定不易底意。”[2] 后来，戴震批评朱熹论太极之理的空虚性、超越性，强调“一物之理”。如戴震说：“凡物之质，皆有文理，……粲然昭著曰文，循而分之、端绪不乱曰理。故理又训分，而言治亦通曰理。理字偏旁从玉，玉之文理也。盖气初生物，顺而融之以成质，莫不具有分理，则有条而不紊，是以谓之条理。以植物言，其理自根而达末，又别于干为枝，缀于枝成叶，

---

［1］《朱子语类》卷五，中华书局，1986 年，第 82 页。
［2］ 陈淳：《北溪字义》卷上，中华书局，1983 年，第 42 页。

根接土壤肥沃以通地气，叶受风日雨露以通天气，地气必上接乎叶，天气必下返诸根，上下相贯，荣而不瘁者，循之于其理也。以动物言，呼吸通天气，饮食通地气，皆循经脉散布，周溉一身，血气之所循，流转不阻者，亦于其理也。理字之本训如是。因而推之，举凡天地、人物、事为，虚以明夫不易之则曰理。”[1] 以物之文理来说“理”，是戴震说“理”的特点，在重视一物之理方面，朱熹与戴震有异曲同工之处。

朱子大讲一物之理，认为天下有许多物，便有许多理。他说：“花瓶便有花瓶底道理，书灯便有书灯之理。水之润下，火之炎上，金之从革，木之曲直，土之稼穑，一一都有性，都有理。人若用之，又著顺它理，始得。若把金来削做木用，把木来镕做金用，便无此理”。[2]“《大学》教人，先要理会得个道理，若不理会得，见圣人许多言语都是硬将人制缚，剩许多工夫。若见得了，见得许多道理，都是天生自然铁定底道理，更移易分毫不得。”[3]“竹椅便有竹椅之理……阶砖有阶砖之理”。[4] 他又说：“上而无极、太极，下而至于一草、一木、一昆虫之微，亦各有理。一书不读，则阙了一书道理；一事不穷，则阙了一事道理；一物不格，则阙了一物道理”。[5] 就是说，有一物存在就有一物之理。

理在事物中，不可离事物之外言理。陈淳在《北溪字义》中说：“且如君臣有义，义底是道，君臣是器。若要看义底道理，须就君臣

[1] 戴震:《绪言》卷上,《戴震全集》, 清华大学出版社，1991 年，第 69 页。

[2]《朱子语类》卷九十七，中华书局，1986 年，第 2484 页。

[3]《朱子语类》卷一十四，中华书局，1986 年，第 253 页。

[4]《朱子语类》卷四，中华书局，1986 年，第 61 页。

[5]《朱子语类》卷四，中华书局，1986 年，第 295 页。

上看，不成脱了君臣之外别有所谓义？父子有亲，亲底是道，父子是器。若要看亲底道理，须就父子上看，不成脱了父子之外别有所谓亲？”[1] 也就是说，理在事物中，它是事物之中脉络、图样和条理，离开了事物之关系则理无处显现。一物之理就是一物之条理。如张东荪指出的，朱子的“条理必是连成一片的，……条理既是连成一片，则讲条理必定隐然包有一个整体为其托底，如果没有整体，则条理便无所呈现了。”[2] 而一物之所以有其性，就是由它宇宙全体上的脉络文理中所决定。这里是说，**一物之性是该物在宇宙全体中有自己的特殊职能而显示出来，或者说是由该物在全体中所担当的职分以决定其性质。换言之，即以“职能”观念替代“性质”观念。譬如，人之性与水之性，必须在宇宙全体中展现各自职能。就在全体宇宙中所发挥的“职能”或“职分”上说，人之性与水之性不能截然分开。在此意义上，人事与物理是统一不分的。**

若理在具体事物之中，那么如何认识一事物之理呢？朱子认为，我们可以从事物中推致、理会得到一个理。任何一事物之中，都有“合当如此之理”或“所当然之理”。我们须从具体事物之中理会它，推得它。理会得一分理，知得一分物；理会得二分理，知得二分物；理会得十分理，知得十分物。如果穷尽事物之理，则可以获得对事物道理的认识，此即朱子的“格物穷理”。朱子说：

> “形而上者谓之道，形而下者谓之器。”道是道理，事事物物皆有个道理；器是形迹，事事物物亦皆有个形迹。有道须有

[1] 陈淳：《北溪字义》，中华书局，1983 年，第 39 页。

[2] 张东荪：《思想与社会》，第 150 页。

器，有器须有道。物必有则。……“形而上者”指理而言，“形而下”者指事物而言。事事物物，皆有其理；事物可见，而其理难知。即事即物，便要见得此理，只是如此看。但要真实于事物上见得这个道理，……“形而上者谓之道”一段。只是这一个道理，但即形器之本体而离乎形器，则谓之道；就形器而言，则谓之器。[1]

朱子认为，从理会上、推致上得到的“理”，是一个无形影的东西。虽然它没有声色貌相，看不见、摸不着、听不到，但它不是空无，更不是一个“心相”，它是一个“存在”。而无形影之“理”，只在于推理者、理会者的思考中，是一个思考的对象，一个期望的对象。因此，就从逻辑思维和抽象意义上，人们所思考、推致得到的一物之理，并不必然是指现实世界中某一特定事物。譬如，马之善跑，牛之善负，善跑、善负是理会到的“马之理”、“牛之理”，但它并不必然是指现实生活中具体的甲马、乙马或甲牛、乙牛。因此可以说，理会上、推致上得到的“理”，只是思维上的纯形式存在。另一方面，一物之理虽并不必然指经验中某一具体事物，但它不能完全离开经验中的事物，理具有在事物中实现自己的潜能。朱子说：“此言未有这事，先有这理。如未有君臣，已先有君臣之理；未有父子，已先有父子之理。不成元无此理，直待有君臣父子，**却旋将道理入在里面！**”[2]这段话的“旋将道理入在里面”最耐人寻味，其“入”即有“进入”、“实现”之意。意思是说，事物之理，是推理认

[1]《朱子语类》卷七十五，中华书局，1986年，第1935—1936页。

[2]《朱子语类》卷九十五，中华书局，1986年，第2436页。

识到的道理，在时间上它“先于”一具体事物的发生而存在；当一具体事物实际发生时，事物之理就会“进入”具体事物之中。而事物之理能“进入”其中，说明“理”的本质就是它能在经验事物中“现实化”并赋予特定事物以特征。在这里，朱子可能潜含着以下之观点：即理“进入”具体事物而在具体事物中实现，是通过判断和评价来进行的。首先 1）理，给具体事物树立了活动的标准。其次 2）依照这些标准，以判断一事物的“好”与“坏”，“是”与“非”，“真”与“妄”，“合理”与“不合理”，而在这种判断过程中，“理”已经“进入”了具体事物中。还有 3）在事物的评价过程中，具体事物也受到价值判断的影响下，它因好恶对“理”进行主动选择，它接受了某些“理”同时拒绝了另一些，并期望拥有和实现“理”。如此 4）“理”便进入某事物并且成为某事物的固定特征，“理”最终在经验事物中实现了自己。同时 5）该事物因“理”使自己获得价值和意义，实现了自己。例如，孝作为子女对父母行为的“当然之理”，它并不必然特指某一子女的某一孝行，它只是给人们树立了子女对待父母活动的行为标准。依靠孝的标准，人们可判断某一子女对待父母的行为合乎孝还是不合乎孝；而在此判断中，孝之理就与该具体行为联系起来，并成为该行为的一部分；同时，通过该子女在行动中的好恶情感而选择“孝”，排斥“不孝”，最终使“孝之理”在该行为中实现，并且使该行为成为“孝行”。

总之，**在朱子那里，理，首先是人心之“所向”或期望的对象，理是预先悬设的一个“象”或模样范例，在这个意义上，理就有某种超越性或潜能，它只有通过具体事物来呈现**。在解释“成象之谓乾，效法之谓坤”时朱子说，“成象”，即象“无个实形，只是个悬象如此”。“效法”，“法是有一成已定之物，可以形状见者”。“效”，

“陈效”、“呈现”。[1] 这段话中的“象”，就是指无形之“理”，它只是一个心志所期望的对象；而此“象”，要通过具体有形的事物活动才能呈现出来。因此，理的本质，就是在具体事物中实现的潜能；而其潜能，是通过具体事物的活动来实现的。

二、性即理

值得一说的是，朱子还用“性”来说“一物之理”。性是一物自身固有且能感受之定理，而定理是认识所获得的事物的脉络和结构。那么性与理的关系如何呢？

要理解一事物之“性”，必须以一事物之“理”为参照。朱子说：“人物未生时，只可谓之理，说性未得……言才谓之性，**便是人生以后，此理已堕在形气之中**”。“未有这事，先有这理。如未有君臣，已先有君臣之理，未有父子，已先有父子之理。不成元无此理，直待有君臣父子，却旋将道理入在里面！”[2] 他又说：“大抵人有此形气，则是此理始具于形气之中，而谓之性”。[3] 这里的“将道理入在里面”之“入”，“此理已堕在形气之中”之“堕”、“理具于形气之中”之“具”最值得玩味，是指理“进入”、“实现于”的意思。可见，**“理”在具体事物之中实现才称作“性”。理在未进入、未实现于具体事物之前，只是思维推究获得的公共之理，它超越于、独立于具体的东西，不能称之为“性”。然而，当具体事物生成时，理也随之实现于具体事物之中，而当理实现于具体事物之中，方可谓之“性”。**

[1]《朱子语类》卷七十四，中华书局，1986年，第1902页。

[2]《朱子语类》卷九十五，中华书局，1986年，第2436页。

[3]《朱子语类》卷九十五，中华书局，1986年，第2430页。

一方面，性与理是有区别的。朱子说："道是在物之理，性是在己之理。然物之理，都在我此理之中；道之骨子便是性"。[1]"大凡天之生物，各付一性。性非有物，只是一个道理之在我者耳。故性之所以为体，只是仁义礼智信五字，天下道理，不出于此。"[2]这段话里的"道"就是指"理"；"骨子"就是"实质"。也就是说，理是在一物之理，性是在己之理。理之实质便是性。《北溪字义》曰："理与性字对说，理乃是在物之理，性是在我之理。在物底便是天地人物公共底道理，是我底乃是此理已具，得为我所有者。"[3]"盖理是泛言天地间人物公共之理，性是在我之理。只这道理受于天而为我所有，故谓之性。"[4]朱子说："性者，人所禀受之实；道者，事物当然之理也。事物之理固具于性，但以道言，则冲漠散殊而莫见其实际。惟求之于性，然后见其所以为道之实初不外乎此也。"[5]例如，慈爱是每一个父亲的当有之理，而父亲发自内心对孩子的慈爱则是本性。由此**可见，性是一人一物自我固有的内容，而理是泛言天地万物之中的道理；前者是内在的、主观私我的、可以感受的，后者是外在的、客观公共的，它无形无象而不可感受，必须通过一事物所具之性来体现**。[6]

另一方面，性与理是一致的。朱子说："性即理也。在心唤作

[1]《朱子语类》卷一百卷，中华书局，1986年，第2549页。

[2] 朱熹：《玉山讲义》，《朱文公文集》卷七十四，《朱子全书》，第2588页。

[3] 陈淳：《北溪字义》，中华书局，1983年，第42页。

[4] 陈淳：《北溪字义》，中华书局，第6页。

[5] 朱熹：《答方宾王》，《朱文公文集》卷五十六，《朱子全书》，第2565页。

[6] 陈荣捷在讨论"性与道"的区别时说："一般而客观地讲，这就是道，特殊地主观地讲，这就是性"。（参见陈荣捷编著，杨儒宾等译：《中国哲学文献选编》第735页，台北巨流图书公司出版，1993年）这段话所说的"道"，相当于拙文所指的"事物之理"。

性，在事唤作理”。[1]“性则心中所具之理”。[2]这是理解性与理关系非常紧要的话。而要明白其意，关键是要对这里所谓的“心”有正确的理解。**实际上，朱子的“心”，不同于笛卡尔意义上的“思维主体”或“认知主体”，因为此“纯思主体”是把人的情绪、情感、感受作为非理性的因素划出于外。相反，朱子是从整体和广泛意义说“心”，是从自我感受、自我体验意义上说“心”**。“在心唤作性”，就是说“性”是自我感受、自我体验的东西。当然，这里自我感受、自我体验的不是人不合理的情绪与欲望，而是所当然之理。这就是朱熹“性即理”的精义所在啊！故朱子强调说：“性，不是有一个物事在里面唤做性，只是理所当然者便是性，只是人合当如此做底便是性。”[3]就是说，性是一事物的所当然之理。《北溪字义》说：“盖理是泛言天地间人物公共之理，性是在我之理。只这道理受于天而为我所有，故谓之性。”[4]**可见，性，是天之生理在人物身上的落实或聚焦。一般地，“性”与“德”相连，所以，性是天地之生理分赋予每一具体事物而使之得以生成为自己的德性**。《北溪字义》说：“所谓‘德性’者，亦只是在我所得于天之正理，故谓之德性。”[5]朱子说，万物都有性，人有人之性、牛有牛之性、马有马之性、有蜂蚁之性、有荷花腊梅之性，甚至有瓦石枯槁之性，它们各自天性分明，互不混乱。也就是说，天地间的每一物，天生就有各自的本性。

由于一物之理是对一事物关系所呈现的纹路和条理的认识，因此，事物之理，体现了一事物与其他事物的位置和关系。可以这样

[1]《朱子语类》卷五，中华书局，1986年，第82页。

[2] 朱熹：《四书集注·孟子集注》，中华书局，1983年，第349页。

[3]《朱子语类》卷六十，中华书局，1986年，第1426页。

[4] 陈淳：《北溪字义》卷上，1983年，第6页。

[5] 陈淳：《北溪字义》卷上，1983年，第43页。

说，一物之理，就是李约瑟所谓的“关系之理”。[1] 如在君位，仁爱臣民就是理；在臣位，忠敬君王就是理；在儿女的位置上，孝顺父母是理。在父母的位置上，慈爱子女是理。一切事物之理，都取决于事物关系间的位置。朱子说：“万物皆有此理，理皆同出一原。但所居之位不同，则其理之用不一。”[2] **事物之理，就体现在万物之间相互感应和综合凝聚所呈现出来的条理或纹路**。张东荪说：“条理必是连成一片的，……条理既是连成一片，则讲条理必定隐然包有一个整体为其托底；如果没有整体，则条理便无所呈现了。”一物的本性是该物在全体中有自己的职能来体现。就是说，性，从性质的结构性概念，变成了“职能型”。[3] 所以，朱子说：“如阴阳五行错综不失条绪，便是理”。[4] 此理，即朱子所谓的“文理”，而这种“文理”，就是“内在的”呈现的关系之理，它是我们所认识、所理会的对象。事物之理客观存在于事物中，被我们所认取和理会，但它绝不是我们在纯思维中构造的“模型”。可见，朱子的事物之理，不是柏拉图的“模型”世界。冯友兰把朱子的“理”，等同于“共相”或纯思的“真际”，这是对朱子之理的最大误解。柯利·O. 汤普森曾恰当地指出，从更明确或更具体的意义上讲，朱子的理表现为一种显现的实际的秩序。例如在人类及其相互关系中和在自然现象及其生态序列中，四季的周期运行体现了一种变化的时间顺序的重现；所谓天地人三位一体组成了一种现象界的生态序列；而父子的关系表

[1] 李约瑟正确地指出，“作为存在之理的道，基本上亦即关系之理”。（参见陈荣捷编著，杨儒宾等译：《中国哲学文献选编》第751页，台北巨流图书公司出版，1993年。李氏这里的“道”，就是拙文所指的“一物之理”。）

[2]《朱子语类》卷十八，中华书局，1986年，第398页。

[3]《从现代观点论朱子形而上学》，《学原》1948年第2卷第9期，第6页。

[4]《朱子语类》卷一，中华书局，1986年，第3页。

明了人类的一种基本关系；一片树叶、雪花或蜘蛛网的复杂的形态展现了一种有机的结构。理作为原初的要素规定了这些事物的秩序、样式和构成，而这些事物也分别体现了理。当气作为这些事物的质料，构成运动的载体与自生的源泉时，这些事物便把理赋予的可能性现实化了。故此，如果理规定了这样的秩序、样式和过程，它便是基本的内在的品性而不是抽象的、原始的教义，从这个意义上看，是这些事物有机的构成。……总之，**理是一个过程中的、一个变化的现象的或一系列环境中的不变的部分**。朱熹认为理是不可摆脱世界秩序和人类生活的，它从来不是远离万物超越经验的冥冥中的主宰者。……朱熹推想，理不是关于存在的绝对的范畴，而是一个内在的、结构性的、广义讲与气相关的品性。[1] 实际上，朱熹常常以“木理”或“牛体的肌理”的隐喻来说“性理”，就是说明**性理有两特点：一是此理即是在一个有机整体关系中形成的具有一定方向的秩序；二是这种条理是不断生成的动态的秩序。性理是动态的、活动的、过程性的概念**。唐君毅也指出：律则或条理秩序内在于具体事物，它可以通过具体事物运行变化而直接经验到。

最后，可得出结论，朱子的理与性都是“物之生成为自己而不是他物”的理由，它们都是“一物之理”的两个面向，只不过前者——理，是从理会上、逻辑上的推究，它是一物秩序或关系之理，这是理的形式、客观方面，理是对每一事物之“性”的概念性说明；而后者——“性”，则须从每一事物主体在与其他事物感应活动中当下体验和亲证的事实。换句话说，性就是一人一物亲身感受、感通

---

［1］ 柯利・O. 汤普森著、张海燕译《内在的理与义：朱熹思想的现实考察》，《朱子学刊》1991 年第 2 辑，第 14—20 页。

他物的能力，它是一物的属性或自我价值，这是一物之理的实质方面、主观方面[1]，是对“理”这一客观概念的具体体现。理与性的统一与结合，是对“一物之理”的完整表达。“性即理”之“即”，是依赖、凭借之意，即性依着理的。

最后必须指出，**朱子论“一物之理”，其重心并不是在“穷理”，而是在“尽性”。朱子的“格物”，不是要人一味地思考具体事物客观外在的物理，而是要通过理会一物之理，懂得人与物自我固有的主观的本性、能力和价值，导引和参赞事物并使之完成和实现。所以，朱子常说“穷理尽性”，“穷理”之目的是为了“尽性”。确切地说，“穷理即尽性”。**

第二节　怀特海“永恒客体”之内涵及理路

一、客体

对具体事物生成为自身所显现的定理或条理，朱子称为“一物之理”（简称“事理”），亦称为“文理”、“定理”。在怀特海哲学里，“永恒客体”[2]也是解释具体事物的确定形式或特征的重要范畴。要理解

---

[1] 朱子说：“万物到秋冬收敛成实，方见得他本质，故曰‘性情’”。（《朱子语类》卷九十四）也就是说，到了秋天，万物才完成了自我，成就了自我，实现了自我的本质。可见，朱子把物之“性情”称为物的本质，以与一物之理相对。

[2] 对怀特海的“eternal object”的翻译，说法很多。如前面所述，牟宗三、唐君毅等人利用佛学“法相”的概念，将其译为“永恒法相”，很有见地，然人们对“法相”的理解歧义较多，加之现代人多不熟悉佛学，所以这里不取其译法。贺麟则译为“永恒对象”，“对象”一词似乎过宽泛，所以，这里采取人们较熟悉的“客体”一词，将“eternal object”译成“永恒客体”。

“永恒客体”，有必要先了解怀特海自然哲学时期的“客体”(object)。

“客体”是怀特海认识论非常重要的概念，而其认识论又与“再认识”(recognition) 的含义密切相关。recognition 的 re，是可重复的意思。我们知道，“客体”一词，与“事件”相对。怀特海认为，世界中的事件是特殊的、流变的、刹那生灭的，事件不会重复发生，因此，要再认识某一事件是不可能的。而人可以重复认识的，乃是事件之流的永恒的要素，此要素，即为“客体”(object)。如一场交通事件，一刹那发生就转瞬过去，事后很难再一览无余地认识；交通警察或当事人只能认识查看现场留存下来的痕迹或影像特征，这就是“客体”。他说：“对象（**注：即本书所译为的“客体”**）是传递事件中被再认识为永存不灭的部分；对象是被再认识为在不同环境下仍然自我同一的存在事物。也就是说，和不同事件发生关系的是相同的对象，如此在事件之流中，对象乃维持着自身的同一性”。[1] 确切地说：“某个被再认识的对象即是事件的特性之成分”[2]。怀特海认为，事件与客体都可说是自然、宇宙中的实有的东西。事件（ event ）是自然界事物的呈现的、具体可见的成分，客体（ object ）则是自然界事物的隐藏的、抽象的成分。事件的性质是客体，客体的存在处所便是事件。这存放客体的处所，便是处境（ situation)。或许这样说会更清楚：事件中有客体，甚至是有多个客体；客体的性格构成事件的性格，或影响事件的性格；而事件则是客体的载体，离开事件，便无法找到客体。客体以事件作为它的处境，事件则对客体提供一个处所、处境，让客体能安住下来。[3] 怀特海说：我把客体位于其中的事件

---

［1］ 怀特海：《自然知识原理》，第 63 页。

［2］ 怀特海：《自然的概念》，第 143 页。

［3］ 吴汝钧：《机体与力动：怀特海哲学研究与对话》，第 23 页。

叫作“客体的场所”。于是，场所就是事件，它是场所关系中的关联物。……在某种意义上客体是作为其场所的事件的特征。[1]就是说，客体与事件相互依存、不可分离。一方面，客体不能离开事件而独立，它必须在事件的脉络中来讲，而且客体也决定着事件的性格；另一方面，事件是客体的载体，是客体的场所。就这个意义上说，事件就是客体的处境或场所。

总之，“客体”是指事件的特性或本质形式。按照不同的抽象层级，怀特海把客体分为感觉客体、知觉客体、物理客体、科学客体等四类。感觉客体，即身体透过眼、耳、鼻、舌、身等感官经验到且内存于主体的种种感觉材料，如声、色、味等。知觉客体，即一般所知觉经验到的客体或物体，其中包括错觉式的知觉客体（如一个镜子的影像）和正常知觉的物理客体（如这块石头、那张桌子等）。科学客体，即科学研究所发现和建构的概念（如电子、原子或量子）。如这一瓶矿泉水，我看到透明的颜色，这是感觉客体；我综合手的触、眼睛的视、鼻子的闻、舌的尝等因素，直觉到这是一瓶矿泉水而不是其他，这是知觉客体，也是物理客体。而以科学眼光看，这瓶矿泉水是一堆电子、原子的集合和纠缠。其中，知觉客体相对于感觉客体更为持续不变，客体对象相对于知觉对象更为持续不变，而科学客体相对于知觉客体更持续、更同一、更普遍，如此这三类客体愈来愈抽象，形成了一个层级。

二、永恒客体

在后期的形上学中，“永恒客体”（eternal object）取代“客体”

[1] 怀特海:《自然的概念》，第139页。

成为最重要的名词。怀特海对“永恒客体”的描述如下，他说：“任何一个存在，只要它是在概念上所认识的且并不必然指向时间性世界中具体确定的现实存在，它便可称为永恒客体”。[1]也就是说，永恒客体是在概念认识上获得的范畴，它超越于现实世界而并不必然指现实世界的某一具体事物。[2]怀特海指出，永恒客体有客观和主观两种类型。客观的永恒客体：有柏拉图的“观念”，如红、圆、方、甜等观念；还有数学公式，如 1 + 1 = 2 等等。主观的永恒客体：如喜、怒、厌恶等主观情绪。由此可见，“永恒客体”具有与“客体”大致相同的含义。但二者的差异之处是：“永恒客体”更强调“潜能”或“赋予事物以确定特征”之意。

怀特海强调，“永恒客体”相当于“柏拉图的形式”，但又与“柏拉图的形式”不同。因为柏拉图的“形式”是超绝于经验世界的具体事物的，它是静态的、永恒的实体，而“永恒客体”内在于经验世界的具体事物并与之相联系，它是动态的，并有在具体事物中实现自己的潜能。怀特海说，“永恒客体”，毋宁称为“潜能”（或“可能性”）。永恒客体是“进入”有关现实存在的纯潜能。怀特海承认，永恒客体之概念，源于洛克的“观念”，而洛克的“观念”含有“能力”的意味。如洛克的“观念”一样，“永恒客体”具有在具体事物中实现的能力。[3]

---

[1] Alfred. North. Whitehead: Process and Reality, p.44.

[2] 在怀特海哲学里，“永恒客体”（eternal object）是很难理解的概念，常引起学者的误读。怀特海后来在写给学生哈兹霍恩的信中，解释了“永恒客体”的意义，认为它是超越传统“共相”一词的谬误的努力，“永恒客体”是带着“潜能”走向现实的携带者；借着“永恒客体”使心灵走向现实之中；没有一个“永恒客体”在走向现实之中展现自己所有的全部潜能。具体可参见沈清松《现代哲学论衡》，台北：黎明文化事业公司，1985 年，第 101—102 页。

[3] Alfred. North. Whitehead: Process and Reality, p.149.

与现实世界中具体事物的确定性存在不同，永恒客体完全是不确定的存在，它只是一种“潜能”，只有经过它与特殊事物的关系，永恒客体才能现实化而成为确定的东西。怀特海把“永恒客体”在特殊事实中的现实化过程，称为“进入”(ingression)。“进入”这一术语指的就是一种特殊的方式，在这种方式中，一个永恒客体的潜能性在一个特定的现实存在得以实现，因而使该现实存在具有自身的确定性。[1]就是说，通过该“进入”过程，永恒客体由本来的不确定变成确定的东西，永恒客体从而就成为某个特殊事物的“确定性形式”或特征。“永恒客体”能赋予具体事物以固定的特征，当“永恒客体”进入具体事物而成为其特征时，就使该事物享有较确定的形式。例如，“红”的潜能，通过进入，变成一只苹果中“红”的确定特征；“红”的潜能，通过进入，也可以成为一抹晚霞的红色的确定特征。而具体的现实事物是“永恒客体”的一个例证。一只苹果之红，就是“红”的例子。按照怀特海的说法，一具体事物之所以发生和完成，是因为“永恒客体”进入其中；而“永恒客体”之所以确定的存在，是因为它内在于一具体事物中。实际上，“进入”这一概念，即指“永恒客体”被某一事物主体“主动地”摄受，而使之成为该事物主体的内在成分。例如，“红”的潜能，被一只苹果摄受，就成为这只苹果“红”的特征。反过来可以说，“永恒客体”进入事实，可看作“永恒客体”有一种诱惑力、吸引力，“永恒客体”会“主动地”吸引具体事物去“摄受”它，以便进入具体事物并赋予具体事物确定的特征。

怀特海认为，对每一现实存在的事物来说，它有两方面的摄受活动：即精神活动与物质活动。精神活动，是事物自身的创造欲望，即

[1] Alfred. North. Whitehead: Process and Reality, p.23.

实现理想形式的欲望。物质活动，则是指当前之事物吸收或继承过去之事物的能量（或信息）的活动。物质活动与具体现实存在之事物的摄受相关，又称为“物质极”；而精神活动与永恒客体的摄受相关，又称“概念极”。如羊吃草，草是“物质极”，而看到草的绿色，就是“概念极”。又如一块玉是白的、硬的、方的等诸多因素凝合而有此块玉。然白色不依赖玉而白，硬性不依赖玉而硬，方形不依赖玉而方，玉相未显现时，此白、此硬、此方等虽非存在而实有，此白、此硬、此方便是“永恒客体”，他们是构成此块玉的一个必需条件，若没有白的、硬的、方的等“永恒客体”，玉则无由显现。如一块玉是白的、方的、硬的，那么该玉就对白、方、硬等“永恒客体”有一积极的“摄受”，这是“概念极”。另一方面，一块玉还摄受无数的石料颗粒才构成此玉石，这些被摄受的石料颗粒就是“物质极”。也就是说，在构成这个“现实存在”——如这一块玉中，宇宙的诸多因素都有其积极贡献。怀特海指出，对一个现实事物的形成活动来说，概念极与物质极相互依赖，互为条件，缺一不可。具体事物因摄受了“永恒客体”获得了自身确定的特征和性质；“永恒客体”也因具体事物使自身现实化。

试问“永恒客体”与具体事物（或现实存在）如何相互摄受对方。按照怀特海晚年的观点，“永恒客体”，本质就是在具体事物（或现实存在）中实现自己的潜能和愿望。[1] 同样，具体事物通

---

［1］张先广教授指出，法国哲学家德勒兹将怀特海的“永恒客体”概念充满爱心地改造为“虚在”（the virtual），以区别于“实在”（the actual）。在《褶子》一书中，德勒兹把永恒客体解释为纯粹的虚拟性（或者说虚在）和纯粹的可能性。德勒兹认为，马勒（Gustav Mahler）是个迭奏乐句的捕获者，当然他不是唯一的一个。马勒所摄入的迭奏乐句堪称怀特海所界定的“永恒客体”。反过来说，永恒客体作为纯粹的潜在性需要马勒这样的作曲家去摄入，旁人要么没有他的天才，要么缺乏他的训练。由永恒客体（谱在曲中的迭奏乐句）到“实际发生”（演奏）是个实在化的过 程。以“虚在”说“永恒客体”，以区别于“实在”即“实际发生”，颇能说明怀特海“永恒客体”与具体事物之间的关系。具体参见张先广《德勒兹与廓落》一文。

过自身的能动性，选择了一些“永恒客体”同时意味着排除了另一些“永恒客体”。正是在“永恒客体”实现的愿望与具体事物的能动选择中，“永恒客体”与具体事物二者都完成了自己。所以，怀特海说，“永恒客体”离开了具体事物的实现是空虚的（即德里兹所谓的“虚在”），而具体事物离开“永恒客体”是盲目无意义的。[1] 必须指出，在怀特海看来，“永恒客体”实现的潜能与具体事物能动的选择，都是“创造性”原理的具体表现。

另外，“永恒客体”与具体事物之间的“关系性”之间有何不同呢？怀特海认为，现实世界的事物是处于相互感应的关系中，事物的此种“关系性”是事物本性的体现。怀氏也说，永恒客体就是事件之间的“关系性”，这个永恒客体被体现在由那些事件所构成的一个复杂的聚合体中。[2] 他指出，以“关系性”来指“永恒客体”，是源于洛克把“性质”表示为“关系”要素的观点。[3] 洛克认为，事物的关系是事物的“实在本质”。“实在本质”与“名义本质”相对，实在本质是对形成一事物有关的所有事态之间相互影响、相互作用关系的分析，而名义本质是我们赋予这种实在关系以某种抽象的概念。[4] 怀特海认为，自然是无数事件所织造的整体，每个事物在这个整体的关系和位置决定该事物自身的特征和性质。

简单地说，“永恒客体”具有一些特征：1）永恒客体并不是如柏拉图的“理念”那样是超绝于经验世界的对象，而是同我们经验

[1] 以上论述参见 Alfred. North. Whitehead. *Process and Reality*, p.347。又见怀特海：《论不朽》，《怀特海文录》，浙江文艺出版社，第 278—290 页。

[2] Alfred. North. Whitehead: Process and Reality, p.194.

[3] Alfred. North. Whitehead: Process and Reality, p.147.

[4] Alfred. North. Whitehead: Process and Reality, p.160.

世界密切相关且又具有超越意味的一般性东西，它是人人都能认知的东西。当概念性地认知某一存在时，其认知并未关系到经验世界中某一具体确定的事物，这种存在称为“永恒客体”。2）“永恒客体”可分为主观类和客观类，主观类的永恒客体是限定某种感受的要素，如喜好、快乐、痛苦、目的等等。客观类的永恒客体是限定某一具体事物的要素，如数学公式、柏拉图式的形式。3）永恒客体是一种可能性，它先于现实世界的事物。而此种先于现实世界的一切可能性，必存在“某处”，在某处即在上帝中。或者说，一切永恒客体贮存于上帝之中。4）永恒客体是一种“潜能”，它具有在具体事物中实现自己的能力，并且此潜能在不同事物中表现出程度的差异。5）永恒客体可看作是一种确定性的形式，它决定具体的现实事物的确定性。也就是说，一个现实事物是此物而不是它物，是由永恒客体决定的。

第三节　一物之理与永恒客体之比较与省思

如果怀特海的“永恒客体”可作上述理解，那么，“永恒客体”与朱子的“一物之理”是非常接近的。

“永恒客体”与“物理”一样，都是在认知上、在逻辑上所获得的事物的确定性或特征。如有马之理、牛之理，牛之理是牛之所以为牛的根据，马之理是马之所以为马的根据，牛之理毕竟不同于马之理。说马之理，是从逻辑思维上获得关于“马”的特征或形式，但它并不必然具体指经验世界的这一匹马或那一匹马。因此说，“马”的永恒客体，与马之理是一致的。

另一方面，怀特海与朱子都认为，“永恒客体”或“一物之理”都与具体事物紧密联系而互不分离。怀特海认为，“永恒客体”作为“潜能”，它可以“进入”具体事物而实现自己。从终极意义上说，“永恒客体”必在某处的事物之中。每个事物在这个整体的关系和位置决定该事物自身的特征和性质，即“永恒客体”与事物之间的关系性密切相关。朱子也认为，“一物之理”都在具体事物之中，事外无理，物外无理，不能悬空求理，必须从事物中去求理。

在永恒客体与第一原理的关系上，怀特海认为一切永恒客体贮存于上帝之中。同样，朱子也认为“心具众理”，万物之理，悉具于人心之中。

然而，“一物之理”与“永恒客体”也有差异性。首先，怀特海的“永恒客体”始终是认识论上的概念，是思维的纯形式，虽然他强调“永恒客体”与具体事物之间的关联性，强调“永恒客体”具有某种现实化的能动性，**但是“永恒客体”与具体事实之间仍存在着某种裂隙，即“永恒客体”始终未脱离柏拉图“观念”的影子。也就是说，怀特海似乎还没有把西方哲学传统中的“观念世界”与“经验世界”很好地调和起来**。其次，“永恒客体”本身充满歧义，理解起来比较含混。相反，**朱子说“一物之理”，虽在认识论上也强调其公共性、普遍性的意义，但仍是指该事物在与其他事物错综关系背景中所呈现的确定的“条理”和“纹路”，这是一种“关系之理”，离不开该物与其他事物的整体关系。尤其朱熹用具有实际内涵的“性”来讨论一物私我的、特殊的道理，成功地解决“形式世界”与“经验世界”的二元分裂倾向**。第三，正如前面所说的，朱子的理可分为“本体论上的理”与“物理之理”（或“伦理之理”）两个不同又有关联的两类。“本体论上的理”，是一切现象产生的所以然之故，同时它又遍在于、渗透于一切现象中。“本体论上的理”在万物万事之中的表现，便是“物理之理”或“伦理之理”。具体说，朱熹强调作为天地万物“统体”的太极，与每一物之中的“太极”同是一个，这是“理一分殊”的精义。同样，天地生生之理与一物之性同是一个。而怀特海虽强调本体论的理——“创造性”内在于每一具体物之中，但“创造性”与每一现实存在物的“永恒客体”是完全不同的概念，这是朱熹与怀特海最大的不同之处。

值得一说的是，怀特海晚年频繁地使用“价值”(value)——这一与事实密切关联的范畴，似乎有用“价值”代替“永恒客体”的倾向。怀特海认为，“价值”是富有美学和道德意义的字眼，它是事物本身具有的意义和永恒性，也是事物成为自身的内在根据。

怀特海论价值，与其宇宙论密切相关。他认为，宇宙有两个面向，即流变性和不朽性，此两个面向就称为“两个世界”。强调事物必朽的、流变的一面就是活动世界；活动世界也是创新的世界、创造的世界。活动世界是指直接流变的事实，“万物皆流”，一切事物变动不居，这是活动世界的描述。强调事物不朽的一面是价值世界，价值世界是永恒的、不朽的东西，它表述了事物的永恒性，如高山、大地、人的精神等等。怀特海认为，价值与事实的关系是：一方面，一个直接事实的发生，仅仅因为它分享某个价值的不朽性；另一方面，虽然价值对任何直接事实在本质上具有独立性，某价值并不必然指向特定的直接事实，但是价值又必须参考短暂的事实，否则便失去了意义。因此，“价值参考事实，并且事实参考价值。”[1]“价值参考事实”的命题，是指价值不能离开活动世界来考虑，价值的意

[1] 怀特海：《怀特海文录》，第 226 页。

义就在于它进入具体事实而实现自己。怀特海说："价值的本质是它们在活动世界中实现的能力"。[1]因此，价值具有实现的能力，表明价值也是能动的，这种能动性表现在"评价"(valuation)。所谓"评价"，即价值与具体事实相一致，或者价值在具体事实所能实现的更好或更坏的程度。"事实参考价值"，是指活动世界不能离开价值来考虑。具体事实之所以产生，在于价值进入具体事实并为具体事实赋予确定性。怀氏指出，在活动世界中，具体事实的实现，依赖于具体事实选择了某些价值而排除了另一些。在怀特海看来，价值世界与事实世界相互依赖、互为条件。短暂的事实因拥有价值使自己得以完成并实现了自己的不朽，价值因植根于短暂的事实使自己现实化而实现了自己。价值与事实都是宇宙的两个面向，只有把价值与事实相互结合，才能很好地认识宇宙。

正如本书的第四章所述的，怀特海的"价值"有如下的特征：1）价值是每一事物内在固有的不朽属性，它是事物"是其所是"的本性。2）价值具有在变化不居的具体事物中实现的能力；3）价值的实现能力，表现在"评价"、"赋值"的判断活动中，4）正是在价值理想的"诱导"和具体事实的"选择"中，价值得以实现，并有实现"程度的不同"。以此5）价值不是永恒的形式，而是有活动的、过程的面向。

如果怀特海的"价值"可以作如上的理解，那么，价值与朱子对"性"的讨论相接近。朱子认为，性是一事物自身固有的本性。同样怀特海认为，"价值"是每一事物内在固有的不朽东西，是事物具有的特性。也就是说，朱子与怀特海把"性"与"价值"都看作

[1] 怀特海：《怀特海文录》，第227页。

一事物固有的特性。朱子认为，“性”是一物所固有的生之理，它是一物在生成活动中实现自己的能力。同样，怀特海认为，价值具有在变化不居的具体事物中实现的能力。可见，朱子与怀特海都不把“性”与“价值”看作永恒的、静止的形式，而是看作动态的、有实现自身的能力。

当然，两者的差异也是明显的。朱子认为，性，表现为一物自我生成、自我实现的能力和价值；具体地说，它是通过一物与其他事物相互感应、相互影响的活动来实现。而怀特海认为，价值的实现能力，表现在“评价”、“赋值”的判断活动中；具体地说，它是在理想的“诱导”和具体事实的“选择”中实现自己。

还有，朱子较详细地论述了“理”与“性”的关系，认为“一物之理”是具体事物成为自身的特定理由，是一事物所当然之理或合当如此之理，它是通过推理而得到客观之理，此理没有形状，看不见、摸不着、听不到，只是通过自我主观理会获得的对象。虽然这样，但“理”可以进入具体事物，在具体事物中实现自己；当“理”进入事物之中时，“理”就是“性”。因此，**在朱子那里，理与性是统一的，是一物道理不可分割的两面**。**而怀特海非但未明确论述“永恒客体”与“价值”的关系，甚至在其晚年，似乎有以“价值”取代“永恒客体”来分析具体事物特征的倾向**。

第八章　朱熹“感应”与怀特海“涵摄”概念之比较

按照朱子和怀特海的宇宙观，每一事物的生成，是在该事物与其他事物相互关联、相互影响过程中进行的，而这种关联、影响能力，朱熹用“感应”，而怀特海用“涵摄”来描述。因此，“感应”与“涵摄”是各自非常重要的概念，下面有必要对这两个概念进行比较。

第一节　朱熹“感应”之内涵及其理路

先秦、秦汉思想中“(体)味”“(咸)感”等词蕴含着丰富的感应观念，一定程度上说，中国传统文化是“味道”“感应”的文化。[1] 朱子的“感应”正是继承这一传统基础上。

---

[1] 贡华南教授对传统“味”与“感”有深入研究。他指出：感也是一种味（体味）物的方式。目光不能穿透交感变化而有味的世界，但感可以润泽、穿透万物通达万物并将万物带到自身以化己此即传统所谓“感通”。……在中国文化中味觉如是视觉、听觉乃至拇、腓、股、辅、颊等一身皆感焉，一身皆与万物（不仅气味）进行化学反应：彼此交养成就人与物之间互变互化，此乃中国文化一个鲜明特质。参见《“咸”：从“味”到“感”》，《复旦学报》，2007 年第 4 期。

事物如何生成，如何实现自我呢？朱子认为，天地间万事万物的自我生成和实现，是在事物与事物间的相互感应中得以完成的。为此，他拈出了“感应”的概念。朱子说：“凡在天地间，无非感应之理，造化与人事皆是。”[1]又说：“明道言‘天地之间，只有一个感应而已。’盖阴阳之变化，万物之生成，情伪之相通，事为之终始，一为感，则一为应，循环相代，所以不已也”。[2]其中所谓的“造化”、“阴阳之变化，万物之生成”，就是指自然事件；而“人事”“情伪”“事为”，就是指人事社会事件。朱子认为，自然与人事社会活动都遵循着感应之理；事物本质上就是感应性的存在。

朱子把“感应”有时也称之为“感通”。什么是“感应”呢？朱子说“感，是事来感我；通，是自家受他感处之意。”又说：“只因这一件事，又生出一件事，便是感与应。因第二件事，又生出第三件事，第二件事又是感，第三件事又是应。”[3]很明显，**这不是在认识论意义上讲“感应”，感应不是认识与被认识的关系，不是主体与客体的关系，感应就是一事物激发或引起另一事物的活动，是人与物、物与物相互感通的存在关系。感应是发生在相互关联的具体事物之中，是事物与事物之间的交互影响行动**。按照韩国学者金永植的观点，朱熹的感应分为两类：一种是相关联的多种事物之间感应作用；一种是相对相关的两种事物之间的持续循环的交感作用。[4]第一种感应，即前人所谓“同声相应，同气相求”，朱熹举例说：“云从龙，风从虎”；“吉人为善便自有吉人相伴，凶德者亦有凶

[1]《朱子语类》卷七十二，中华书局，1986年，第1813页。

[2]《朱子语类》卷九十五，中华书局，1986年，第2438页。

[3]《朱子语类》卷七十二，中华书局，1986年，第1815页。

[4]［韩］金永植：《朱熹的自然哲学》，第142—143页。

人同之”。在祖先祭祀时，后代子孙以诚心感动祖先之气来凝聚来回应。[1]第二种感应作用，朱熹说：“如日往则感得那月来，月往则感得那日来；寒往则感得那暑来，暑往则感得那寒来。一感一应，一往一来，其理无穷。感应之理是如此。”这是从对立相关、交替循环出现的两种事物——如屈伸、动静、消息、来往、呼吸、昼夜、生死、晴雨之中来讨论感应活动。[2]

在朱熹看来，感应之理既发生在物与物之间的自然现象中，又发生在人与物之间的人事活动之中。在自然现象中，如“风来是感，树动便是应；树拽又是感，下面物动又是应。”[3]“譬如气聚则风起，风止则气复聚”。[4]风吹过，摇动树枝。以现代气象学的知识看，气流凝聚气压升高，引起大气从高压区向低压区流动，风就产生了。待大气压差出现平衡后，风便停止了。但又会产生新的气流凝聚活动，产生新的气压不平衡。再如，雨便感得晴天来，晴天已是应；晴天又感雨来。云层中水汽凝聚形成雨滴降落后，云气变得稀薄甚至消失，天气晴朗太阳照耀。寒往则暑来、暑往则寒来，夜往昼来乃至阴阳二气的消长等等，都是感应。在人事社会中，如父慈则感得子孝，子孝则感得父愈慈；见孺子入井时便有怵惕恻隐之心诸如等等，都是感应。故朱子说：“事事物物，皆有感应。”[5]朱子认为，感应活动体现在一切自然、社会人心现象之中；体现在事物与事物之间，人心与事物之间的关系中。“感应”其实就是关联的事

---

[1]《朱子语类》卷三“鬼神”对子孙之气与祖先之气感通有较多讨论。

[2] 关于感应，唐君毅先生在《中国哲学原论》的第二十四章——“易传之即易道以观天之神道”对“感应变化”有较多讨论。

[3]《朱子语类》卷七十二，中华书局，1986年，第1814页。

[4]《朱子语类》卷九十五，中华书局，1986年，第2438页。

[5] 同上。

物之间的相互感通、相互摄受活动。应由感生，感由应而体现；没有感固然没有应，没有应也绝没有感，宇宙间只有这种感应力互相摩荡才形成万事万物。事物的生成，就是事物与事物之间相互影响、相互感通的结果。如风之生，是因气之聚的影响；而气之聚，又是风之止的影响。而事物的生成与实现，就是事物本性的体现。可以说，感应或感通，就是事物之本性，是事物引发或反馈其他事物的能力和活动。故朱子说：“（物）有此性，自是因物有感。见于君臣父子日用事物当然处，皆感也，所谓‘感而遂通’是也”。[1]

必须指出，把感应或感通作为具体事物的生成之理，并不是朱子的新创。实际上，这是朱子对《周易系辞》“天地之大德曰生”、对《观卦》《咸卦》的发挥，二程、张载也曾对其中所涵的“感应之理”提及过，可惜非常零星隐晦，而朱子对感应的分析和阐发更为清晰、细致。后来王阳明也讲“感应”，如《传习录》记载：“问：禽兽草木，益远矣，而何谓之同体？”先生曰：“你只在感应之几上看，岂但禽兽草木，虽天地也与我同体的，鬼神也与我同体的。”[2]又说：“大人者，以天地万物为一体者也，其视天下犹一家，中国犹一人焉。……大人之能以天地万物为一体也，非意之也，其心之仁本若是，其与天地万物而为一也。……是故见孺子之入井，而必有怵惕恻隐之心焉，是其仁之与孺子而为一体也。”[3]王阳明以“感应之几”来讲“人与天地万物一体”，可能是受朱子感应说的影响。

---

[1]《朱子语类》卷九十九，中华书局，1986年，第2536页。

[2] 相关论述，具体参见《传习录》下篇“黄以芳录”，《王阳明全集》（新编本），2010年，浙江古籍出版社，第136页。

[3] 王阳明：《大学问》，《王文公文集》卷二十六“续编一”，《王阳明全集》（新编本），2010年，浙江古籍出版社，第1015页。

值得一说的是，朱子在事物感应或感通的基础上，又进一步用富有主体色彩的“知觉”讲感应，下面朱子与弟子的一段对话很能说明这个问题。

> 问：“人与鸟兽固有知觉，但知觉有通塞，草木亦有知觉否”？朱子回答说：“亦有。如一盆花，得些水浇灌，便敷荣，若摧抑他，便枯悴。谓之无知觉，可乎？周茂叔窗前草不除去，云‘与自家意思一般’，便是有知觉。只是鸟兽底知觉不如人底。草木底知觉又不如鸟兽底。又大黄吃着便会泻，附子吃着便会热，只是他知觉只从这一路去。又问：腐败之物亦有否？曰：亦有。如火烧成灰，将来泡汤吃，也焌苦。因笑曰：顷信州诸公正说草木无性，今夜又说草木无心矣。”[1]

这里的“知觉”，是指人与鸟兽草木之物相互感应、感通的活动，这是一种人、鸟、兽、草木等都具有的能力。朱子认为，性有人与物之别，人的感应能力强，所以人本性开通；物之感应能力弱，所以物之本性闭塞。就物来说，其性也有次第差异，牛猫虎狼蚂蚁等动物之性相对开通，而花草树木等植物之性相较闭塞，而枯槁顽石等无生命之物的感应能力最弱，所以最缺乏生意。然而不能说枯槁之物无性，如大黄凉，附子热，它们被人服用之后，仍能对人产生感应和影响。

朱子常以“知觉运动”论“心”。他说：“盖感固是心”。[2]“心

[1]《朱子语类》卷六十，中华书局，1986 年，第 1430 页。

[2]《朱子语类》卷九十九，中华书局，1986 年，第 2536 页。

只是个动静感应而已”。[1]“心是包含该载，敷施发用底。”[2]这里的“包含该载、敷施发用”，就是“感应”之意。可见，朱子的“心”，不仅包含思维和推理活动，而且还包含人的情绪感受活动，甚至还包括“物之心”，而“物之心”即是一物对他物的感应或摄受活动。朱子说：“天下之物，至微至细者，亦皆有心，只是有无知觉处尔。且如一草一木，向阳处便生，向阴处便憔悴，他有个好恶在里。至大而天地，生出许多万物，运转流通，不停一息，四时昼夜，恰似有个物事积踏恁地去。天地自有个无心之心。复卦一阳生于下，这便是生物之心。”[3]这里是说，天地间的万物都有感应和知觉能力。

按照感应和知觉能力之大小，朱熹把万物分为动物、植物和无生物之性。仁、义、礼、智、信，是感应知觉能力的高级者，只有如人类那样的高级生物才具有；而寒燥温热之性，是感应知觉能力的低级者，为低级生物及无生命之物所具有。不仅如此，朱子认为，人的感应或感通活动，会产生喜、怒、哀、乐、恻隐、羞恶等感受，这就是“情”。情，就是该事物感应其他事物而所引发的情感经验活动，而所以引发此情感经验活动的原因，就是该物的生之理；该物的生之理，即是该物之性。或者说，性是感应之理，情是感应活动；性是感应活动的理由，而感应活动体现着性。朱子指出，性是情之体；情是性之用。他说：“今且以理言之，毕竟却无形影，只是这一个道理。在人，仁义礼智，性也。然四者有何形状，亦只是有如此道理。有如此道理，便做得许多事出来，所以能恻隐、羞恶、辞逊、是非也。譬如论药性，性寒、性热之类，药上亦无讨这形状处。只

[1]《朱子语类》卷六十五，中华书局，1986年，第1614页。
[2]《朱子语类》卷五，中华书局，1986年，第88页。
[3]《朱子语类》卷四，中华书局，1986年，第60页。

是服了后，却做得冷做得热底，便是性，便只是仁义礼智”。[1] 朱子是说：性只是物之理，只有通过如“做得许多事来”、“服了”——人被其他事物感应所引发的情感经验活动来体现。朱子有时把事物的此种感应活动，称之为“知觉”。他一再告诫弟子不可以“知觉”说“性”，就是怕弟子把“情”当作“性”而不识“性体情用”的道理。由于性是理，但性是通过事物的感应活动来体现，而事物的感应活动和能力有大有小，并与人的情感活动有关。

总之，在朱熹看来，**感应贯穿于万物万事活动之中，事物本质上就是感应、感受性的存在**。**至此，朱子通过事物的感应，把理、性、情等概念串联起来**。**可见，感应是朱子理学非常重要的概念!**

第二节　怀特海的“涵摄”之内涵与理路

正如张君劢指出的，一般哲学家重视心，而怀特海重视“身”，并且以身体对世界的“感应”或“感受”为认识世界的出发点。[2] 怀特海非常看重感受和情感的重要性。他认为，最真实的存在，就是现实存在的每一个具体的事物，它是我们哲学认识的起点。而现实存在的每一事物，是一个经验单位。这是由于：我们面对的世界，是一个关系的世界。在这个关系性的世界中，一切事物都是关系性的存在物，而事物之间处于相互“涵摄”(prehension)之中。“涵摄”(prehension)这一概念最早见于《科学与现代世界》一书，后来

[1]《朱子语类》卷四，中华书局，1986 年，第 60 页。
[2] 王锟：《怀特海与中国哲学的第一次握手》，第 112 页。

“涵摄”（comprehension）在《过程与实在》和《观念的冒险》二书中成为最重要的概念之一。

怀特海认为，现实存在之间相互关联，其原因是相互“涵摄”（comprehension）[1]。所谓“涵摄”，就是一事物把其他事物作为其构成成分包容在自身中，它是一事物把其他事物吸收凝聚为自身的活动。也就是说，涵摄是一事物内在的活动，是一种涵摄与被涵摄的过程。怀特海在《历程与实在》一书中指出，每一涵摄活动都含有三个组成因素：1. 涵摄的主体；2. 涵摄的材料；3. 主体涵摄材料的主观形式。在《观念与冒险》中则指出涵摄含有三个因素：1. 经验的事态，在这事态中，涵摄是一种活动细节；2. 与料，这与料是被涵摄的对象，它的关连性（relevance）激发起这涵摄的生成；3. 主体的形式，它决定涵摄在经验事态中的有效性。在上述对“涵摄”的阐述中，怀特海用了很多认识论的字眼，如主体、与料、对象等，让人以为摄涵是一种认识活动，其实，**涵摄并非认识意义的活动，而是存在论意义的活动，特指一事物吸收其他分子成就自己的活动**。[2]涵摄主体，是指一个具体事物，而涵摄的材料是其他的事物或者“永恒对象”，涵摄主体的形式是指如评价、喜欢、厌恶、选择的主观活动。如前所述，“涵摄”又可分是消极与积极涵摄两种。消极涵摄是指对不利于自身构成的成分进行排斥的作用。而当所摄入的事物对该事物的内在构成具有正面关系或积极贡献作用时，该涵摄就是“积极的涵摄”（positive prehension）。而“积极的涵摄”，就是所

[1]“comprehension”也是怀特海的重要概念，该词译法较多。如牟宗三译成“摄受”，唐君毅译成“摄涵”、“容摄”，贺麟译成“涵容渗透”。另外，还有译成“摄入”、“握抱”等等，不一而足。这里我将其译成“涵摄”或“摄受”。

[2] 吴汝钧：《机体与力动：怀特海哲学研究与对话》，第 83—84 页。

谓“感受”(feeling)。感受又可分为物理感受和概念感受两种。而物理感受，是指当前之事物吸收或继承过去事物的能量、信息的活动；物质活动与具体事物的摄受相关，例如磁石与铁的关系。又例如当前的一朵红花就是一现实存在，即该花摄受了细胞、纤维、枝、叶、水、土、日光等其他现实存在而成为自己的。概念感受，是指事物自身实现其理想形式的欲望，精神活动是与对永恒客体的摄受相关。例如“红色”，我们在概念上认知此“红色”，其不必与现实世界中的“苹果的红色”、“红旗的红色”等等有必要的关联。该朵红花在涵摄了“红色”时就已经排除了“黄色”“蓝色”等“永恒客体”。可见，一朵红花的生成是涵摄了许多物理性存在或永恒客体、同时排斥了其他一些物理性存在或永恒客体的过程。

而“积极的涵摄”(positive comprehension)就是“感受”(feeling)，这是怀特海最为看重的概念。感受即是对宇宙中的一些要素的摄取，这些要素会在主体的真实内在建构中成为构成部分。怀氏的“感受”又连着“合生”来说，指出一种感受是在合生历程中把其他事物放置入主体的建构中的作用。一事物在“涵摄”其他元素的活动中，涵摄主体（即该事物）在“主观目的”的指引下，对其摄涵的对象产生诸如评价、喜欢、厌恶等情感经验，它选择吸收或排斥一些元素，使内部平衡与和谐，以求主观目的之实现。所以，涵摄是“非认知”意义上的概念，它是一种经验感受。怀特海说：“现实存在都有来自其他现实存在的经验作用”。因此，每一现实存在是“经验之流”，是“经验的波动”或“感情调子”。[1] 因此，可以说，**现实存在是“经验单位”，而一切现实存在之间的关系，都是经验感受关**

[1] Alfred. North. Whitehead: *Process and Reality*, pp.189–190.

系。怀特海说:“机体哲学以为,‘感受’遍布于整个现实世界……‘感受’作为我们易于观察到的现实存在的一个已知因素而存在”。[1]怀特海认为,世界中的每一现实存在都有经验感受,不仅人和鸟、兽、虫、鱼有经验感受,而且花、草、树、木有感受,甚至枯木、顽石、电子也有经验感受,只不过经验感受在不同的存在物表现程度不同而已。其中,每一物最基本、最普遍的经验就是因果效应性关系。按照怀特海的观点,事物的因果关系,就是被某个“他物”影响的经验;即作为原因的某物,在结果中被“接纳”从而成为对原因的回应。如台球的运动,就是对弹子棒的撞击力的回应。

或许,理解“感受”的关键就是怀特海提出的“合生”概念。正如我们的感觉经验,就是把过去的经验和观念聚合起来,达到和谐的统一,这就是“合生”。在怀特海看来,“合生”不仅我们人类有,而且原子、电子、石头、花、狗等都有“合生”,它们都可以摄入其他现实存在而成为感受统一体。如舍伯恩说:“(现实存在)如同德谟克利特的原子,他们是微观实有。由他们组成的聚合物(称为群集或联系)形成了我们日常经验的宏观实有——诸如树木、人、房屋。但是德谟克利特的原子是无生命的、不消亡的物质质料,而怀特海的现实存在是有活力的、转瞬即逝的经验之滴,复杂且相互依赖。”[2]正如吴汝钧指出的,**怀特海所说的感受,不是心理学意义的感受,而是宇宙论的感受,可以说是对宇宙发生的新奇惊异性事物(novelties)有敏感的呼应,在感觉上觉得自己是与宇宙结成一体的**。这新奇惊异性不一定要表现于惊心动魄的现象之中,如山崩

---

[1] Alfred. North. Whitehead: *Process and Reality*, p.177.

[2]《万物有情论》,第 50 页。

地裂、风云变色；它也可表现于一些细微的现象中，如墙角生长出春草，你只要具有宇宙论的触觉，便感受到了，感受到自然的宇宙处处都是生机的表现了。照怀特海的意思，感受是对宇宙方面摄纳要素以建构主体，而主体可以就“实际的存在”（即本文所谓的“现实存在”）方面说，即是，“实际的存在”可以是一主体，因此他提到“合生”。如上面所说，在合生中，新的“实际的存在”吸纳其他的要素，包含其他的实际的存在来建构自己。故合生是实际的存在与另外的要素结合而得生成，而在合生之中，感受会扮演重要的角色，把其他事物吸取以至注入新的实际的存在中，以建构新的主体。怀氏又就“感受”是建构“结聚”来说宇宙的统合作用中不断地有“合生”发生而被翻新。所谓“结聚”是指“实际的存在”在相互内在的关系下结为一体，而“实际的存在”又因“合生”而不断进行转化，因此，宇宙作为一个“实际的存在”的统合体，它的统合作用便沿着“结聚”与“合生”现象的不断出现而有相应的走向。[1]

另外，现实存在的感受是物质极和精神极的统一。怀特海认为，现实存在的生成过程，体现为精神活动与物质活动两方面。精神活动，是事物自身实现其理想形式的欲望，精神活动与对永恒客体的摄受相关，又称“概念极”（conceptual pole）。而物质活动，是指当前之事物吸收或继承过去之事物的能量、信息的活动；物质活动与具体事物的摄受相关，又称为“物质极”（physical pole）。在现实事物中，概念极与物理极的摄受是相互依赖的。怀特海说：“心极的发生，乃是作为物极在运作在概念上的相对部分。心极与物极在发生时即是不可分离的。心极开始于物极在概念上的登记。”首要的概念

［1］ 吴汝钧：《机体与力动：怀特海哲学研究与对话》，第231—232页。

感受衍生于首要的物理感受。[1]“心极”就是这里所谓的“概念极”，“物极”就是这里所谓的“物理极”。怀特海指出，在具体事物的生成过程中，具体事物因摄受了另一具体事物的“材料”而获得“物质享有”(physical enjoyment)，同时还因摄受了“永恒客体”的理想形式而实现了自己的“期望”(appetitive vision)，获得了自身确定的特征和性质。如此，具体事物因“永恒客体”而实现了自己的理想和目标；而“永恒客体”也因具体事物的选择而使自身现实化。也就是说，**具体事物的生成活动，概念极与物质极之间相互依赖、互为条件，相互统一而为具体事物的两极性**。

必须指出的是，怀特海后来还用“关心”(concern)一术语来代替“感受”。怀特海说：“作为主体的事态对客体有一种‘关心’。这一‘关心’便立即把客体作为一种构成成分置入主体的经验之中。它这样做时是带着感情的，这感情来自客体并指向客体。……主体—客体关系可以设想为接受者和引发者的关系，其中，被引发的事实是一种感情调子，这种感情是关于引发者在被引发的经验中的地位的。同时，整个被引发的事态就是一个包括许多如此引发事例的整体”。[2]很明显，“关心”比“感受”一词显得更有情感调子，更有主—客体交融的体验。**“关心”的经验活动是互为主客**。**所谓互为主客，即作为关怀者的主体与作为被关怀者的客体，在关怀过程中没有严格的对立二分，主体不把客体永远当作客体，有时它会把客体当作与自己一样的主体，或者主体把自己当作与客体那样的客体**。**而且，主体对客体的认识，绝不是袖手旁观的**。如吴森指出的，在

[1] 朱建民：《现代形上学的祭酒——怀特海》，第149页。

[2] 怀特海：《观念的冒险》，第204页。

关怀的意识里，关怀者和被关怀者休戚与共、患难相扶，甚至是相依为命的。关怀者所关怀的对象，不仅限于被关怀者自身，而往往扩至于和被关怀者有关系的一切，有点“爱屋及乌”的心理。简言之，关怀的对象，不只是一个客体，而是环绕客体（指被关怀者）的整个相关的世界。

总之，怀特海的感受或“关心”，本身都包含着价值问题。因为“摄受”（即本文所谓的“涵摄”）是从无限的可能中挑选确定的有限，这就是价值选择。“积极的摄受”就是正面的价值选择，“消极的摄受”就是负面价值的排斥。因此现实事物的完成就是价值的实现，而主观形式、主观目的就是价值标准。[1]

第三节 “感应”与“涵摄”之异同

理解了朱熹的“感应”与怀特海的“涵摄”概念后，这里有必要将二者加以比较。朱熹的“感应”与怀特海的“涵摄”相同之处：首先，朱、怀二氏都是从宇宙论意义上而不是认识论意义上讲“感应”与“涵摄”，感应与涵摄不是认识与被认识、主体与客体的关系，即二人都是从事物与其他事物及其环境的相互关联、相互影响中讲感应。朱熹的“感应”或“感通”，即通过“感”使小己与宇宙大我“通”；在宇宙有机体视角上，一部分与全体之关系，就在于其能感，由感而通。同样，怀特海所说的感受，是宇宙论的感受，可以说是对宇宙发生的新奇惊异性事物（novelties）有敏感的呼应，在

[1] 朱建民：《现代形上学的祭酒——怀特海》，第 149 页。

感觉上觉得自己是与宇宙结成一体的。其次，朱、怀二氏都把感应或涵摄看作一具体事物自我生成、自我实现的能力或活动。在这个意义上，每一事物本质上就是感应、感受性的存在。如朱熹说，风吹过而摇动树枝；如怀特海说，黑屋子的一道亮光闪耀，引起眼球的眨动。可以说，感应或“涵摄”是具有创生性或活力的每一具体事物的表现或例子。

朱熹的“感应”与怀特海的“涵摄”差异之处是：朱子的感应，是指一事物引起另一事物的活动，尤其指相对相关的一对事物——如寒暑、晴雨、昼夜、消息、动静等往复不停的活动。而怀特海的涵摄，则是把多种因子凝聚、建构成为一个统一体的活动，这不是重复循环，而是一种创新、进展、新颖性活动。还有，朱子的感应与情感活动尤其道德经验相关，他说：“盖感固是心”。又说：“心是包含该载，敷施发用底。”[1]“包含该载、敷施发用”，就是“感应或摄受”之意。**性就是一物感通他物的能力，即人对与之共存的万物有同情和关爱（此即仁），并对它们寄予敬意（此即礼），使它们各得其所（此即义），而且使它们成就实现自己（此即智）**。朱子认为，人以感应或感通活动，进而产生喜、怒、哀、乐、恻隐、羞恶等感受，这就是“情”。情，就是该事物感应其他事物而所引发的情感经验活动。心，当然是指知觉，但知觉不限于人，动物、铁石等物亦有知觉。心之功能，就在于“感通”，即通过“感”使小己与大我“通”；心之感通，是与宇宙有机体说相配合。在宇宙有机体视角上，一部分与全体之关系，就在于其能感，由感而通。“天理”与“私欲”的区别就是“通”与“隔”。我与天地万物打通而不隔，则是

[1]《朱子语类》卷五，中华书局，1986年，第88页。

“天理”；反之我与天地万物隔而不通，则是“私欲”。如张东荪指出的，以“感通”论心，朱子不仅与王阳明一致，而且还与怀特海相一致。相对照，怀特海的涵摄，则更加重视理论分析，很少涉及明显的情感体验和道德经验。怀特海讲的感受，即是对宇宙中的一些现实要素的摄取，这些要素会在主体的真实的内在建构中成为各个构成部分。如果假定宇宙之内只有ABCD四个“现实事态”。A之所以为A，是因为它能感受B、感受C、感受D而成为自己的构成部分。当然，同时B与C、D相互感受，如此，A可从B中感受C、D，从C中感受B、D，从D中感受B、C，以此类推，ABCD四个现实事态相互感受、相互影响，形成一串复杂的感受网络。即使在后期他非常看重的“关心”概念，其主要还是指一主体对摄入自身的每一事态的反应，仍然不是在道德情感上，这是二者最大的不同。

另外，怀特海的“涵摄”甚至后来的“关心”概念，其目光集中于自然界，是从一个自然现象或事件的自我组织、自我建构活动来讲，并未聚焦或提升到人的道德心。套用牟宗三的话，怀特海只是从一体平铺的现象界讨论，还未有建立心之“大体”、“真体”。[1]简言之，**朱熹的“感应”，是在承认现象界每一事物相互影响的基础上偏重于人心的道德经验和宇宙论直觉，而怀特海虽不排除人心道德审美经验的“涵摄”关系，但更偏重自然界每一事物的自我建构和组织活动**。借用贺麟的说法，怀特海更多是在自然主义的水平而不是道德水平上讲哲学。[2]这不仅是“感应”与“涵摄”概念之间的不同，也是朱熹与怀特海哲学在整体色彩上的差异。

---

［1］ 牟宗三著，陈克艰编选：《寂寞中的独体》，新星出版社2005年，第90—91页。

［2］ 贺麟：《哲学与哲学史论文集》，商务印书馆，1990年，第70—71页。

第九章　朱熹“天”与怀特海“上帝”概念之比较

有心理学家发现，与其他动物不同，人有两种专属本能：一是被尊重的本能，一是形而上学的本能。其中，形而上学的本能与终极关怀或第一原理有关。也就是说，人或多或少渴望有一个终极根由或终极力量作为依靠，以获得某种安全性和确定性。因此，对形而上学第一原理的沉思或最高本体的追问是体系哲学家不可缺少的。朱熹把太极生生之理作为根原之理，而怀特海把创造性作为终极范畴。然而，不管是太极生生之理还是创造性，虽在理性思维上是清楚的，但显得抽象玄远，必须有一个较为具体的、生动形象、较为生活化的名词来替代或补充。为此，朱熹抬出中国传统里的“天”，怀特海则抬出西方传统的“上帝”来讲。

第一节　朱熹“天”之内涵及理路

朱熹认为，人与万物的生命都是天赋予的，天是人与万物生命共同的源头和根柢。他说："天以阴阳五行化生万物，气以成形，而理亦赋焉，……于是人物之生，因各得其所赋之理，以为健顺五常之德，所谓性也。"[1] 就是说，依据天，万物得以生成形体，万物得以有理有性；天不仅是人和万物生命活动的创造者，而且是人和万物条理、秩序的源头。因此，人与万物的活动必须遵守天。然而"天"又如何理解呢？

在中国文化传统里，"天"是历史久远且涵义丰富的概念。早在西周时期，"天"取代了殷商的"帝"成为思想领域的重要概念之一。当时的"天"是与周王室的宗教信仰密切相关，是一种人格化的"神"，他支配着自然和人事社会。后来，"天"沿着两条线索演进：一条线索是这种人格化的涵义逐渐淡化，发展为一种代表普遍性、抽象化、概念化的意志和力量，它主宰世界，支配世界。渐渐地，"天"被认为是人和万物的创造者，它与"命"、"性"直接相关，表示"天"创生人与万物并且赋予人与万物以性命。另一条线索是从人格化的神居住的地方——即"天空"逐渐发展为包括天空在内的所有世界——即天地，再由天地世界发展为世界所包含的万事万物，最终又发展为世界中万事万物所遵循的道理。总之，唐宋以前，**"天"主要有三义：一是苍苍之天，一是自然万物，一是主宰之天**。"苍苍之天"，是从形状上说，天就是气化流行世界的整体，即实际的天空；天地自然，即万事万物。"苍苍之天"与"自然万物"二义结合，就是被人熟悉的"自然之天"；而"主宰之天"，是从"帝"上说，天是支配世界的某种意志和力量。

朱熹早年就重视对"天"的思考。他说："某五六岁时，心便烦

---

[1] 朱熹：《四书集注·中庸章句》，中华书局，1983年，第17页。

恼个天体是如何？（天）外面是何物？”[1]不只在少儿时期，对天的思考伴随着他的整个生涯。

朱子虽继承了“天”的传统含义，但他更强调以“理”来解释“天”[2]。**朱熹的“天”主要有二义：即气之天和理之天**。一方面，天是指气化流行之万物所组成的世界。朱子说：“天只是一元之气”[3]，“天地统是一个大阴阳”[4]，“天地只是一气，便自分阴阳，缘有阴阳二气相感化生万物”。[5]这是从形而下之气说“天”。在这个意义上，朱熹的“天”，如一些传教士所言是有唯物论面向的。但天还具有另一方面，天是指“万物气化流行的所以然之理”，这是从形而上之理说“天”。他说：“盖天，是个至刚至阳之物，自然如此运转不息。所以如此，必有为之主宰者。”[6]这里的“主宰”，不是神的意志，而是自然运转的“所以然之理”。

必须指出，**朱子论“天”最大的创新之处，就在于以“理”说天**。朱子说：“天之所以为天者，理而已。天非有此道理，不能为天，故苍苍者即此道理之天。”[7]他又说，万物有一个“帝”，有一个“主宰”，但“帝”不是如穿衣服的三清大帝（人格神）那样高高在上发号施令、评判罪恶。他说：“（若说）真个有个上帝如世间所

---

[1]《朱子语类》卷四十五，中华书局，1986年，第1156页。

[2] 当然朱熹的“天”，有时也有一点人格神味道的，如：“善与罪，天皆知之”。（《朱子语类》，第862页）“若天要用孔子‘天之怒，雷霆亦震’”。（《朱子语类》，第2445页）

[3]《朱子语类》卷六，中华书局，1986年，第107页。

[4]《朱子语类》卷一，中华书局，1986年，第9页。

[5]《朱子语类》卷五十三，中华书局，1986年，第1286页。

[6]《朱子语类》卷六十八，中华书局，1986年，第1684—1685页。

[7]《朱子语类》卷二十五，中华书局，1986年，第621页。

塑之像，固不可”。[1]也就是说，**“帝”不是人格化的最高神，“帝是以理为主”，**[2]**“帝”是事物合当遵循的自然之理，此“理”才是主宰。**[3]朱子指出，所谓苍苍之天、主宰之天，实质上都是从“理”上说天。[4]**“天即理也”，“天”就是万物生生化化之所以然之理，这是朱子说“天”最重要、最新颖的涵义。**

朱熹经常重复一个观点：即天生人与万物，并赋予人与万物以理。他说：“天之生物，莫不各有躯壳。如人之有体，果实之有皮核。”[5]又说：“天之生此物，必有个当然之则，故民执之以为常道……盖君有君之则，臣有臣之则；为人君，止于仁，君之则也；为人臣，止于敬，臣之则也；如耳有耳之则、目有目之则……四肢百骸，万物万事，莫不各有当然之则，子细推之，皆可见。”[6]朱熹主张天就是理气合一的整体；天生万物，但不是随意创生的，尤其重视天赋予万物一定之理、一定之则。必须指出，朱熹所谓天生万物之“生”，不是一般所谓“母生子”意义上之“生”，而是万物由“气”循着“理”自动自发之生成，故他说：“天只是一气流行，万物自生自长，自形自色，岂是逐一妆点得如此！”[7]

总之，朱子的“天”以“理”为内涵，从“所以然之理”讲天的主宰性、本源性、至善性，在此种意义上讲，朱子的“天”如一

---

[1]《朱子语类》卷三，中华书局，1986年，第48页。

[2]《朱子语类》卷一，中华书局，1986年，第5页。

[3]《朱子语类》卷二十五，中华书局，1986年，第621—622页。

[4] 必须指出，朱子虽重视以“理”说天，但他又说：“但如今人说，天非苍苍之谓（天即理也）。据某（我）看来，亦舍不得这个苍苍底”。（《朱子语类》卷五）可见他又肯定气化流行、万物生生的“苍苍之天”。

[5]《朱子语类》卷六十八，中华书局，1986年，第1701页。

[6]《朱子语类》卷一十八，中华书局，1986年，第410页。

[7]《朱子语类》卷四十五，中华书局，1986年，第1150页。

些传教士说言，它不是唯物论的，而是具有某种精神性的。正如庞景仁指出的，当天（即理）是一切事物的原因和作为宇宙的根源时，天与“神”是世界唯一真正的原因这一观点上，因而有某种精神性的意思，但这种“人格”不是像活生生的、有头有手、穿衣戴帽的人。[1] 也就是说，朱子哲学虽不是无神论，但也不是基督教意义上的“有人格的神”。

另外，朱熹论天有“先天”与“后天”之分，这是颇为创新的观点。关于先天、后天的含义，隐含在他对《易传》“先天而天弗违，后天而奉天时”的创造性诠释中。朱熹说：“‘先天而天弗违’，如‘礼虽先王未之有，而可以义起’之类。虽天之所未为，而吾意之所为自与道契，天亦不能违也。‘后天而奉天时’，如‘天叙有典，天秩有礼’之类。虽天之所已为，而理之所在，吾亦奉而行之耳”。[2] 这段话中的“天之所未为”，就是“先天”之意；而“天之所已为”，就是“后天”之意。“天之所未为”，是指如“礼”那样的万事万物未生之前；而万事万物未生之前，纯是一个“道”、纯是一片“天理”，此即朱子说的“未有天地之先，毕竟也只是理。”[3] 而“天之所已为”，是指天地万物产生以后；而天地万物产生以后，则此“天理”便在万物之中而表现为万事万物各自之理，此即朱子说的“物物一太极也”。朱熹说：“天即人，人即天。人之始生，得于天也；既生此人，则天又在人矣。凡语言动作视听，皆天也。只今

[1] 庞景仁:《马勒伯朗士的“神”的观念与朱熹的“理”的观念》(附录二)，冯俊译，商务印书馆，2005 年，第 106—111 页。

[2]《朱子语类》卷六十九，中华书局，1986 年，第 1731 页。

[3]《朱子语类》卷一，中华书局，1986 年，第 1 页。

说话，天便在这里。"[1] 这就是说，**起初是人依赖天（理）而生，人产生之后，天（理）又在人之中，天与人之间相互依赖、同为一体**。如果借用谢扶雅对上帝的分析观点，朱熹的"先天"与"后天"就更加清楚。谢扶雅认为，上帝具有"上帝在其本身"（God-in-Himself）和"上帝为其本身"（God-for-Himself）两个交互相倚的面向。他说："'上帝在其本身'（God-in-Himself）必然要伴生'上帝为其本身'（God-for-Himself），而两者是同一的上帝。上帝在其本身是静态的上帝；上帝为其本身是动态的上帝。"上帝就他"在其本身"而论，是超时空的，不可思议的，无可言说的，这就是上帝的超越性（transcendence）。然而，上帝就他"为其本身"而言，上帝连同圣子、圣灵一起创造了世界万物和人；又因为人类的堕落，圣子自甘卑屈而成为肉身，示范我们要各自背起十字架，去克服罪恶，战胜死亡，更于主耶稣复活后的五旬节，圣灵降临，成立圣教会，负起宣传福音的任务。只有这样，才能最终完成上帝国临至人间，上帝的旨意行在地上，这就是上帝的内蕴性（immannence）。而"上帝在其本身"是静态的上帝，"上帝为其本身"是动态的上帝；"动的"上帝与"静的"上帝交相倚依、相互交融。同时，谢扶雅还将这种上帝观与儒家的"中和"观念联系起来，认为"上帝为其本身"所表现的"创造化工"，即《中庸》所谓的"和"；"和也者，天下之达道也"。而对这"和"的描摹，便是上句的"发而皆中节"。换言之，由"上帝在其本身""发"出来的万物，若果"皆中节"的话，便是天国圆满的完成。而"上帝在其本身"，即《中庸》所谓的"中"；"中也者，天下之大本也"。而"喜怒哀乐之未发谓之中"的状态，

[1]《朱子语类》卷一十七，中华书局，1986 年，第 387 页。

是超时空的、不可思议的、无可言说的状态，这就是“上帝在其本身”的描摹。[1]可以说，朱熹的“先天性”，就是“上帝在其本身”，也就是“喜怒哀乐之未发”的“中”；而朱熹的“后天性”，就是“上帝为其本身”，也就是“发而皆中节”的“和”。

朱熹的先天、后天，可以说成“先天性”、“后天性”。先天性，即是“根原之理”，先天性是人与万物气化生生的终极理由和根据，是人与万物对“天理”的依赖；在人与万物产生之前毕竟先有此理。因此，“先天性”是天的最初本性，它在世界万物产生之前就已存在，而在天地万物塌陷之后，它仍在这里。因此，“先天性”是超然于具体人与万物的，它不受具体事物生成变化之影响和限制。先天性，完全是从推理上获得的，它是纯粹意义的“理”，或者如朱子所谓的“太极”。从“先天性”来看，“天”即是“理”，即是太极。朱熹认为，“太极”是总天地万物之理而言。也就是说，太极是天地万物之理的总表达或综观，太极包含有万物之众理。可以说，就“先天性”来看，天是理的化身，它是理的象征。用怀特海的说法，是万物之理的展视。“先天性”之天，是概念认知上的“理”，在抽象意义上，它超然于具体万物，又不受具体万物的影响。如此，则“天”似乎纯粹是“空理”，它没有实际内容，没有现实性。然而，朱熹强烈反对佛家只说万事万物之前、之上一个空荡荡的“空理”，他认为儒家的天理是“实理”。因为儒家明白“冲漠无朕，万象森然已具”，“寂然不动之中，万物俱有，众理悉备”，要“上达”所谓的“根原之理”，必须“下学”而穷究事事物物之理。朱熹潜在的意思是，要理解“天”，不仅要认识“先天性”，还要认识“后天性”。

---

[1] 王锟：《论谢扶雅对怀特海宗教哲学的吸收和融会》，《世界宗教研究》2014年第2期。

"后天性"，是指天之理遍在于人与万事万物之中。朱熹认为，天之理赋予人与万物而成为物之理，物物各有其理，"物物各有一太极"。而天之理普及于、遍在于万物之中，则"后天性"便打破了"先天性"之空洞性，弥补了"先天性"在现实性方面的缺乏，使"先天性"变得富于内容和完满。然而，"后天性"却依赖于万物实现其天赋之理。也就是说，只有在万物各循其理、各遂其生而实现了自身价值之后，才能体现"后天性"。相反，如果人与万物不能循其理，不能尽其性，就不能体现后天性。一句话，"后天性"体现于各得其所、各尽其性的万物中，或者说，"后天性"就是各得其所、各尽其性的万物，它体现了"天"对万物的依赖。

按照朱熹的逻辑，要全面理解"天"，就要把先天性和后天性统一起来。在先天性一面，天是理的化身和展现，这是从概念认知上获得的人与万物得以生成的最终根据。先天性超然于具体变动的现实世界，并不受该现实世界的限制。以此，天理先于人与万物，它是永恒的、没有现实内容的。在后天性一面，"天之理"恰恰遍在于生化流行的万物中。毋宁说，天，就是大化流行且各得其所的万物本身。先天性是后天性的根据，而后天性又是先天性的体现。**先天性与后天性之间，是相互依赖、相互统一的。具有先天性与后天性二义之天，与气化流行之万物所组成的世界是紧密相关的，它蕴含着天与万物之统一而不分的。一方面，世界万物依赖天理，世界万物因"天理"而产生，朱子说：太极"实造化之枢纽，品汇之根柢也"[1]。太极，就是"天之理"，也就是"先天性"，它是世界万物生成变化的根据；没有"先天性"，万物不能得以生成。另一方面，天**

[1]《太极图说解》,《周子全书》卷一。

理是依赖世界万物的，天之理遍在于万物并由万物来体现。朱熹说：“天地之化，往者过，来者续，无一息之停，乃道体之本然也。”[1] **认为物生、水流不是道之本体，乃“与道为体”。此“道”就是指“天之理”**。朱熹的意思是，现实世界中万物的变化流行，如日月寒暑之运、水之流、物之生，如鸟之鸣、花之放，虽不是“天之理”本身，但它们却体现着“天之理”。简言之，合天地万物统是贯注着“天之理”，而“天之理”又在万物的大化流行中得以体现。

有意思的是，唐君毅也以“天德”与“地德”、天的“超越性”与“内在性”来讨论中国哲学中的“天”。他说：

> 而中国思想中之天，则遍在自然界而以化生万物为事，即为真有持载自然界之地德者。于是人与万物同不为枉生而为直生，此即《易经》之所以乾元统坤元，以天统地，而乾坤又可并建，天地又可并称之故。中国思想中，于天德中开出地德，而天地并称，实表示一极高之形上学与宗教的智慧。盖此并非使天失其统一性，而使宇宙为二元。而惟是由一本之天之开出地，以包举自然界而已。天包举自然界，因而亦包举“生于自然界之人，与人在自然所创造之一切人文”，此所谓包举，乃既包而覆之，亦举而升之。夫然，故天一方不失其超越性，在人与万物之上，一方亦内在人与万物之中，而宛在人与万物之左右或之下（此二义，在婆罗门教及西方泛神论思想中亦有之）。再一方，则在中国思想中，天德之宛在人与自然万物之下，以举而升之也，即推举人与万物，以上升于天。而天之在人与万

[1] 朱熹：《四书集注 · 论语章句》，中华书局，1983 年，第 113 页。

物上以包而覆之也，又复若承受人与万物之上升，而卷之以退藏于密，而成人与万物之终。**故天地与人及万物之关系，乃一方是“天地先于人与万物而生之”之关系，一方是“后于人与万物之生而承受之”之关系**，人在世间一切事业与德行，皆一方为人本于天命之性，天心显于人心，以自尽其能之事，人所以“后天而奉天时”之事；在另一方，由人之事业与德行所成就之人格与人文，又为其自身之创造，而“先天而天弗违”，天亦只有加以认可承受者。宇宙间惟人能以人德继天德。人之以人德继天德，则其尽心知性以知天之事。人知其性即知其天所赋之性。天所赋之性为明德，此明德即天性也。人知其性即明明德，而能继天德矣。人若不知其性，则性德隐而不显，即天德未能为其所明。惟人知其天性而明明德，乃上达天德。人必知其性，人德必上达天德，天德乃被自觉于人而贞定于人。天德贞定于人，即天德之自成。故宇宙若无人之尽心、知性、知天一串事，则天德亦不得大成。故人之知性知天，实即人为功于天所不可少者。**由是人不仅有所依赖于天，天亦可谓有所依赖于人。无天道，人道固无所自始，无人道，天道亦无以成终。**而人道之立，即表现于人格之成就，人文之化成于自然界。夫然，故中国思想中必以天地人为三才而并重。天德高明，地德博厚，而通此高明与博厚，以成就人格人文世界，裁成自然界，以立人道者，则人也。世衰道丧，人不能顶天立地而立人道，则天心摇落。[1]

---

[1] 唐君毅:《中国文化之精神价值》，广西师范大学出版社，2005年，第307—309页。

很明显，**朱熹的“先天性”相当于唐君毅所谓的“天德”。而朱熹的“后天性”相当于唐君毅的“地德”，唐君毅所谓的“天德”包含着“地德”而不分离，以及天的“超越性”与“内在性”统一的观点，与朱熹“先天”“后天”相统一是一致的**。

总之，从万物来说，人与万物以天理为赖以产生的根据；从天理来说，天理依赖人与万物之生化而体现，并因自己的现实化而变成为世界万物本身。由此可见，天理与世界万物是相互依赖、互为一体的。也就是说，天理与万物，一方必须根据另一方才能获得解释，它们之间相互参照又彼此需要，处于统一体中，所谓“天即理，理即天也”。

第二节　怀特海“上帝”之内涵及理路

上帝是怀特海探究形而上学的一个重要课题。怀特海的上帝观念，经过以下几个阶段：最早出现在《科学与现代世界》的第十一章；第二阶段的发展出现在《宗教的形成》；第三阶段也是最重要的阶段是《过程与实在》最后一节。在《科学与现代世界》揭示了作为“限定原理”（principle of limitation）的上帝观念，即上帝为宇宙的潜在和现实创造性提供某种限定。在《宗教的形成》之中，上帝是终极的非理性。在《过程与实在》中，怀特海以“创造性”代替“上帝”的观念。

在怀特海的形而上学里，“上帝”是非常独特的概念。怀特海说：“在有机哲学中，这一基本概念可称之为‘创造性’，而上帝便是创造性的最初的、非时间性的特例。”[1]他又说：“上帝是创造性本原的事例……而上帝就是创造性的永恒的本原特性。”[2]很明显，创造性是终极性的，它是形上学的第一原理；而每一个现实事物都是体现这个终极原理——即创造性的一个实例。怀特海反对把上帝看作是存在于万物之前的创造世界的造物主，创造性不是上帝的属性，而是相反，上帝与其他现实存在一样都是“创造性”的一个例子，只不过他是原初的、非时间的例子。怀特海认为，世界万物不是由上帝创造，而是每一现实事物的“自我创造。”同样地，上帝也是一个创造过程，或者说，上帝仅仅是创造性范例而已。但是这个原初范例很必要，因为它是一个“凝聚原理”，作为主观目的的提供者。由此可见，怀特海的“上帝”，已不同于西方宗教传统意义上的“上帝”。

实际上，怀特海哲学中的“上帝”，正是源于他对西方传统上帝观的批判。在追溯西方宗教哲学的历史之后怀特海发现，传统的上帝有三种观念：即作为“不被推动的推动者”（the unmoved mover）的上帝、作为“帝国统治者”的上帝和作为“道德人格化”的上帝。他认为，以上三种上帝观，分别与亚里士多德、恺撒和希伯来先知有联系。随着历史的发展，这三种上帝观结合起来，形成西方传统“上帝”的经典观念：即“上帝”是“不被推动的推动者”、帝国统治者和道德人格三种观念的结合。在传统的基督教思想中，上帝创造世界，世界的存在性依赖于上帝；在存在论上，上帝对世界具有无可争议的先在性（priority）与超越性（superior）。在传统的基督

[1] Alfred. North. Whitehead: *Process and Reality*, New York, The Free Press, 1978. p.7.
[2] Alfred. North. Whitehead: *Process and Reality*, p.225.

教来说，上帝有无上的威权与地位，他自在自足，万物都是由他从无中创造出来。但怀德海的上帝不是这样，上帝不是君临一切万物之上的至尊无上的神，充其量他也只是一种现实存在（actual entity）而已。宇宙间有无量数的现实存在，上帝只是其中一分子而已，他不可能创造其他现实存在。[1]

如果说上帝是一个现实存在，正如“现实存在”有概念涵摄、物理涵摄一样，那么上帝也具有二性：即上帝的原初性（the primordial nature of God）、上帝的后得性（the consequent nature of God）。[2] 上帝的原初性，与一现实存在的概念涵摄相类似，而上帝的后得性，则与一现实存在的物质涵摄相类似。而上帝的超主体性则与现实存在的超主体性类似。那么，何为上帝的原初性，何为上帝的后得性呢？

在回答之前，首先讨论上帝在理论上可以存在的证明。其一，既然一般现实存在的概念涵摄只能涵摄到部分“永恒客体”，那么我们自然可以从逻辑上推论：存在着一种现实存在，其概念涵摄能涵摄所有的永恒客体。此种理论上的现实存在的性质，就是上帝的原初性。其二，既然一般现实存在的物理涵摄只是物质涵摄部分的现实存在，那么我们自然可以从逻辑上推论：存在着一种现实存在，其物理涵摄所有的现实存在，此种理论上的现实存在的性质，就是上帝的后得性。而具备上述性质的现实存在，就是上帝。因此，在理论上，上帝是可以存在的。……在上帝的探索中，一个个重要

[1] 吴汝钧：《机体与力动：怀特海哲学研究与对话》，第 203 页。

[2] 对“the primordial nature of God”与“the consequent nature of God”的译法各异，如贺麟译成“原始性”和“后果性”；唐君毅译成“根本性”与“后得性”。我在这里译成“原初性”与“后得性”。

的观念依序而出：实际的事实（actual fact）、理想的、概念性的谐和（ideal conceptual harmony）、实际的历程（actual process）和秩序（order）。具体地说，上帝超越时间性的世界，因为他是一项相关于事物本性的实际的事实。他不由世界导出，而是一项实际的事实，其他构成性的要素不能从他那里撕离开来。正如吴汝钧指出的，上帝是那理想的、概念性的谐和的体现。在这里，怀特海把宗教和上帝的作用凸显出来。他认为，宗教的洞见表现于对真理的如下把握之中：世界的秩序、世界的实在性的深度、世界就其整体看和就其部分看的价值、世界的美、生命的热情、生命的平和，和对于恶的制宰，都范限在一起——这范限不是偶然的，而是基于这样的真理：宇宙展示一种具有无限自由的创造性，也展示一种具有无限可能性的形式的范域。这创造性与这些形式倘若没有了作为那"完全的理想的谐和"（completed ideal harmony）的上帝，是不能获致实现性的。怀氏因此认为上帝能够以他的理解的谐和（harmony of apprehension）促使创造性的实现。[1] 怀特海认为上帝由理想的洞见构成，更强调上帝具有维系万物的秩序，使宇宙得以成为一有序的宇宙；上帝又是"完全的理想的谐和"的聚焦之所。

讨论了上帝的可能存在，然后来看何为上帝的原初性与后得性。上帝的原初性，是上帝对所有永恒客体（包括已实现过的永恒客体与未实现过的永恒客体）的概念涵摄，它是所有"永恒客体"的包涵或总汇。怀特海说："上帝的原初性乃是由许多概念涵摄所共同聚合而成的统一体，而这些概念涵摄的资料包含了所有的永恒

---

[1] 以上观点可参见怀特海：《宗教的形成》，贵州人民出版社，2007 年，第 42 页；又参见吴汝钧：《机体与力动：怀特海哲学研究与对话》，台湾商务印书馆，2004 年，第 201—204 页。

客体"。[1] 由于上帝涵摄了未实现的永恒客体，而未实现的永恒客体在理论上"似乎"应先于一切实际事物而存在；因为涵摄永恒客体的上帝在逻辑上应先于一切实际事物而存在，所以怀特海以"原初性"来描述上帝的性质。也就是说，在理论上是先有了上帝的原初性，才有了其他实际事物之生成。在《观念的冒险》中怀特海指出，在上帝的原初性，还有一种对宇宙的"终极关怀"(ultimate concern)，……蕴含于上帝原初性中的价值信条，这可名为"宇宙之爱欲"(eros of the universe)。[2] 相对照，上帝的后得性，则是上帝对当时宇宙中的所有实际事物的物质性涵摄。他说："上帝的原初性乃是物质涵摄了此正在演化中的宇宙的诸多实际事物"。[3] 而上帝的物质涵摄必然是在当时宇宙中所有实际事物生成后才存在；因为上帝"后于"其他实际事物之生成或者说是所有实际事物相互关联所形成的结果，所以怀特海以"后得性"来描述上帝的性质。由于此一上帝的性质在逻辑上依赖于后来所产生的世界万物，所以称为"后得性"。上帝的原初性，是上帝对世界万物的基本作用，因为世界万物都依赖上帝而产生；而上帝的后得性，则是世界万物对上帝的回应，因为上帝的完满和实现依赖于他对世界万物的涵摄。换言之，上帝的原初性，即是上帝创造成就了世界；而上帝的后得性，即是世界创造成就了上帝。

怀特海认为，上帝既有原初性，又有后得性。由于上帝的原初性是纯概念的涵摄，上帝便缺乏现实性。上帝缺乏现实性，上帝便是不完满的。因此，不完满的上帝必须要有物质性的涵摄来补足。怀特

[1] Alfred. North. Whitehead: *Process and Reality*, pp.87–88.

[2] 怀特海：《观念的冒险》，贵州人民出版社，2000 年，第 326 页，

[3] Alfred. North. Whitehead: *Process and Reality*, p.89.

海指出，只有上帝把每一创造物摄入自己而使每一创造物客体化于上帝之中，才能实现完满。此物质性摄入，就是上帝的后得性。也就是说，上帝既有原初性，又必须有后得性，上帝就是原初性与后得性的统一。一方面，上帝的原初性是通过涵摄世界万物而获得的后得性达到完善；另一方面，上帝的后得性便是流变的万物通过获得了上帝的客观不朽性（即上帝的原初性）而成为持久的。[1] 实际上，上帝的原初性与后得性的统一，就是上帝超越性与内在性的统一。上帝的原初性是先在于世界万物的“永恒客体”的总汇或总括，是世界万物产生的根据，上帝的原初性来自“创造性”。就上帝的原初性看，上帝是超越于万物；就上帝的后得性看，上帝内在于万物。总之，上帝既有超越性的面向，又有内在性的面向，是超越性与内在性的统一。

前面说过，怀特海把上帝看作为其形而上学原理——即“创造性”的主要例子，表明“上帝”与宇宙创造活动的完成有关。怀特海指出，宇宙创造活动的最终阶段，就是创造的完成，也就是宇宙的最终实现。而创造的完成，是由于上帝涵摄了世界万物的经验，并与我们分享了万物的痛苦或欢乐，这就是上帝对世界的爱。怀特海说：“上帝即爱”，在这个宇宙完全实现的世界上，天国便与我们同在了。当天国与我们同在时，我们在这个世界上所干的事，就被转变成了天国中的事；而在天国中，此事又返回到世界上成为世界之事。或者说，当天国与我们同在时，世上的爱转变为天国的爱，天国的爱又涌回人间。在此意义上，上帝就是那个伟大的伙伴——那个能体谅人的难友。[2] 上帝与世界万物是互依的、相辅相成的，

---

[1] Alfred. North. Whitehead: *Process and Reality*, p.347.

[2] Alfred. North. Whitehead: *Process and Reality*, p.351.

上帝成就创造了世界万物，世界万物成就创造了上帝。简言之，怀特海认为上帝是现实世界的依据；没有上帝便没有现实的世界。相反，如果没有现实世界和它的创造性进展，便没有上帝对于理想的洞见和理性的解释。

第三节　天与上帝之比较评估

如果对怀特海的“上帝”与朱熹的“天”可以作上述理解的话，那么“上帝”与“天”则有相似的面向。秦家懿在《上帝与世界：朱子与怀特海》一文中把朱熹的“太极”、天地之心与怀特海的“上帝”进行比较，并指出朱熹的“太极与无极”可比作怀特海上帝的“原初性”与“后显性”，[1] 其实，这种比较未能准确抓住朱熹与怀特海哲学概念的意涵。

朱熹认为“天即理”，天是太极之理的化身，或者说，天是太极之理的范例。怀特海也认为，上帝是创造性的范例，上帝可称为创造性。也就是说，朱、怀二氏都以“第一原理”或终极原理来讲上帝或天，这样的上帝或天，都可称之为“哲学上的神”，而不是宗教学上的“神”，只不过“天”是朱熹所属的中国文化传统的表达，而“上帝”是怀特海所属的西方文化传统的表达。

---

［1］ 俞检身以朱子的“无极而太极”与怀特海的“上帝的原初性”与“上帝的后显性”进行比较，本文认为，按照朱子的创见，“无极而太极”之无极，是“无形而有理”的意思，其“无极”主要是“太极”的修饰词，强调了“太极”是无形影的，它并不等于“上帝的原初性”，而相反，“上帝的原初性”近似于“太极”。因此，以“太极”比于“上帝”似有不妥。

朱熹的先天性与后天性，接近于怀特海上帝的原初性与后得性。朱熹的先天性，即根原之理，它是万物生化流行的根由；后天性，即各遂其性、各得其所且生生化化的万物，它是根原之理的现实化并体现着根原之理。与之相似，怀特海认为，上帝的原初性是先在于世界万物的“永恒客体”的总汇，它是世界万物产生的根据；而上帝的后得性，是上帝遍在于或现实化于每一物，而上帝遍在于万物，上帝就嬗变为蕴涵着不朽性的万物本身。朱熹认为，对天的完整认识，是先天性与后天性的合一；而怀特海也说，上帝是原初性与后得性的统一。如唐君毅指出的，怀氏上帝之先万物性与后万物性之说，实西方思想中最同于中国之思想，以一天而开出天德与地德之思想者。[1] 还有，**朱熹强调“上达而下学”、“极高明而道中庸”，肯定“道在寻常日用中”，认为循寻常日用之则即是道。套用怀特海的话讲，就是“我们在这个世界上所干的事，就被转变成了天国中的实在；而在天国中，此实在又返回到世界上。”**

在朱熹那里，天之理的实质是“仁”，即“仁”才是万事万物的真正根原。朱熹说：“天地生物，自是温暖和煦，这个便是仁。所以人物得之，无不有慈爱恻怛之心。”[2] 又说：“仁覆闵下，谓之昊天”。[3]“只天地生这物时便有个仁，它只知生而已。……且看春间天地发生，蔼然和气，如草木萌芽，初间仅一针许，少间渐渐生长，以至枝叶花实，变化万状，便可见他生生之意。非仁爱，何以如此？缘他本原处有个仁爱温和之理如此，所以发之于用，自然慈祥

[1] 唐君毅：《中国文化之精神》，第 309 页。

[2]《朱子语类》卷五十三，中华书局，1986 年，第 1280 页。

[3] 朱熹：《四书集注·孟子章句》，中华书局，1983 年，第 302 页。

恻隐。”[1] 由于天本来就有仁爱温和之理，天的实质就是它遍爱宽闵天下之物，这是天之“好生之德”，这接近怀特海“上帝即爱”的观点。贺麟就曾指出，怀特海“上帝即仁爱”，大有程朱理学“一视同仁、天地为心、民胞物与”之意。[2]

前面说过，中西比较哲学视野对朱熹的研究，似乎有一个永久不变的焦点：即朱子的上帝观，这关涉着其作为终极原理“天”与西方的“上帝”的理解问题。其实，朱熹哲学的“天”即是“理”，而西方哲学史上的“上帝”却是一个非常复杂的概念。但是从比较哲学研究的结论来看，不管承认朱熹是有神论还是无神论，研究者一般都肯定朱熹的“天”（理）是永恒的、无所不在的第一原理，它是创造的动力，是至善的原则。因此，在一定程度上说，朱熹的理或天，相当于基督教意义上的“上帝”，但它没有“位格”、没有被“人格化”，可称之为“哲学上的神”。正如谢扶雅所说的，内神论者认为，神为“动”此世界而内在；神乃是世界生命的内在动力，是世界生命的因果原理、目的原理以及创造者、主动者。[3] 朱熹的“天”（理），非常接近谢扶雅所说的内神论的“神”。同样，怀特海认为，上帝是创造性原则的范例，“上帝在世界之内，……不断在我们的内心和我们的周围创造着。这一创造性原则无处不在，在有生命的或所谓无生命的物质中，在以太、水、泥土以及人心中。但这一创造是一个持续的过程，……因为你一旦到达某地，就意味着你

[1]《朱子语类》卷十六，中华书局，1983 年，第 383 页。

[2] 贺麟曾把程朱理学家的“天者，万物一体之理也”比作怀特海“上帝即爱”的观点，似乎不如天之“仁覆闵下”、“好生之德”比作“上帝即爱”贴切。参见贺麟：《怀特海》（张学智编《贺麟选集》，吉林人民出版社，2005 年，第 306 页），一文。

[3] 王锟：《怀特海与中国哲学的第一次握手》，第 142 页。

开始了新的旅途。只要人参加了这一创造的过程，他便分享了神性，分享了上帝，而且，那一参加即他的不朽，这使得‘他的个性是否会在他的肉体死亡后存在’这一问题化为乌有。他在宇宙中作为共同创造者的真正命运，就是他的尊严和体面。”[1] 怀特海把上帝作为创造性原则且内在于人与万物的活动中，这与朱熹把“天”作为生生之理且内在于万物的观点非常接近和相契，难怪怀特海本人说，他的著作蕴涵着中国哲学极其美妙的“天道”(heavenly order)观念，中国人容易欣赏和理解。[2]

---

[1]《怀特海对话录》，第393页。

[2]《贺麟选集》，吉林人民出版社，2005年，第290页。

第十章　朱熹的“生生哲学”

通过对朱熹与怀特海的宇宙论、本体论、认识论、价值论及诸多相关概念范畴的比较分析发现，朱熹与怀特海哲学在有机性、过程性、生命性方面具有相通性。正如李约瑟指出的，朱熹的理学非常接近怀特海的有机主义世界观，而且还可能是“现代有机自然主义的先导”。李约瑟还详细考证了莱布尼茨与朱熹理学的有机自然主义的密切关系，并得出结论说：“即使他本人的哲学体系并非来源于新儒学家（注：即指朱熹），至少他从新儒学家的有机主义中得到不少宝贵的资料和论证。”在李约瑟看来，朱熹的有机自然主义，通过莱布尼茨传入西方而成为有机主义的直接材料，经过恩格斯、黑格尔的辩证唯物主义而与怀特海有机主义有密切的关联，隐含着一条朱熹—莱布尼茨—黑格尔—恩格斯—怀特海的有机主义思想传承谱系。总之，李约瑟认为，按朱熹理学的观念，宇宙乃是有机体，万物之间相互联系并按一定的方式组织而成。宇宙形成有组织的有机体，是由于“组织力”，而此“组织力”不是来自神，而是在有机体之自身。朱熹理学的这些观点，与怀特海的有机主义一致。[1]

更为重要的是，我们还可以借怀特海的某些概念与观点的分析来“朗现”朱子在语录或短文里看似零散、未明言的而实际却具有的生生哲学。前面说过，朱熹的宇宙是有机主义的生命宇宙，“太极生生之理”是其最高本体。每一具体存在是阴阳五行之气依据生生之理生成的过程；事物之间相互关联、相互影响，共生共存，事物的价值正是体现在自我实现与他人（他物）实现的过程之中，世界永远处于日新、日日新、又日新的流变中。朱熹的思想具有强烈的有机主义和过程哲学色彩，故称之为“生生哲学”。[2]用朱熹的语言，又可称之为“生生之理说”。

一、生生之理说

朱熹非常看重“生生”的哲学。他说：“穷天地亘古今，只是一个生意。”[3]天地广大，古往今来，天地宇宙蕴含着生生之理、生生之德。由于在不同语境中表述不同，朱熹对生生之理有多种称谓，有时称之为天理，有时称之为天道，有时称之为太极，有时称之为所以然之理、使之然者，有时称之为至善，有时称之为仁心，有时称之为天命，有时称之为天帝，有时称之为天心、天德，有时称之为道体，有时称之为根原之理。就生生之理自然而然、不假思为而言，即是天理；就生生之理流行变化而为万物所行之路而言，就是

---

[1] 以上关于李约瑟观点的引文，均见于《科学思想史》第507—516；527—537页。

[2] 关于朱熹的“生生哲学”，蒙培元在《论朱熹“生”的学说》(《鄱阳湖》2011年第1期)、《朱熹哲学生态观》(《泉州师范学院学报》2003年第3期)、《生的哲学——论中国哲学的基本特征》(《北京大学学报》2010年第6期）等论文做了相当深入分析，对笔者以很大的启发。

[3]《朱子语类》卷九十五，中华书局，1983年，第2417页。

天道；就生生之理至极无以复加而言，就是太极或根原之理；就生生之理之纯善无恶而言，就是至善、仁心；就生生之理主载二气流行、促发万物化育而言，就是天帝、天心；就生生之理赋予万物而言，就是天命；就生生之理被万物所禀得而成一己之性而言，就是天德、天性。就生生之理成为万物生命流行之所以然者或使之然者而言，就是本体。种种称谓，虽多种多样，然而含义实质相同。一言以蔽之，是生生之理。[1]

朱熹的“生生之理”，实际源于他对《易传》《中庸》中“生生”观念的发挥。[2]《易传》说“天地之大德曰生”“生生之谓易”，说“广生”“大生”。“生”字有发生、创生之意。天地最大的德性就是创生万物。“生生”就是生之又生之意，即能生生所生，所生又生能生；万物的发生，代代相因，前后相继，连绵不断，无一丝一毫之停息。《中庸》曰：“天地之道，可一言而尽也，其为物不二，则其生物不测。”又曰：“维天之命，於穆不已，盖曰天之所以为天也”。孔子说：“逝者如斯夫，不舍昼夜”。这都是讲天地生发万物的势能，讲万物生命生生不息的势能。

朱熹认为，生生之理就是生命创造原理。生命的创造，万物的变化，其条理不乱、节节有序而言，就是生生之理。如草木的春生、夏长、秋收、冬藏；每一草木自胚芽、根茎、花叶、果实；人的幼、壮、老、终；日来月往，寒来暑往等等，都有生命的次序和节奏。按照朱熹的观点，生生之理是终极之理，至大无外，无以复加。

---

[1] 蒙培元也认为，朱子“理”的含义多样，但最重要、最实质的是“生生之理”。见《朱子哲学的生态观》，《泉州师范学院学报》2003 年第 3 期。

[2] 当然，朱熹的“生生”观念，还受到《道德经》“谷神”及《庄子·天运》篇的影响。

同时，生生之理只是一个极好至善的道理，无可挑剔，人物无不敬而顺之，故称之为至善、仁心。比如水之有源，木之有根，人之有母，万物万化都有其本体，本体即是生生之理。生生之理乃是万物万化发动之本体，万物万化乃是本体之发用。本体发动，万物化生，此朱熹所谓“即体发用”。有生生之理之本体，如水之有源，木之有根，人之有母，则万物欣欣向荣，生机勃勃，故《易》曰：“天地变化，草木蕃。”无生生之理本体，如水之无源，木之无根，人之无母，则万物萧杀，生命凋零。故《易》曰：“天地闭，贤人隐”。生生之理之本体，虽无思无虑、无声无臭，但它默然而运，生物不息。所谓“忽如一夜春风来，千树万树梨花开”；“随风潜入夜，润物细无声”。故《论语》中孔子赞叹说：“天何言哉！四时行焉，百物生焉，天何言哉！”生生之理之本体，虽无形无相，然由万物万化的生命所体现。如桃仁谷种，雏鸡之鸣，驴之鸣叫，花木之葱茏，虫鸟之和鸣，日来月往，寒来暑往，无不见生生之理也。《中庸》曰：“鸢飞戾天，鱼跃于渊，言其上下察也”。此即朱熹所谓的“即用见体”。

生生之理只是一个主宰，二气流行，能使二气发动流行的动因就是生生之理。生生之理主宰气而为气的枢纽，则使一气过又一气续，如水车之机轴，一边厢倒下，一边厢翻上。阴之生阳，阳之生阴，生生相续，无有停息；有生生之理的促动，则一阳之来，一阴之往，往而复来，来而复往，无有止息，则气化流行，万物化生。若无生生之理，则往而不来，来而不往，则气化停歇，生命枯竭。若以生生之理作为生物之主，则生理即是生物之心。牛能生牛，马能生马，桃树发桃花，李树发李花，无非有一个主宰之意，无非有一个生物之心。如果无生物之心，若无主宰之意，则牛生出马，桃树上发李花。故朱子说：“‘维天之命，於穆不已’。所以为生物之主者，天之心也。”[1]朱熹认为，天地有心，然而此主宰之心不是一个神意，不是一个天帝高高在上如人一样发号施令，故也可说“天地无心”。至于天地有心邪？无心邪？朱子便以“普万物而无心”答之。朱子说：“天地以此心普及万物，人得之遂为人之心，物得之遂为物之心，草木禽兽接着遂为草木禽兽之心，只是一个天地之心尔。今须要知得他有心处，又要见得他无心处。”[2]又说：“万物之心，便如天地之心；……天地之生万物，一个物里面便有一个天地之心。”[3]又说：“天下之物，至微至细者，亦皆有心……且如一草一木，向阳处便生，向阴处便憔悴，他有个好恶在里。至大而天地，生出许多万物，运转流通，不停一息，四时昼夜，恰似有个物事积踏恁地去。天地自有个无心之心。”[4]朱子的回答非常明确，天地有一个生物之心！二气流行处，便见天地生生之理，便见天地生物之心，此是气寓理也。天下万物，有理亦有气，理主载气，气寓着理，理气一体浑然又不可混，此理气关系之精义也。正如吴怡所说的：在中国哲学里，“生”是生生不已的，它是生化的一种能。“天地之大德曰生”。天的生是一种创生的能，地的生是一种赋物以形，是一种使万物发育生长的能。天地合德，就是万物化生。当天地合德，这个“生”便进入了“命”之中。也就是说当大地赋物以形之后，就有了生命。因此，当“生”进入了“命”之后，便被命所拘限。因为命是由两部分构成的：一是形，一是气。形是万物的形体，

[1] 朱熹：《答陈安卿》，《朱文公文集》卷五十七，《朱子全书》，第2744—2745页。

[2]《朱子语类》卷一，中华书局，1986年，第5页。

[3]《朱子语类》卷二十七，中华书局，1986年，第689页。

[4]《朱子语类》卷四，中华书局，1986年，第60页。

是负载生命的躯壳；气是指生命的作用，是推动生命发展的能量。[1]

朱熹认为，生生之理虽高妙至极，却不是超越于万物之上光闪闪、亮晶晶之东西。生生之理遍在万物，无一物不缺，无一处不满，见见在在，皆是生生之理。生生之理赋予万物而万物得之，便就是物之天性、天德。一物之性，即是一物蕴含的生生之理。天下万物，如日月星辰、山河大地；如鸟兽虫鱼、花草树木；若人之灵秀，无不有性，无不有生理，无不有生物之心。朱子说："生之理谓性"。[2]"程子曰：'心譬如谷种，其中具生之理是性'。"[3]日之曜，月之蚀，沧海桑田，桃仁杏仁，谷种莲子，大黄寒，附子热，草木之生意，雏鸡之仁，驴之鸣叫，禽兽之知觉，人心之恻隐，无不是生生之理。朱子认为，生物并非天之生物，乃是物之自生，物之自成。如谷种，自具生生之理，播种既生，自胚芽而根干而花叶而果实，自自然然，不加安排。

朱子认为，生生之理一体散为万殊，万殊归为一体生理。如一树花，从总上言，根、干、枝、花、叶、果之生理一体流通，彻头彻尾，无一处欠通；从分上言，枝干有生理，花有生理，叶有生理，果有生理。从分上言各有生理，似有许多生理，其实都汇聚为一体之生理。一木小宇宙，宇宙一大木！宇宙亦如一树木，一木生上，分而为干枝，又分而为花为叶，生生不穷。朱子说："如今识得个大原了，便见得事事物物都从本根上发出来。如一个大树，有个根株，便有许多芽蘖枝叶，牵一个则千百个皆动。"[4]宇宙如一生命之大树，

[1] 吴怡：《生命的哲学》，台北三民书局，2004年，第2—3页。

[2]《朱子语类》卷四，中华书局，1986年，第82页。

[3]《朱子语类》卷五，中华书局，1986年，第95页。

[4]《朱子语类》卷三十六，中华书局，1986年，第977页。

天地万物若树之干枝花叶，其间亦有“理一分殊”也。“理一分殊”，若譬之河流，天地生生之理为一生命“大洪流”，一切分流都源自它流出。源泉只有一个，分流则有许多，而诸多分流汇聚就是此一生命大洪流。故朱熹说：“天覆地载，万物并育于其间而不相害；四时日月，错行代明而不相悖，所以不害不悖者，小德之川流；所以并育并行者，大德之敦化。小德者，全体之分；大德者，万殊之本。川流者，如川之流，脉络分明而往不息也；敦化者，敦厚其化，根本盛大而出无穷也。此言天地之道，以见上文取譬之意也。”[1]从总体上看，天地万物只有一个生生大洪流，因为同出于一本，就像分泉同出于源泉一样。从分上看，万物如人、犬、花等各自有分量，各有一个生理，也像分泉各自成一个泉，此“一体万殊，万殊一体”之精义！当代生态学家罗尔斯顿也用“生命之流”的概念表达人与天地万物为一体。在他看来，生命是一种“流动”，其中不存在截然分明的固定界限。人与自然的对立在一定意义上是正确的，“但是，如果把它们置于一个更大的、呈现着人与自然、生物自然与物理自然的交流的图景中，这些对立的看法就成了不完全的真理。自然赋予我们客观的生命，而个人的主观的生命只不过是其中的一个部分的、内在的方面。”[2]

二、以花树见证生生之理

在朱熹眼里，花树是生生之理的体现，因此他常常从一花一木的生命具体阐述其生生之理。以朱熹的观点，每物都是生命存在，

[1] 朱熹：《四书集注·中庸章句》，中华书局，1983年，第38页。

[2] 罗尔斯顿：《哲学走向荒野》，刘耳、叶平译，吉林人民出版社，2000年，第106页。

每时每刻在过生命，都有自己的生命轨迹。但何为生命，生生之理是什么？朱子说：

“天地之心，别无可做，‘大德曰生’，只是生物而已。谓如一树，春荣夏敷，至秋乃实，至冬乃成。虽曰成实，若未经冬，便种不成。直是受得气足，便是将欲相离之时，却将千实来种，便成千树，如‘硕果不食’是也。方其自小而大，各有生意。到冬时，疑若树无生意矣，不知却自收敛在下，每实各具生理，更见生生不穷之意。这个道理直是自然，全不是安排得。只是圣人便窥见机缄，发明出来。”[1]

这段话是朱熹从具体树木的生命过程来说“生”。其实，“生”字之本义，指草木从土中生长出来。看甲骨文“生”的字形如下：

该字实是一幅充满活力的美丽图画。但见一草木从土地生长出来，它的根部坚实稳妥，茎细短而直，两片叶子小而柔嫩，挺直的身姿略有弯曲，尤其最上的尖芽遒劲有力，努力向上伸展，充满着生命动态的张力。再仔细看，但见土地支撑着根茎，根茎托举着嫩叶，共同推动着尖芽向上生长，土地、根茎、嫩叶、尖芽相互支持、相互配合，形成了亲密无间的生命整体。这幅生命图画把我们带到早春时节，草木生命经过孕育萌芽，终于破土而出，并且生茎抽叶，已有草木的雏形，娇弱中充满着生命的力量，它蓄势待发、跃跃欲

[1]《朱子语类》卷六十九，中华书局，1986 年，第 1729 页。

试，将要开启下一段茁壮成长的旅程。“生”之一字，蕴含着深刻的生命之理。

朱熹认为，**生命是有根源的**。无无本之木，一棵草木只有从根上才能生出茎干，抽出枝叶，开出花，结出果实。草木无根，不可能长出干、枝、花、叶、果。若草木的根受到斫伤或在泥土中扎根不稳，草木难以欣欣向荣地生长。万物皆有一个根，皆有一个源，凭空之中不可能生出万物。朱熹说：“问渠那得清如许，为有源头活水来。”根是万物生命的活水源头，无根则无生命。生命是由内而外、由本向末的活力涌动。

朱熹认为，**生命是渐变的**。三尺之冰，非一日之寒，其所由来者渐矣。生命不是一蹴而就的，“渐”是自然生命最大的秘密。朱熹说：“且看春间天地发生，蔼然和气，如草木萌芽，初间仅一针许，少间渐渐生长，以至枝叶花实，变化万状，便可见他生生之意。”[1]譬如草木，鹅黄的嫩芽初如一针许，假以时日，便会茁壮成长为干茎，再假以时日，便会抽枝生叶，再假以时日，便会开花结实。促发草木生命进展的秘密，便是时间之“渐”，在它的浸润中，生命力量含蕴积蓄，生命变化着它的形色样态，展现着生命的过程。它是那么自然，那么悄无声息，不是“忽如一夜春风来，千树万树梨花开”，而是“随风潜入夜，润物细无声”的。

朱熹认为，**生命是生生不息的**。新陈代谢、生而又生，是生命连绵不绝的法则。四季轮转，草木青了又黄，黄了又青。“野火烧不尽，春风吹又生”，生命在代谢更替中流淌不息。朱熹说：“一丛禾，他初生时共这一株，结成许多苗叶花实，共成一个性命；及至收成

[1]《朱子语类》卷十七，中华书局，1986年，第383页。

结实，则一粒各成一个性命。只管生生不已，所谓'日新'也。'富有之谓大业'，言万物万事无非得此理，所谓'富有'也。日新是只管运用流行，生生不已。"[1] 春种一粒黍，秋收万颗籽，果实成熟，秋收冬藏之后，来年春种，又一轮生命勃发。草木的生命就是这样所生生能生，生而又生，无有停息。

朱熹认为，**生命是有条理秩序的**。生命的过程不是混乱无序的，而是有其节奏韵律的。草木的生长，一定有个生根、发芽、长茎、抽枝、生叶、开花、结实的序列，不可扰乱，不可颠倒，这是大自然生命之节奏。春生、夏长、秋收、冬藏是草木生命的大节律，其中每一节点又有更小的节奏，正是在与自然环境相应的节奏中，万物生命呈现出自身的理路脉络。无理无序，只能导致生命的畸形、枯萎和死亡。

朱熹认为，**生命是摄取能量的**。朱熹说："如一粒菜子，中间含许多生意，亦须是培壅浇灌，方得成。不成说道有那种子在此，只待他自然生根生苗去。若只见道理如此，便要受用去，则一日止如一日，一年止如一年，不会长进。正如菜子无粪去培壅，无水去浇灌也。"[2] 生命绝非空虚无形，一草一木皆是活生生的实体，是物质能量的组合体，故要吸收土壤养料，呼吸空气，摄入水分，吸收阳光，这本是精气能量的摄入过程。养料、水分、热量摄入不足，草木便走向枯萎甚至死亡，更不要说离开物质能量能存活。

朱熹认为，**生命是有目的意向的**。朱熹说："天地生生之理，只是直。才直，便是有生生之理。不直，则是枉天理，宜自屈折也，

[1]《朱子语类》卷七十四，中华书局，1986 年，第 1900 页。

[2]《朱子语类》卷一百二十，中华书局，1986 年，第 2882—2883 页。

而亦得生，是幸而免耳。如木方生，须被折了，便不直，多应是死。到得不死，幸然如此。”[1]看草木直生向上，看草木生命的由本至末，生命的生、长、收、藏序列，看物质能量的摄取与排放，无意都体现着草木自身生命的方向性和目的性。大自然中，向阳花追逐阳光，藤蔓盘曲向上，密林中草木竞相争高……草木适应环境甚至改变自己的生命节律等。

朱熹认为，**生命是整体贯通、和谐共生的**。生命不是独存的，而是互依相关的。草木的生命存在，离不开土壤、肥料、空气、水分、阳光，离不开人力、虫媒，甚至看似破坏其生命的狂风暴雨、冰霜雪冻，虫咬鼠害，这些有机的、无机的、有益的、有害的物事共同构成了生命整体之流，孕育着、支撑着这个生命。“万物并育而不相害，道并行而不相悖”。正如前面所提到的，德国哲学家马丁·布伯说，当我凭借着“发自本心的意志和慈悲情怀凝神关照树时，我就可以感受到树在天空下舒展枝叶的自由，感受枝条与风、雨露和阳光相交接的喜悦，感受根脉在泥土中伸展的温暖和踏实。这时，我是从树的角度来理解生命，……我获得了一种我自己的人生所不能体验的快乐。”[2]这段颇有诗意的句子其实就是表达了物我一体的情怀。万物在生命共同体中同生共育，孤立意味着死亡。

草木的生命是这样的，人和万物的生命何尝不是这样。一个看似简单的“生”字，蕴含多少生命之理！

总之，**朱熹认为，生生变动、气化流行乃是这个世界的根本。他的哲学，就是解释每一生命的存在、变化、成长和实现，反省天**

[1]《朱子语类》卷三十二，中华书局，1986年，第811页。

[2] 马丁·布伯：《我与你》，陈维纲译，生活·读书·新知三联书店，1987年，第21页。

地万物生生化化的过程及其万物生化之所以发生的根本或动因。有生命存在和变化就要有材料、就要有秩序、就要目的意向。具体说，就要有聚成一物生成的材料——“气”，有生成该物过程之中显现且遵循的秩序——“理”，要有事物生成的动力和意向——“心”。事实上，任一物的生命过程，都是该物主动整合生命之材料（“气”）和遵循生命呈现之秩序（“理”）并依照某种生命目的（“心”）的实现。在朱熹那里，理是生生之理，气是春生之气，心是生物之心，理、气、心三者相互依赖、对应存在，不可分离，共同表达了生生不息的宇宙本体论。其中，理、气、心是宇宙本体论的基本范畴，且三者都与“生生”有关，而“生生”又以“仁”为内涵，朱子哲学归根到底是“生本论”。[1] 钱穆也指出，“朱子论理气，必以其所以论仁者为之画龙点睛。至是而知此理乃是一生生之理，此气乃是一生生之气，此宇宙理气之统体，乃是一生生之体。……当之理非是一死物，乃是一活物。理必寓于气，气亦非一死物，亦是一活物。此宇宙理气之整体，亦复如生人之有心。此一整体，乃一生物为心，固非茫然漠然其无主，顽然块然而无所向也。此宇宙理气之整体，乃一至神而又至仁之体。”[2] 由此可见，朱熹哲学与其说是以气、以理、以心为本，还不如说是以“生生”为本；而在**朱熹那里，“仁是个生理”**；[3]**“仁者生之理”**。[4] **生即仁，仁即生，其“生本”即是**

[1] 关于朱子的“生本论”，参见王锟《天地以生物为心——朱熹哲学的“生本论”》(《哲学研究》2006 年第 2 期）一文。

[2] 钱穆:《朱子论仁　上》,《朱子新学案》(第一册)，台湾三民书局，1971 年，第 363 页。

[3]《朱子语类》卷二十，中华书局，1986 年，第 468 页。

[4]《朱子语类》卷九十五，中华书局，1986 年，第 2418 页。

“仁本”。一言以蔽之，朱熹哲学是生生本体论，或者仁本体论。[1]

三、生生哲学的特质

在宇宙论上，朱熹主张“万物一体论”，即认为世界是人与万物相互关联的有机生命大体，人与万物、万物与万物之间相互依赖，相互涵摄，互相感应，其节节相通，节节合拍，形成一广大贯通、和谐共生的共同体；人与万物无时无处不发育创造、生命流行。前面引述过，朱熹对《中庸》第30章[2]的注释说：天覆地载，万物并育于其间而不相害；四时日月，错行代明而不相悖，所以不害不悖者，小德之川流；所以并育并行者，大德之敦化。小德者，全体之分；大德者，万殊之本。川流者，如川之流，脉络分明而往不息也；敦化者，敦厚其化，根本盛大而出无穷也。此言天地之道，以见上文取譬之意也。[3]

正如韩国学者金世贞教授指出的，万物在天地间共生，互不伤害。同样地，四时与日月不是相互独立的，而是处在有机关系之中。即，没有不经历春天的夏天，没有不经历白天的夜晚。四季与昼夜变化不存在矛盾。各部分生态系统在总生态系统中生长、运行，维持着有机的相辅关系。将自然生态系统视为一个整体时，每个个体作为其中的一分子，以相辅性为生命本质运行开来。[4]

---

[1] 值得一说的，陈来教授颇有创新的《仁学本体论》一书强调朱子晚年仁学的面相，有“仁本论”特质。

[2]《中庸》30章，“万物并育而不相害，道并行而不相悖，小德川流，大德敦化，此天地之所以为大也。”

[3] 朱熹:《四书集注·中庸章句》，中华书局，1983年，第38页。

[4] 金世贞:《从生态哲学的角度来看的朱熹之“理”生态主义》，浙学论坛暨浙学与“东南三贤”国际学术研讨会论文，2019年6月。

在宇宙观上，在**朱熹看来，宇宙是一个生命创进不已的过程，宇宙本身弥漫着生生不息之创生力或创生性，无时无刻不在发育创造**。**也就是说，宇宙不是无生命的物质颗粒机械运动的场所，宇宙中没有一件东西真正是死的，一切现象里面都蕴藏着活力和生机，在生长变化、创造进展**。**相对照，西方近代机械宇宙论，把宇宙当作充满颗粒性物质的空间**。机械宇宙论把物质看作如“积木”那样一块一块的东西，它“在此地”、“在此时”占有确定的位置而与其他时空之物质毫无关系。物质都被看作是颗粒性的元素，在绝对的空间中占有位置，并在机械法则的支配下运动；世界被看作为孤立的、被动的、静止的物质块运动组合而已。这是一个无感觉、无价值、无意义、物质化、机械化的宇宙，宇宙压缩为一同质的、封闭的系统，没有创生变化之可能。在时空观上，朱熹强调物与时空之统一、时与空之统一。《易经》及先秦儒道思想以“位序”说时空，而一物之位序，乃由该物与他物相互关系所在之“场域”来定。从一物相互摄涵感通的生化过程来看，当一物之位“在此”而感通常“在彼”时，其位置不能仅仅说“在此”；当一物生起时“在此”，然其所继承之事物及其所开启之事物则在过去和将来，因此也不能说此物仅在生起之时。总之，以朱熹为代表的中国哲学所说的一物之位序，不能说此物只限于所占据时空的一部分。如唐君毅说，中国人没有“绝对的时间空间观念”，中国人的“万物的空间”，即万物赖以相互感通的场域；而一物的空间，即一物所以摄受他物之“场域”。中国人的“万物的时间”，即万物生命相承相续而展开的过程。至于时间、空间的无限，可从万物相互感通而生化无穷上说。相对照，西方近代哲学则有绝对空间与绝对时间，即无限广延的“空的空间”与无限绵延的“空的时间”，或者说是“空的时空容器”，以盛贮万物；并且认为空间、时间是孤立自足的，此一空间与彼一空间没有关系，此一时间与彼一时间没有关系。因此，占有一定时空的物质，即为此时、此地的物质，它固定于此时、此地而与它时、它地的其他物质无联系。

在本体论上，朱熹以变动生生、相互关联的“事物”作为最真实存在。在朱熹看来，没有孤立自足、互不关联的事物，现实之物相互关联、相互感通、相互影响，共同促进事物的生成变化。“事物”不是占有“单纯位置”的物质，此“事物”与其他“事物”都是相关的，并对其他“事物”具有感通性；“事物”与其他“事物”之间是一种“内在关系”。事物是“关系中的事物”，每一物是生成变化的过程。而且，朱熹哲学崇尚事物的运动和变化，认为“事物”本身是动态的，是“有机体”。相对照，西方哲学自亚里士多德以来大都把永恒不灭、独立自足的静态“实体”作为最真实存在。“实体”，不管是物质实体（如原子或原质）还是精神实体（如柏拉图的观念、形式、法则或上帝），都是最真实的存在。**西方哲学偏好“实体”优于“过程”，崇尚事物的静止和不变；“实体”往往被看作为感觉现象之后、之下的“托底”，只有从感觉现象后面才能找到真正的实在，而且实体是永恒不灭、独立自足的、静态的**。此种实体观，遂产生了本体与现象、第一性与第二性之分别，对后来的物质观影响很大。

朱熹宇宙观的最大特征，即认为宇宙自然本身具有价值。朱熹主张宇宙是一个人与万物关联互系的有机体，而人在宇宙中就如同耳目手足之在人身上，耳目不仅必须为整个人身尽其视听之功能，而且同时必须又爱护手足，因为耳目与手足同属于一人身上，彼此痛痒相关、休戚与共。**这种把整个宇宙当作一个有机体之观念，不**

仅主张人与万物互倚、一体共存，而且也主张人事与物理不分。一物在宇宙有机体中之“所是”，就是其“所当为”；一物在宇宙有机体的“实然”，就是其“应然”。也就是说，以朱熹为代表的中国的宇宙观主张事实与价值的统一。相反，西方主流的宇宙观，历来不主张价值内在于自然，而主张事实与价值之二分。

基于“关联式思维”，朱熹则从直接体验和感受来认识事物。朱熹认为心之功能，就在于“感通”，即通过“感”使个体小己与宇宙大我“通”。在宇宙有机体中，一物与所有他物的关系，就在于其能感，由感而通。朱熹重视阴阳五行相联的特性、循环的特性。这样的例子很多，不同的阴阳特性组成无始无终的循环：动和静、伸和屈、消和长、往和来、辟和翕、昼和夜、生和死、暑和寒等等。例如，五行的很多特性如四季、四德和植物的生命周期，都按其固定的顺序无限循环，并把自然现象与人事道德联系起来。相反，西方哲学的主流是因果思维，其概念与概念之间相互隶属服从，从前一概念到后一概念，有必然的演绎推理。以因果思维模式认识事物，或者只分析空间上相邻、时间上相续的 a、b 两事物之间的机械因果作用，或者以普遍必然的、合逻辑的模式来解释具体的事物。还有，西方哲学主流是通过抽象思辨和逻辑推理而获得一种超越的、普遍必然的原则，并以此来认识和解释世界，寻求一种“逻辑的或理性的和谐”。西方的认识论注重理性或“客观性”，存在着理性与感性之对立且偏好理性思辨的倾向。以朱熹为代表的中国思想则重视情感经验，主张情理统一。正如唐君毅指出，西方哲学以理性言心者，多贬低情感轻视经验；而中国哲学言“理”，多联系着性情经验，故说“性理”、“情理”。而中国思想重视情感经验，与怀特海重 feeling 相似。

在人生观上，朱熹哲学认为，秉承天地生命的人，最重要的是在宇宙生命共同体中成就自己、成就他人、赞助万物。儒家以为，人只有在与他人、社会、自然万物的关系和交往中，在齐家、治国、平天下及参赞万物化育的过程中，才能成就自己，进而成就他人。朱熹认同成己成人，认同正德、利用、厚生的社会哲学。而要成就他人，必须有刚健有为的善治方略。在社会政治观上倡导民本主义理念，“民为邦本”；“天视自我民视，天听自我民听”；“民之所好好之，民之所恶恶之”。就是说，国家的治理应以民意——即人民的物质与情感的需要为依归。因此，尊重民意，满足人民的物质与文化需要，以民意而不是以统治者的私利为标准，为人民制定合情合理的政经措施，兴利除弊，是国家施政所遵循的基本理念，这是德治主义与民本主义相配套的社会政治理想。朱熹认为，政治清明的关键不在威权及暴力刑罚，而在道德教化。“政者，正也”。朱熹要求国家的管理者严格遵循规则，并以道德人格做人民的表率，用德礼教化人民，如果“自天子以至于庶人，一是皆以修身为本”，就可以使每个人各安其分、各守其位，就能使社会实现和谐。德治主义主张“选贤与能”，要求国家的管理者由有知识、有能力、有操守的社会贤达来担任。所以，朱熹非常看重官员的能力和操守。朱熹认为，满足人民的需要是国家生存的命脉。所以，国家最迫切的政策就是孟子所谓的“制民之产”，即让人民有一定量的土地和职业，并实施“劝耕”、“劝农”、“和籴”、“义仓”之策，通过农工商业的活动使人民具备满足生活需要的物质条件。同时，朱熹有“均富”观念，希望社会每个人都应享受最基本的生活福利，也只有这样人民才能拥戴国家，国家才能得到人民的支持而发展。当然，朱熹的“均富”不是要财产完全公有，实行绝对的平均主义，而是反对社会贫富差距拉得过大。“不患寡而患不均”，要求国家让每个人都拥有一份自己赖以安身立命的产业，并通过宏观调控来统筹社会贫富之均衡。当人民达到一定的富足后，还必须对人民“谨庠序之教，申之以孝悌之义”。即开办学校，对人民进行教化，使人民知书达礼，息争少讼，过上和睦的生活。在朱熹看来，政府负有积极教化人民使之有知识、有教养的职责。在教化人民的过程中，官员既是教化的推动者，又是被教化者效仿的对象。这就要求官员自己必须修身养性、遵守社会准则，做人民的榜样。还有，官员应该积极兴办教育，化民成俗，以德礼导引人民，把刑罚的使用减少到最低限度。如此则是善治、善政。相反，近代西方社会政治观则多讲个人权利、重权力制衡、尚法治、轻视道德伦理。

总之，朱子的生生之理落实于日常生活，就是“正德、利用、厚生、唯和”。正德就是通过人修身养性的内圣之事来转化生命。转化生命具体包括提升生命（从血气肉体之身提升至精神性灵之身）、开拓生命（从一己之小体打通天地之大体）、充实生命（即生命的开显和完成）、延续生命（即生命的有限走向无限的不朽）。利用、厚生就是物质的开发和民生足用及政治社会清明有序的外王事业。唯和是走向生命和乐的追求，即身心和乐、家庭和乐、社会和乐、政治和乐，乃至天地万物同生共育的生命大和谐、大合唱。

总之，朱熹的生生哲学既不是一元论（因为一元论者强调整齐划一、同质化），又不是二元论者（因为二元论强调对立冲突、矛盾排斥），也不是浅显的多元论者（因为此种多元论强调个体性、特殊性甚至私我性），而是一核多元的有机整体论。一核多元的有机整体论中的“一核”，就是一个中心，而多元是多层次的、多样的事物；“有机整体”是周围丰富充实的多元与中心因向心力、远近差异组成相互关联、动态、有层次的协和整体。其中，核心之元不是凌驾于多元之上的支配力量，而是引导、吸引、指向的一个力量中心，而多元并不是完全依附于中心，而是有各自的独立性、自主性。如此，形成了核心与多元，多元与多元之间复杂的动态关系。其中，核心之一与多元相互对待、相互关联，多元与多元也是相互对待、相互关联，这种一核多元的有机整体论体现在“道并行而不相悖，万物并育而不相害”之思想。简言之，朱熹的生生哲学是以“中”与“和”为精髓的互动关联的大格局；中是大本，和是大用，即“致中和，则天地位、万物育也”，体现了人与万物广大贯通、和谐共生的有机主义宇宙观。

四、成为大人——与宇宙万物生命成为一体的人

朱熹认为，禀得天地生命灵秀的人，其在世界上的意义和价值，就是在参与创造万物生命化育中实现自己。而要参赞天地万物生命的化育，就是通过人的实践工夫，在内在修养与外在格物之间达到统一和平衡。为此，朱熹提出了一套工夫论，其要点有三：即格物穷理、居敬涵养、力行实践。他把真正力行实践的人，称之为大人。

何为大人？朱熹曰：“不止有位者，是指有位、有齿、有德者，皆谓之‘大人’。”[1] 往深里看，大人就是有德之人，而真正有德之人就是人生与宇宙打成一片。具有天下宇宙意识的大人，可以直觉到自身与他人、他物乃至天地万物相互关联、相互融通，把自己与天地万物打成一片，把世界看作一同呼吸、共命运的生命共同体。大人真正懂得人是万物的一分子，万物也是人生命中的一部分，人与

[1]《朱子语类》卷四十六，中华书局，1986年，第38页。

万物息息相关，同呼吸、共命运。正如《易传》说："夫大人者，与天地合其德，与日月合其明，与四时合其序，与鬼神合其吉凶。先天下而天弗违，后天而奉天时。"即有天下宇宙意识的大人，如果能扩大提升自己，积极参与赞助天地万物的生命，那么他的生命性情与天地宇宙的生命性情相融入，他的生命光辉与天地宇宙的生命光辉相协调，他生命变化的节奏与天地宇宙生命变化同节奏，他生命之顺逆与天地宇宙生命的顺逆相感通。如此，宇宙与人生便打成一片、贯通一体。朱熹认为，人类在自然界的意义和价值，就是参赞天地万物生命的化育。而要参赞天地万物生命的化育，就要以仁心对待万物，即"爱物""利物"，这是人类的"天职"。如果人不参赞天地万物之化育，甚至为了私利而毁坏自然万物的"化育"，那么后果就是环境和生态的破坏。他不无预见性地说："则山崩川竭者有矣，天地安得而位！胎夭失所者有矣，万物安得而育！"

朱熹非常重视张载的《西铭》中这段话："乾称父，坤称母；予兹藐焉，乃混然中处。故天地之塞吾其体，天地之帅吾其性，民吾同胞，物吾与也。"意思是说，天称作万物之父，地称作万物之母。我个人看似如此微小，却能扩大提升自己，在天地之中而与天地浑然为一体。充塞于天地之间的气，形成我的身体，统帅天地万物的大道，内化成为我的本性；人民是我的同胞，万物都是我的朋友。朱熹在《中庸章句》说："天地万物本吾一体，吾之心正，则天地万物之心正；吾之气顺，则天地万物之气顺"。朱熹进一步辨析道：

> 问："仁者以天地万物为一体，此即人物初生时验之可见"？曰："不须问他从初时，只今便是一体。若必用从初说起，则煞费思量矣。犹之水然，江河池沼沟渠，皆是此水。……便

是同体。”[1]

朱熹认为，我之气，即是天地万物之气；我之性，即是天地之理。我与万物，同是一气、同是一理，譬如江河池沼同是一水一样。由此可见，朱熹主张人与万物一体论。

在有天下宇宙意识的人看来，一个人置身于家庭和国家，这个家庭和国家的命运就与这个人命运息息相关，因为一个家庭有一个家庭的牵连，一个国家有一个国家的牵连，作为这个家庭或国家的一分子，必然受到家庭和国家命运的牵连影响。进一步说，人类就是一个大共同体。作为人类的一分子，每个人的命运必然受到人类命运的影响。如美国前总统肯尼迪说：“只要有一个人被奴役，全世界都不自由；只要有一个人被侮辱，整个人类都失去了尊严。”再进一步说，地球是一个大共同体，每个人的命运与日月星辰、山河大地、花草树木、虫鱼鸟兽人等地球上的一切息息相关。从最大的方面看，天地宇宙就是一个至大的共同体，每个人的命运与宇宙万物息息相关，牵一发而动全身。如陆九渊说：“宇宙内事乃己分内事，己分内事乃宇宙内事。”这是多么鲜活的天下宁宙意识啊！朱熹常常从积极面肯定人的正能量，认为只要我们每个人践行忠恕之道，推己及人，便可知觉人与天地万物的一体，知觉到我与天下宇宙的契合。他说：“亦只推己以及物。推得去，则物我贯通，自有个生生无穷底意思，便有‘天地变化，草木蕃’气象。天地只是这样道理。若推不去，物我隔绝，欲利于己，不利于人；欲己之富，欲人之贫；欲己之寿，欲人之夭。似这气象，全然闭塞隔绝了，便似‘天地闭，

[1]《朱子语类》卷三十三，中华书局，1986年，第852页。

贤人隐’。”[1]这段颇有诗意的句子其实就是表达了物我一体的情怀。由此可见，在本质上，人都是具有天下宇宙意识的大人。朱熹应该认同陆九渊的说法：

> “东海有圣人出焉，此心同也，此理同也；西海有圣人出焉，此心同也，此理同也；南海北海有圣人出焉，此心同也，此理同也；千百世之上有圣人出焉，此心同也，此理同也；千百世之下有圣人出焉，此心同也，此理同也。”[2]

意思是说，每个人，一出生就有这种与天地万物一体的同理心、同情心。然而遗憾的是，随着在日常生活中摸爬滚打，我们的一己之私和欲望膨胀，我们的胸怀、我们的眼光越来越局限于自己，最后把自己与天下宇宙隔离开来，最终蜕变成眼里只有自己的小人。后来王阳明说：

> “大人者，以天地万物为一体者也。其视天下犹一家，中国犹一人焉。若夫间形骸而分尔我者，小人矣。大人之能以天地万物为一体也，非意之也，其心之仁本若是，其与天地万物而为一也。”[3]

若要问一个人如何具有“中国一人，天下一家”乃至“天下万物一体”的意识，朱熹的回答是：因为我们天生具有同情共感的能

---

[1]《朱子语类》卷二十七，中华书局，1986年，第690页。

[2]《陆九渊集》卷三十六，中华书局，1980年，第482页。

[3] 王阳明：《大学问》，《王文公文集》卷二十六“续编一”，吴光、钱明、董平编《王阳明全集》（新编本），2010年，浙江古籍出版社，第1015页。

力，也就是所谓的“心之仁”、仁心。朱熹阐述了孟子亲亲、仁民、爱物等差等之爱的正当性：

盖天地之性，人为贵。故人之与人，又为同类而相亲。是以恻隐之发，则于民切而于物缓；推广仁术，则仁民易而爱物难。今王此心能及物矣，则其保民而王，非不能也，但自不肯为耳。[1]

朱熹认为，人与自然物的本性均来自上天，但并不是说人与自然物是完全平等的，人与自然物之间存在差序等级。在天地之中，作为天地万物生命的协同创造者和参与者的人是最宝贵的。人与自然物之间存在差异。同种（同类）的人都是尊贵的，不同种的（异类）自然物没有人尊贵。故人们易于亲近身为同种的他人，易于对其发动恻隐之心，对不同种的自然物相对没有那么友爱。在实践仁的过程中，爱他人之心（仁民）易有，而爱自然物之心（爱物）不易有。在禀赋方面，由于气质上的差异，人与自然物之间存在贵贱和差等，故待人待物存在强弱和难易的差异。换句话说，仁民比爱物更强烈和容易。除了对待自然物的差等。在待人方面，也存在差等的爱。朱熹说：“盖骨肉之亲，本同一气，又非但若人之同类而已。故古人必由亲亲推之，然后及于仁民；又推其余，然后及于爱物，皆由近以及远，自易以及难。”[2]就是说，人与人之间的仁爱也存在差等，骨肉相连的亲人之间由于共享一气，在生物学上比他人更亲近。因此，比起仁民，亲亲的优先级更高。但我们不能被亲亲禁锢双脚，要将友爱的行为从亲亲扩充至仁民，从仁民扩充至爱物。[3]

---

[1] 朱熹：《四书集注·中庸章句》，中华书局，1983年，第209页。

[2] 朱熹：《四书集注·中庸章句》，中华书局，1983年，第209—210页。

[3] 金世贞：《从生态哲学的角度来看的朱熹之“理”生态主义》，《2019年浙学论坛会议论文集》，2019年：中国金华。

后来王阳明对朱熹的“推仁”之说进一步阐发，他说：

> “是故见孺子之入井，而必有怵惕恻隐之心焉，是其仁之与孺子而为一体也；孺子犹同类者也，见鸟兽之哀鸣觳觫，而必有不忍之心焉，是其仁之与鸟兽而为一体也；鸟兽犹有知觉者也，见草木之摧折而必有悯恤之心焉，是其仁之与草木而为一体也；草木犹有生意者也，见瓦石之毁坏而必有顾惜之心焉，是其仁之与瓦石而为一体也。”[1]

意思是说，在生命的深层，我们与孩童、与鸟兽、与草木、与瓦石之间一体联通，故当见儿童溺水、鸟兽哀鸣、草木摧折、瓦石毁坏时，油然涌现出顾念怜惜的同情，这是存在于每个人中的真正的仁爱良心、生命的活水源头，这如同我们眼中突然涌出的泪水，没法阻挡、没法否定，真真切切！如蒙培元指出的，人与万物本来就是“一体”的，是一个“血脉贯通”的有机大体，人能够离开万物而生存吗？人与万物本来就是“同体”的，离了万物，人能够单独存在吗？但是，要真正实现“一体”或“同体”，则要靠良心的自觉。[2]

令人遗憾的是，现代人大都在远离自然的城市中过着自我为中心的生活，那种与生俱来的天下宇宙意识不断受到抑制和遮蔽，甚至人们渐渐“忘却”此种良心的自觉意识。然而无论如何，这种与万物一体的自觉意识并未完全丧失，它藏在内向的深处，只是在生命危机的时候才会被唤醒。举个例子说，当我们呼吸雾霾而身体不

---

[1] 王阳明：《大学问》，《王文公文集》卷二十六“续编一”，《王阳明全集》(新编本)，2010年，浙江古籍出版社，第1015页。

[2] 蒙培元：《当代良知论》，《杭州师范大学学报》2003年第3期。

适时，才知道我们的生命与空气连为一体；当我们吃了受污染的蔬菜水果而身体不适时，才知道我们的生命与土壤河流连为一体；当看到大街上臭气熏天的垃圾而身体不适时，才体会到我们的生命与清洁工连为一体……。而当我们感觉到与空气、土壤、河流、清洁工联接为一生命共同体时，我们每个人与生俱来的天下宇宙意识便被唤醒，我们才会走出自我的孤岛，敞开自己的心胸、张开双臂，拥抱他们、包容他们、怜惜顾念他们，去友爱他们。孟子讲“亲亲仁民爱物”，讲“上下与天地同流”，就是说当我们爱自己的亲人、顾念他人及珍惜身边花草树木虫鱼鸟兽时，我们就是成为与天下宇宙同大的大人，而不是拘束于一己的小人。

总之，大人就是把宇宙与人生打成一片的人，是有天下宇宙共同体情怀又接地气的人，是仰望星空脚踏实地的人。一个人，扩大提升自己，具有天下宇宙共同体情怀意识，懂得己、人、家、国、天下乃至宇宙是与自己休戚与共的生命共同体，自然充满恻隐之心，深怀仁爱之情，吉凶与民同患，以天下为己任。《尚书》曰：“一夫不获，则曰时予之辜。”《孟子》说：“禹思天下有溺者，犹己溺之也；稷思天下有饥者，犹己饥之也；”朱熹同意弟子以下的说法：“盖大人，以天下为度者也。天下苟有一夫不被其泽，则于吾心为有慊；而吾身于是八者有一毫不尽，则亦何以明明德于天下耶！夫如是，则凡其所为，虽若为人，其实则亦为己而已。”先生曰：“为其职分之所当为也。”[1]也就是说，具有天下宇宙共同体意识的人，他自然爱家庭、爱他人、爱民众。然而，登高必自下，行远必自近，一个有宇宙意识的大人，要使自己的宇宙意识得以实现和落实，必须从

[1]《朱子语类》卷十五，中华书局，1986年，第313页。

家到社区，从地方到国家一步一步做起，层层扩大、层层提升。也就是说，具有宇宙意识的大人，他也得放下身段，低下姿态，从基层、从家庭做起，由乡里而国家而天下。理解大人，有两点要义：一是要须有生命共同体的天下宇宙情怀；一是又不好高骛远却能接地气，从当下做起，层层扩大、层层提升，参与赞助自己、他人、甚至天地万物的生命实现和完成。用时下的话说，大人就是那些仰望星空求索，脚踏实地践行的人。

五、生生哲学的启示——“一道三态”说

综上所述，朱熹的生生哲学以“生生”为中心展开，他以草木生命为例，对生命的根源、动力、秩序、材料、意向、过程及人的使命天职等进行较系统阐述。这种生生哲学，既呈现了人与人、人与自然协同共生的世界观，又重视人在参与赞助万物生命过程中的主体性和能动性，挺立了人的中心地位和价值意义，这对推进生态文明与和谐社会建设具有重要的启示意义。

众所周知，当今的现代化给我们提供物质、交流、生活便利的同时，又带来了一系列问题和危机，主要有生态、政态、心态危机，总括为“三态危机”。

“生态危机”是环境污染和生态破坏而使人类面临的生存危机。这是全球暖化、环境破坏和生态平衡被打破的问题，具体表现在碳排放量持续增加，臭氧层破坏，全球气温升高，冰川融化，极端天气增多，生物多样性的减少，以及“水资源战争”、粮食减产、疾病大流行、“生态难民”等方面。总之，进入大工业时代以来，人类的生产生活活动对自然界的影响急剧加大，从自然演化的角度看，人类成为自然环境的主宰，进入地质学意义上的“人类世”

时代。[1] 由于人类拥有巨大的科技力量，加之无节制地掠夺和开发资源，打破了生态平衡，破坏了环境的自我调节能力和节奏，生态系统濒临崩溃的边缘，人类开始遭受了环境的报复，生存面临空前危机。是生存还是毁灭，这是自人类诞生以来一个最大的问题，当代中国深受生态危机的困扰。

“政态危机”就是全球性的社会治理难题和治理危机。在全球许多国家，包括发达国家和发展中国家，都出现了贫富差距和种种不平等，跨国性垄断公司的扩张、金融和数字经济快速发展，使金钱和财富倾向于金字塔尖少数富人流动（可称之为“技术—数字封建主”），而居于金字塔身底的广大民众分享感和获得感很少，而金钱拜物教打开人们的消费欲望，相对贫困和被剥夺感问题加剧，社会公平正义渴望凸显，随即引发政态问题。另外，权钱结合造成了事实上的寡头政治，对妇女、儿童、老人、少数族裔、移民、残障者、失业者等弱势人群的歧视普遍存在，跨国犯罪、恐怖主义及霸权主义仍是全球政治的乱源。如何解决全球性社会政治问题，建立公平、公正、和平、秩序、合作、共享的国内国际政治新秩序，形成真正的善治，关乎着每个人的前途和幸福。

心态危机就是现代人“真我”的丧失而失去了安身立命的根据。在当今世界，物质主义和消费主义以其凌驾四方的冲击力，愈来愈成为普世现象。更严重的是这种消费主义和物质主义对人许诺，“在完全专注于从科技和经济那边看待人生每一方面的时候，我们找到一套全新的方式，来消除长久以来一切人生苦难的成因”。这便形成了物质主义的宗教信仰，史华慈称之为“唯物主义末世救赎论”或

[1]《“人类世”地质时代已经形成》,《中国矿业报》2016 年 3 月 16 日。

“经济千禧年主义”。[1] 表面上看，全球化的市场经济似乎不仅带给我们每个人无限增长的希望，而且可以满足“失控的消费主义”所激发的各种欲望；同时堆积如山的消费品、大众传媒包装的“金钱名人”和广告诱骗，给我们无限的满足和希望。然而，“消费至上”“物质享受”对精神、道德造成巨大的“侵蚀”，产生了严重的心态危机，具体表现为压力、紧张、焦虑、急躁、功利、物累、冷漠、虚无、无聊、游戏、粗鲁无礼、亚健康、抑郁……人们衣食无忧却感觉不到幸福，互动频繁却越来越冷漠孤独，触手可及海量信息却感觉到茫然无知。一句话，当代人物质更加富裕而精神却日益空虚，肉体日益膨胀而心灵日益萎缩，心态危机普遍存在。

而生态—政态—心态这三者危机如“连环”，解决其中的一个、必须同时解决另一个。同样，“三态危机”即是世界的，也是中国的。所以，要回应中国和世界所面临的这些问题和危机，当代中国哲学必须以整体一贯的意识回应才有希望。

在这个互联互通的生命共同体世界里，探索“生态—政态—心态”危机的解决之道，必须放弃碎片化的思维，以统整一贯的视野，对朱熹与怀特海有机主义和生命哲学进行综合创新而重建一种形而上学，故笔者尝试提出“一道三态”说。

“一道三态”说，即以“道”来统贯“心态”“生态”“政态”。所谓“道”，就是天地生生之道，即天地自然具有创生万物的力量和原理，此种力量和原理不是如神力那样超越于万物，而是贯注于人与世界万物之中。“生态说”，即认为世界是人与天地万物相互关联的

[1] 林毓生：《史华慈著〈中国与当今千禧年主义〉导言》，《世界汉学》2003 年第 1 期。

有机整体，万物之间相互依赖，相互摄涵，互相感应，休戚与共，形成一广大贯通、和谐共生的生命共同体。每一物，不管是人、动物、植物、微生物、无机物在宇宙生命大机体中都有意义和价值。“心态说”是与人的身心安顿或安身立命的问题有关，其核心就是成己成物、参赞化育，使人在与己、与人、与物、与天地宇宙相打通中安顿自己。“心态说”的具体落实和体现，即人情世态，它与政治治理和公民道德、公民文化的建构有关，其核心就是以儒家的仁义礼智信与正义、平等、民主、法治等社会主义核心价值观相结合，重建各民族、各群体共同认可的社会良知和“共同体的善”，形成社会的基本道德底线和公序，以挽救社会道德的滑坡沦丧。“政态说”，即重建现代政治社会治理。具体讲，一方面以马克思主义对资本逻辑的评判去疏导生态逻辑。（马克思主义认为，资本主义价值观的核心就是自我增值，表现为追求利润的最大化和资本无限增值，因此就特别看重资本积累和经济的增长，要实现资本的积累和经济的增长，必然是无限地掠夺自然资源、扩大再生产，鼓励过度消费和物质享乐主义的生活方式。）因此，要进入生态的逻辑就要打破资本主义逻辑，坚持社会主义逻辑，从生产者的真正需要出发，调解生产、消费方式，并以社会主义生态文明建设为方略，短期目标就是征收碳税，分配碳排放量，推动有机农业，倡导低碳、环保和绿色的生活方式；长期目标是控制环境污染和生态破坏，降低化石能源、发展绿色能源，调整生产、消费和生活方式，实现可持续发展。另一方面，秉持社会主义公平正义理念，借鉴儒家“共生共育、和而不同”的理念，反对社会贫富差距拉得过大，统筹贫富、长幼、性别、种族，使社会各个层面的人群尤其是弱势人群都能得到惠顾，使其生存和完善，便能实现社会均衡、持续发展。统筹国与国之间的关系，坚持民族和国家不论大小和文化差异，都是平等独立的主体，每个民族和国家只要遵守公道、公理与和平，便可求大同存小异，和谐共处，互利互惠，共同发展、共同走向繁荣文明。

总之，“心态”“生态”“政态”是天地生生之道之呈现和落实。当天地生生之道体现于天地宇宙观上，就是“万物一体”“生生不已”的生态观；天地生生之道落实在“心态”上，就是个己小我与社会天地大我之感通融合，是所谓的“天人合德”，具体表现在以仁爱为中心的人情世态；天地生生之道落实在“政态”上，则是人人各安其位、以民为本、和谐共生的政治生态。“三态”发用于“一道”，又统贯于一道，形成四位一体。“一道三态”说虽然粗糙，但大体可以作为应付面临危机的路向，也是当代中国哲学走出困境的希望所在。

附录　熊十力与怀特海哲学的相通性及本体论之比较

现代新儒学的开山祖师熊十力（1885—1968）与英国哲学家怀特海（1861—1847），可以说是20世纪中西方最具有独创性和代表性的形而上学家。熊十力继承了宋明心性之学的传统，援佛入儒而归宗儒家《大易》，造作《新唯识论》，其形而上学的宗旨是“观象以显体”，以宇宙万物的生化流行，来体认乾坤生生不息之大体。其所阐发的“体用不二”、“翕辟成变”的理论，确立了现代新儒学形而上学的基本框架。另一方面，怀特海反对西方传统哲学心物两歧、主客对立、自然与生命隔阂的二分法，建立“思辨哲学”以整合心物、主客、自然与生命之二分，终成有机主义哲学体系。由于怀特海的有机主义强调心物合一、主客统一、自然与生命相通，而与儒家的形而上学有很大的契合；由于熊十力创造性地继承和阐发了儒家的形而上学，因此，将熊十力和怀特海的形而上学进行比较，理解其共通性，明白其差异性，以便为中西方哲学的沟通和对话寻找桥梁。

一、不谋而合的相通性

与张申府、张东荪、张岱年、张君劢、唐君毅、方东美等人重视研读怀特海哲学的情况不同，熊十力对怀特海哲学所知不多，然大体而言也不陌生。20 世纪 20、30 年代，是熊十力哲学创造的高潮，也是怀特海哲学在中国哲学界流行的时期。1929 年，怀特海形而上学的代表作《过程与实在》出版。三年之后，即 1932 年，熊十力的《新唯识论》文言文本从其北大十年的讲稿中脱胎而“自印行世”。当时，怀特海和罗素的哲学在中国哲学界非常流行，《过程与实在》出版后，很快引起了中国哲学界的注意。当时，张申府、张岱年、张东荪、张君劢、谢幼伟、贺麟、牟宗三等人都对其研读。同样，《新唯识论》出版后在中国哲学界也引起了很大反响，一些学者很快发现了怀特海与熊十力哲学的相通之处。例如，张东荪写信至熊十力称怀特海哲学与《新唯识论》有相通的地方，熊十力他给其复信中提到：“谓英人怀特海之哲学与弟之《新唯识论》颇有相通之点，嘱余生撰一文以相比较。余生于怀特海既未知所得如何，其于新论至多不过粗通文句……余生目前尚未了解新论，又何从比较耶?”[1] 之后，谢幼伟也指出《新唯识论》与怀特海哲学的相似之处。熊十力回信说：“大文有云：著者‘体用不二’之说，西洋哲学亦非绝无所见，如柏烈得来《现象与实在》一书，实尝言之。如曰：‘现象无实在不可能，因如是，则谁为能现？而实在无现象将为空无，

[1] 熊十力：《十力语要》，中华书局，1996 年，第 118 页。

因在现象外必无物也’。是柏氏亦非外现象而求实在。即怀黑德教授《历程与实在》一书，亦明此义云云。吾不能读西籍，向者张东荪尝谓新论意思与怀黑德氏有不谋而合处，未知果然否？”[1]“又大文云：著者认‘心物皆无自体，同为一个整体不同之两方面’，此其说，最近西洋哲学同见及之，如罗素、如杜威、如怀黑德，无不同声否认心物各有自体。心物二元论已成过去。”[2]

可见，熊十力对怀特海耳有所闻，也知道别人评论《新唯识论》与怀特海哲学相通的观点，但他对怀特海《过程与实在》的具体内容，因为“不能读西籍”而所知必然有限，然而他对柏格森的生命哲学研读较多。熊十力曾读过柏格森《创化论》的中译本（张东荪翻译），对柏格森哲学体会较多，而且还能在同情理解的基础上指出两者之不同。例如他说：“忆昔阅张译《创化论》，柏格森之直觉似与本能并为一谈。本能相当新论所谓习气，习心趣境固不待推想，然正是妄相，不得真实，此与吾所谓本体之认识及性智云者，截然不可相蒙”。[3]然而，怀特海的形而上学，因受了柏格森“生命冲动”或“创生”观念的影响，故通过柏格森的一些观念，熊十力可以粗略体会怀特海某些思想。另外，他与牟宗三、谢幼伟、唐君毅等人问学十分密切，而这些人当时都很推崇怀特海哲学，因此，熊十力通过他们了解一些怀特海的思想，也未尝不可能。

总之，熊十力当时知道怀特海，但对怀特海哲学似乎了解不多，这也从他运思中能较多征引、辨正柏格森、康德、黑格尔而很少提及怀特海的观点得到印证。也就是说，在创作《新唯识论》时，熊

[1] 熊十力：《新唯识论》（语体文本），中华书局，1985 年，第 679 页。
[2] 熊十力：《新唯识论》（语体文本），中华书局，1985 年，第 680 页。
[3] 熊十力：《新唯识论》（语体文本），第 681 页。

十力不可能吸收、借鉴怀特海的形而上学。那么，熊十力的“新唯识论”与怀特海哲学究竟有没有相通之处呢?

我们先看熊十力本人是如何回应这个问题的。当张东荪、谢幼伟等人来信指出熊十力与怀特海的相通之处时，熊十力回答说：“贤者所述柏氏语，似与新论有融通之点，然骨子里恐不必相近也。西洋学者所谓本体，毕竟由思维所构画，而视为外在的。新论则直指本心，通物我内外，浑然为一。正以孟氏所谓‘反身而诚’者得之，非是思维之境。柏氏是否同兹真髓，吾不能无疑也。”[1] 这里的“柏氏”，不是柏格森，而是英国哲学家布拉德雷（即柏烈得来），其大著《现象与实在》一书，以“绝对”或“绝对经验”为最高的实在和本体，并认为理性思维不能认识“绝对”，它只能以“直觉”直接把握。布拉德雷的哲学对怀特海产生了一定影响，怀特海本人曾承认他的宇宙论与布拉德雷的宇宙论接近。熊十力在回信中指出，即使布拉德雷和怀特海与他的本体论看上去相似，但骨子里恐怕不同。也就是说，熊十力不大赞成两者的相同。同样，当谢幼伟问及熊十力的“心物不二”与怀特海的“心物一体”相通时，熊十力又说，虽然两者大趋势相通，但各家持有的内容与根本观念是互异的，即他否认与怀特海哲学基本概念和内容上的相同。而通观《新唯识论》中屡次提到他与怀特海、柏格森、康德等西方哲学的不同，用他本人的说法，即“自认与西洋哲学不同之点，在于本体之认识，恃性智而不恃量智”。[2] 具体说，熊十力认为怀特海、柏格森、康德等西洋哲学也说“本体”，但他们以“量智”谈本体，把本体视为外在的东西，通过理性分析、

[1] 熊十力:《新唯识论》(语体文本)，第679页。
[2] 熊十力:《新唯识论》(语体文本)，第681页。

思维构画来获得；而他以“性智”谈本体，不是向外追求本体，而是通过“体认”、“证会”的工夫自见自明本体。那么现在要问：熊十力的此种“判教”合理吗？熊十力把握本体的方式与怀特海不同吗？二者的内容与根本概念真是互异吗？要回答此种问题，必须对熊十力与怀特海哲学的本体论和基本概念进行一番比较。

二、创生——最高的本体

熊十力非常重视本体论问题，《新唯识论》的宗旨，就是对本体的思索。熊十力指出，与科学相比，哲学建本立极，只是本体论；哲学上的根本问题，就是本体与现象。[1]

而本体，就是万物万化（即现象）的根源。熊十力反对一般哲学家把本体当作离我的心而外在的物事而推求，认为如果这样，他们就用理智分析而构画出一个物事而作为本体。他一再强调，本体不能用“量智”来获得，其实，本体不是离我的心而外在的物事，必须反诸本心，体认、证会和觉悟我的本心，才是我身与天地万物所同具的本体，即本体只能用“性智”来获得。

熊十力的本体，可从形式和实质两方面理解。就形式而言，本体一方面具有空寂至无的面向，即本体是无形无相、虚灵明觉、圆满无缺、摄涵众理的；它“独立无匹”，虽不离经验而又不滞于经验。另一方面，本体又具“妙有”的面向，即本体发用而遍现为一切物；由于本体无形无相无方所，本体不能自我表现而只能凭借万物而表现。

[1] 熊十力：《新唯识论》（语体文本），第464页。

以上是从形式方面说本体，但熊十力又指出，本体绝不是空洞的形式，空洞的形式不可能发用变现为一切物的。因此，本体具有实质的方面。从实质上看，本体就是“能变”，亦称“恒转”，它是万物万化产生的根源。“恒转”，是“转变不息之本体”而言，它本身只是一种“动势”[1]、“大动力”[2]或者所谓的“功能”，而“功能”，就是“生生化化流行不息真几”。[3]并且“恒转”的动势显现为“翕辟”和“生灭”两方面。

翕与辟是本体的发显。辟，是健动而不物化的势用。“恒转”之本体是动的势用，当动的势用起时，既有一种摄聚，而此摄聚便有成为形质的倾向，这就是翕。翕，是摄聚而物化的势用。然而既有翕，便有辟，辟作为健动而不物化的势用，它能运于翕中而自为主宰，并能转翕从己的。因此，“恒转”的动势，是一翕一辟而成变化；翕辟两极，以其相互反而相互成，是一不可分割的整体。辟必待翕而后得所运用，翕必待辟而后见为流行，识有主宰。如果只有辟而没有翕，那便是空荡荡的，如此，则辟无所依据而显发自己；如果只有翕而没有辟，那便是完全的物化，如此，宇宙便是机械的死物。因此，熊十力说：“翕以显辟，辟以运翕”。[4]一翕一辟，循环不已，方显“恒转”的本色。

而“能变”之本体，还体现在生灭上。一切事物，时常变化，刹那间，故物才灭、新物生起。事物才生即灭，才灭即生。一生一灭，相续不已，才可识得本体。

---

[1] 熊十力：《新唯识论》（语体文本），第362页。

[2] 在给邓子琴的信中，熊十力把本体称为“大动力”，并强调说“力”不能理解为物理学上的“力”，而是指“神变无穷的势用”。参见《新唯识论》（语体文本）第244页。

[3] 熊十力：《新唯识论》（语体文本），第442页。

[4] 熊十力：《新唯识论》（语体文本），第328页。

熊十力论本体的内容，一方面，说翕辟；另一方面，说生灭。然翕辟、生灭密切相关，是一致的。因为，辟是流行无碍的一种势用，所以，其刹那才生即灭，无有暂住的。翕是收摄凝聚的一种势用，虽诈现物相，而实非固定底质碍的东西，所以，其亦是刹那才生即灭，无有暂住的。[1]“能变”之本体，发显为翕辟。离翕辟而外，无所谓的“能变”之本体；离“能变”之本体，亦无所谓翕辟，翕辟，只是“能变”功用的两方面，翕辟不可看作两种实有的物事。[2]

“能变”之本体，发现为翕辟两方面。然而，由于健动、向上、主宰、开发、不肯物化的缘故，辟又可名为“心”；由于摄聚、向下、顺承、闭蓄、物化的缘故，翕又可名为“物”。[3]若就翕之一方面言，则收凝物化之倾向，似成一个“极小的圈子”，故谓之翕。同时，此翕中即有虚灵无碍之神，或刚健运行其间而为之主，便谓之辟。也就是说，“极小的圈子”是翕与辟合成的。熊十力认为，由翕而成的“极小的圈子”或“动圈”，都是“一单位”，故谓之“小一”，它看上去像有“粒子性”，这是物质宇宙的基本。[4]许多“小一”相互比合而形成“系群”，就是“物”。[5]然而，由翕而成的“极

[1] 熊十力：《新唯识论》(语体文本)，第347页。

[2] 熊十力：《新唯识论》(语体文本)，第441—442页。

[3] 熊十力：《新唯识论》(语体文本)，第328—329页。

[4] 熊十力：《新唯识论》(语体文本)，第476页。

[5] 熊十力：《新唯识论》(语体文本)，第494页。另外还得指出，熊十力在讨论万物的生成时，其前后思想有所不同。在前期，他以“动圈”为宇宙的基本单位，但他认为“动圈”是亦虚亦实，非虚非实的，佛学是色彩浓厚。在后期的《体用论》和《乾坤衍》中，他以“质力结成轻微流动的细分”最为宇宙的基本单位，细分结成小集体，小集体再结成全体。他一再强调，“细分”如同“气”一样，它是流动不息而没有固定形相，虽然他认为“质”宜凝敛而“力”主发散，侧重于从功能活动方面讲“细分”，但他以现代物理学常用的“质力”概念来描述“细分”，它已有质实的特征而没有佛学空虚的味道。

小的圈子"之所以形成，在于"辟"为之主宰，这个主宰就是"本心"或"大心"。因此，"小一"单位，包涵有心与物两面而合一。[1]然而此"本心"，就是"生生化化流行不息真几"，或者是仁。

总之，熊十力的本体，其内容就是"恒转"的功能或动力，也就是"生生化化流行不息真几"或仁心。此本体通过翕辟成变、即灭即生而显现为万物。其中，本体是万物的根本，万物是本体的发用，二者之间，不可割裂。以此，熊十力建立了以"本心恒转"范畴为核心的形而上学，以之解释生命流行的宇宙。

怀特海出于英美新实在论阵营，新实在论一般反对形而上学，然怀特海却属于歧出，他非常重视形而上学的"第一原理"问题。怀特海指出，哲学家的目的，是最终要制定出形而上学的第一原理。怀特海认识到把握"第一原理"的困难。他说，虽然第一原理在理论上是可以认识的、洞见的，但是，通过经验观察和差异分析法很难认识第一原理，必须用"想象力"来弥补不足。[2]怀特海把第一原理，有时称为"基本概念"。他指出，所有的哲学理论都有其"基本概念"，在他的机体主义哲学中，这一基本概念是"创造性"。

怀特海说，"创造性"，不同于一元论哲学（如斯宾诺莎哲学或绝对唯心主义）的基本概念——如"上帝"或"绝对"，机体哲学的基本概念似乎更接近于印度和中国思想的某些特征，而不是更接近于西亚或欧洲人的思想。[3]为此，以"创造性"为基本概念，怀特海建构了形而上学体系。

怀特海指出，"创造性"是宇宙得以生成存在的最终理由。他

[1] 熊十力：《新唯识论》(语体文本)，第488页。

[2] Alfred. North. Whitehead. *Process and Reality*, p.4.

[3] Alfred. North. Whitehead. *Process and Reality*, p.7.

认为，宇宙之所以存活下来，是“因为存在着基于创造性的秩序。”由于这一秩序，“创造力”（creative energy）将宇宙聚集成一个统一体。[1]“创造性”是终极性范畴，它是所有其他范畴的先决条件。他说：“创造性”是诸共相的共相，它刻画了终极事实的特征。创造性是终极原理，惟有借此原理，“多”——即分离的宇宙，成为一个统一体的现实事态——即联合的宇宙。“多”进而成为复杂的统一体，这是事物的本性所致。[2]这里所谓的“创造性是诸共相的共相”，即创造性是最高的、最终极的范畴和原理，所有其他范畴和原理必须根据“创造性”范畴才得以理解。怀特海又说：“创造性如亚里士多德的‘质料’一样，没有属于自己的特征。作为现实性基础的是那个终极的最高概括的概念，它是不能加以刻画的，因为所有特征都比它自身更加特殊”。[3]或者如他所说：“个体事实是一个创造物，创造性则是一切形式背后的最根本原因，它不能用形式来解释，且受到它的创造物的规定。”[4]可见，按怀特海的说法，“创造性”不能用形式、特征等抽象的东西加以把握，因为一切形式、特征，都是最高范畴——“创造性”所派生出来的次一级的概念。

然而，“创造性”虽不能用抽象的范畴来刻画，但可以通过具体事实来把握，因为它受到“具体事实”（即“创造物”）的规定。怀氏曾说：“任何实有都不脱离创造性概念。一个实有至少是这样一种特殊形式：它能够把它自己的特殊性注入到创造性之中”。[5]这里所谓

[1] 怀特海：《宗教的形成、符号的意义及效果》，贵州人民出版社，2007年，第39页。

[2] Alfred. North. Whitehead. *Process and Reality*, p.21.

[3] Alfred. North. Whitehead. *Process and Reality*, p.31.

[4] Alfred. North. Whitehead. *Process and Reality*, p.20.

[5] Alfred. North. Whitehead. *Process and Reality*, p.213.

的“一个实有”，就是“具体事实”。每一具体事实，“它能够把自己的特殊性注入到创造性之中”，也就是“创造性”受到“创造物所规定”的意思。简单地说，“创造性”依赖具体事实使自己现实化，并由具体事实来体现；即我们通过具体事实的产生来把握“创造性”原理。也就是说，创造性内在于每一具体事物或每一创造物中，它体现在每一具体事物的自我创造活动中。怀特海说：“不存在两个实有，即一个是创造性，另一个是创造物。只有一个实有，那就是自我创造的创造物”。[1]

总之，创造性是宇宙所有事物的终极根源，宇宙中的一切事物都是通过它而来的。在形式上，创造性是终极范畴，是“诸共相的共相”，它不可描述，也不能用抽象概念加以把握。在实质上，创造性是纯粹的创造活力，此创造性功能，表现在“合生”（concrescence）与“转化”（transition）两方面，通过“合生”与“转化”，宇宙万物凝聚生成、新新不已。怀特海认为，创造性促成了世界万物的产生，并通过万物来体现自己，而具体每一物是创造性原理的一个例子。

现在，如果来比较熊十力与怀特海的形而上学便会发现，熊十力强调的“本体”，就是怀特海所谓的“第一原理”。他们所谓的“本体”或“第一原理”，都是指一切现象得以生成的根本原因。而且，从形式上看，“本体”或“第一原理”不同于具体有形的事物或事物的关系，它是纯粹的形式和终极原理，具有超越于万物万事的面向，因此，仅凭经验观察和理智分析是难以把握的。然而另一方

[1] 怀特海：《宗教的形成、符号的意义及效果》，贵州人民出版社，2007年，第35页。

面，本体不超离于万物而在万物之中。就实质而言，怀特海的“创造性”与熊十力的“恒转”或“生生化化流行不息真几”，实际都是指宇宙生命的创生力。而熊十力的“翕”相当于怀特海的“合生”，指物之生成过程的“凝聚综合功能”；而“辟”相当于怀特海的“转化”，指物之生成过程的“开辟创进功能”。也就是说，他们都认为，宇宙生命的创生力具体体现在聚合和新生两方面。总之，熊十力与怀特海以宇宙生命的创生力为最高的本体，体现了生命哲学的特质。当然，两者的本体论大同小异，相异之处主要表现在对本体的认识上。熊十力认为，对生生不息之创生力，用理智分析方式很难把握，必须反诸自身，来体认、证会自身的生命力就是天地万物的生命力。然而，怀特海虽然也认为“创造性”既不能描述刻画，又不能用抽象的概念把握，必须重视直觉想象力在把握本体中的作用。其“直觉想象力”亦含有“体认”的意思，但他终究没有明确提出“体认”、“证会”的方法，他本人则还是更多用推理论证来讨论本体，这是两人最大的不同。

三、真实存在——本体的例示

在《新唯识论》里，最基本的存在是“小一”。“小一”是“极小的圈子”，它是“一单位”，看上去似有“粒子性”。“小一”，是物质宇宙的基本，许多“小一”相互比合所形成的“系群”，就是“物”。熊十力指出，“小一”一刹那间，才生即灭，才灭即生。譬如，甲小一，初刹那才生即灭，次刹那继起，也复即灭，据此可见，甲小一，没有丝毫的留住。然而，小一,一生一灭，相续不已，没有断绝。譬如一人之身，虽是不断新陈代谢的，但此人身还是相续不断的。因此，小一，既不能说是持久常驻的，又不能说是相断的，而是“非常非断的”。不仅如此，“小一”或“系群”，是心与物合一、翕与辟合一，由翕而凝成“物”，总有由“辟”健动之“心”为主宰。也就是说，通过每一“小一”所涵的主宰，都可发现生生不息的“本体”。或者说，每一“小一”，都是“本体”的体现。

怀特海认为，世界上基本而真实的存在，就是“现实存在体”或“现实事态”。“现实存在”，亦称“现实事态”——是构成世界的终极实在物。在现实存在的背后不可能找到任何更实在的事物。现实存在之间，彼此不同：上帝是一个现实存在，遥远太空中的一缕细微的存在也是一个现实存在。虽然它们各自的重要性等级不同，作用各异，然而就现实性说明的原理而言，它们都是在同一层面上的，所有的事实都一样是现实存在。[1]他认为，现实存在（或现实事态）是构成世界的终极实在事物（the final real things），即它是组成世界的要素。宇宙中的任一事物，都是一现实存在。而现实存在是一事物摄受诸多其他事物而成为完整的统一体，它是一个“合生”。现实存在是一个生成过程，或者说，现实存在是由时间上前后相续的生成活动所构成的生命轨迹；而特定时间段的现实存在，就是“现实事态”。由此，在怀特海看来，任一现实事态，是转瞬即逝的，不可重复的，然而就先前事态与继起事态前后相续、连绵不已而构成一现实存在的生命轨迹来说，现实存在是相续不断的。

怀特海还指出，创造性内在于每一具体事物或每一创造物中，它体现在每一具体事物的自我创造活动中；而此创造性活动，表现

[1] Alfred. North. Whitehead. *Process and Reality*, p.18.

在具体事物的“合生”（concrescence）与“转化”（transition）两方面。“合生”，就是一事物摄受其他事物而成为完整的统一体，它是从“多”至“一”，这是一事物自我综合、自我组织的过程。而“转化”，是指该事物又被其他事物所摄受而成为其他事物的一部分，它是从“一”至“多”，这是一事物向另一事物的变型创进的过程。在事物的生成创化过程中，“合生”与“转化”相互联系，不可分割，永不间断，如果没有“合生”，就没有万物；没有“转化”，就没有自然的进展。怀特海认为，现实存在的生成过程，体现为精神活动与物质活动两方面。精神活动，是事物自身实现其理想形式的欲望，它与永恒客体的摄受相关，又称“概念极”（conceptual pole）。而物质活动，是指当前事物吸收或继承过去事物之能量、信息的活动，它与具体事物的摄受相关，又称为“物质极”（physical pole）。

如果比较熊十力与怀特海对真实存在的讨论，会发现两人有很大的一致性。熊十力的“小一”，相似于怀特海的“现实存在”。他们都认同“小一”或“现实存在”，一方面是刹那变化，毫无持久性的；另一方面，事物的变化活动，前后相继，流转不断，熊十力称之为“非常非断的”。另外，“小一”或“现实存在”，都是本体的体现，或者说，每一“小一”或“现实存在”，都内含着最高本体。当然，两者的差异也很明显。熊十力与怀特海虽强调真实存在是心与物的统一，但心与物的内涵却各自不同。熊十力的“心”是指生命力向上提升而不物化的势用，而怀特海的“心”，是指事物自身实现其理想形式的势用；熊十力的“物”是指生命力向下凝聚而物化的势用，而怀特海的“物”，是指事物吸收或继承先前事物的能量或信息的活动。熊十力论“物”，只强调它是本体的功用；他说“物”，只是让我们假借“物”见“本体”，似乎不太重视“物”的实在性。

而怀特海论“物”，则肯定了“物”作为能量或信息的实在性。特别是熊十力由“生生不息之创生”而上达“本心”，最后挺立起“仁”本体论，成就自己的道德形上学，而怀特海的形上学则缺失了道德形上学的部分。由此可见，两者是相似而不相同的。正如前面熊十力所说的，《新唯识论》的“心物不二”与怀特海的“心物一体”，虽然两者大趋势相通，但各家持有的内容与根本观念互异。熊十力的这段辨证，虽放大了他与怀特海思想的差异处，但指出的二者的不同，仍有其确然之处。

参考文献

中文：

[1]《朱子语类》，中华书局点校本 1986 年。

[2]《朱文公文集》，四库全书本。

[3]《四书集注》，中华书局点校本，1983 年。

[4]《朱子全书》，上海古籍出版社、安徽教育出版社，2002 年。

[5]《近思录》，陈荣捷注本，华东师范大学出版社 2007 年。

[6] 陈淳:《北溪字义》，中华书局，1983 年。

[7]《张载集》，中华书局，1978 年。

[8]（英）怀特海著，周邦宪译:《过程与实在》（二卷），贵州人民出版社，2006 年。

[9]（英）怀特海著，杨富斌译:《过程与实在》，中国城市出版社，2003 年。

[10]（英）怀特海著，杨富斌译:《过程与实在——宇宙论研究》（修订版），中国人民大学出版社，2013 年。

[11]（英）怀特海著，李步楼译:《过程与实在——宇宙论研究》，商务印书馆，2011 年。

[12]（英）怀特海著，周邦宪译:《观念的冒险》，贵州人民出版社，2000年。

[13]（英）怀特海著，刘放桐译:《思维方式》，商务印书馆，2004年。

[14]（英）怀特海著，韩东晖、李红译:《思维方式》，华夏出版社，1999年。

[15]《怀特海文录》，浙江文艺出版社，1999年。

[16]（英）怀特海著，何钦译:《科学与近代世界》，商务印书馆，1989年。

[17]（英）怀特海著，傅佩荣译:《科学与近代世界》，台湾立绪文化公司出版社，2002年。

[18]（英）怀特海著，张桂权译:《自然的概念》，中国城市出版社，2002年。

[19]（英）怀特海，周邦宪译:《宗教的形成、符号的意义及效果》，贵州人民出版社，2007年。

[20]（美）菲利普·罗斯著，李超杰译:《怀特海》，中华书局，2002年。

[21]怀特海著，徐汝舟译:《教育的目的》，生活·读书·新知三联书店，2002年。

[22]（美）卢西恩·普赖斯著，周邦宪译:《怀特海谈话录》，商务印书馆，2020年。

[23]（日）田中裕著，包国光译:《怀特海：有机哲学》，河北教育出版社，2001年。

[24]陈奎德:《怀特海哲学演化概论》，上海人民出版社，1988年。

［25］陈奎德:《怀特海》，台北东大图书公司出版社，1994 年。

［26］（美）维克多·洛著，杨富斌、陈伟功译:《怀特海传》，商务印书馆，2018 年。

［27］（美）约翰·布坎南著，陈英敏，刘玉译:《万物有情论：怀特海与心理学》，北京大学出版社，2017 年。

［28］但昭明:《从实体到机体：怀特海本体论研究》，人民出版社，2015 年。

［29］（美）罗伯特·梅乐斯著，周邦宪译:《过程—关系哲学浅释》，贵州人民出版社，2009 年。

［30］黄铭:《过程与拯救怀特海哲学及其宗教文化意蕴》，宗教文化出版社，2006 年。

［31］俞懿娴著:《怀特海自然哲学：机体哲学初探》，北京大学出版社，2012 年。

［32］（美）白诗朗著，陈浩译:《论创造性朱熹、怀特海和南乐山的比较研究》，中国社会科学出版社，2012 年。

［33］（美）大卫·雷·格里芬著，周邦宪译:《怀特海的另类后现代哲学》，北京大学出版社，2013 年。

［34］（美）唐力权著:《周易与怀德海之间》，辽宁大学出版社，1997 年。

［35］（美）唐力权著，宋继杰译:《脉络与实在——怀特海机体哲学之批判的诠释》，中国社会科学出版社，1998 年。

［36］吴汝钧:《机体与力动：怀特海哲学研究与对话》，台湾商务印书馆，2004 年。

［37］杨士毅:《怀海德哲学》，台北东大图书公司出版社，1987 年。

[38] 杨士毅:《怀特海哲学入门》, 台北扬智文化出版社, 2001 年。

[39] 杨富斌,(美)杰伊·麦克丹尼尔:《怀特海过程哲学研究》, 中国人民大学出版社, 2018 年。

[40] 王锟:《怀特海与中国哲学的第一次握手》, 北京大学出版社, 2014 年。

[41] 程石泉:《中西哲学合论》, 上海古籍出版社, 2007 年。

[42] 谢幼伟:《怀黑德的哲学》, 台北先知出版社, 1972 年。

[43] 谢幼伟:《现代哲学名著述评》, 正中书局, 1947 年。

[44] 张申府:《所思》, 生活·读书·新知三联书店, 1986 年。

[45] 熊十力:《新唯识论》(语体文本), 中华书局, 1985 年。

[46] 熊十力:《十力语要》, 中华书局, 1996 年。

[47] 李存山编:《张岱年选集》, 吉林人民出版社, 2005 年

[48] 贺麟:《五十年来的中国哲学》, 商务印书馆, 2002 年。

[49] 贺麟:《哲学与哲学史论文集》, 商务印书馆, 1990 年。

[50] 张学智编:《贺麟选集》, 吉林人民出版社, 2005 年。

[51] 牟宗三:《周易的自然哲学与道德函义》, 台北文津出版社, 1989 年。

[52] 牟宗三:《寂寞中的独体》, 新星出版社, 2005 年。

[53] 牟宗三:《周易哲学讲演录》, 华东师大出版社, 2004 年。

[54] 牟宗三:《人文讲习录》, 广西师范大学出版社, 2005 年。

[55] 金岳霖:《论道》, 商务印书馆, 1987 年。

[56] 金岳霖著, 刘培育编,《道、自然与人——金岳霖英文论著全译》, 生活·读书·新知三联书店, 2005 年。

[57] 唐君毅:《哲学概论》, 中国社会科学出版社, 2005 年。

[58] 唐君毅:《中国哲学原论》，中国社会科学出版社，2005年。

[59] 唐君毅:《中国文化之精神价值》，广西师大出版社，2005年。

[60] 方东美:《生命理想与文化类型》，中国广播电视出版社，1992年。

[61] 方东美:《科学哲学与人生》，上海商务印书馆，1937年。

[62] 方东美:《生生之德》，台北黎明文化事业出版社，1980年。

[63] 方东美:《华严宗哲学》(下)，台北黎明文化事业公司，1981年。

[64] 成中英:《从中西互释中挺立》，中国人民大学出版社，2005年。

[65] 庞景仁:《马勒伯朗士的“神”的观念与朱熹的“理”的观念》，商务印书馆，2005年。

[66] 张东荪:《思想与社会》，辽宁教育出版社，1998年。

[67] 冯友兰:《中国哲学史》，华东师范大学出版社，2000年。

[68] 劳思光:《新编中国哲学史》(三卷)，广西师范大学出版社，2005年。

[69] 张君劢:《中西印哲学文集》(下)，台湾学生书局，1981年。

[70] 张君劢:《新儒家思想史》，中国人民大学出版社，2006年。

[71] 黎建球:《朱熹与多玛斯形上思想的比较》，台湾商务印书馆，1978年。

[72](美)孟德卫著，张学智译，《莱布尼茨和儒学》，江苏人民出版社，1998年。

[73] 杨祖汉:《儒学与康德的道德哲学》，台北文律出版社，1987年。

[74] 金春峰:《朱熹哲学思想》，台北东大图书公司，1998年。

[75] 李约瑟:《中国科学技术史》第二卷《科学思想史》，科学出版社、上海古籍出版社，1990年。

[76] M. 怀特:《分析的时代》，商务印书馆，1964年。

[77] 王治河:《中国过程研究》(第1辑)，中国社会科学出版社，2004年。

[78](美)安乐哲著，田辰山、温海明译:《"生生"的中国哲学——安乐哲学术思想选集》，人民出版社，2021年。

[79](美)郝大维、安乐哲著，何刚强译:《先贤的民主：杜威、孔子与中国民主的希望》，江苏人民出版社，2004年。

[80] 郝大维、安乐哲著，施忠连等译:《孔子哲学思微》，江苏人民出版社，1996年。

[81] 郝大维、安乐哲著，施忠连等译:《期望中国——中西哲学文化比较》，学林出版社，2005年。

[82] 郝大维、安乐哲著，施忠连译:《汉哲学文化探源》，江苏人民出版社，1999年。

[83] 陈荣捷:《朱子新探索》，华东师大出版社，2007年。

[84] 陈荣捷:《朱学论集》，华东师大出版社，2007年。

[85] 陈荣捷:《朱子门人》，华东师大出版社，2007年。

[86] 陈荣捷:《朱熹》，台北东大出版社，1980年。

[87] 陈荣捷:《中国哲学文献选编》，江苏教育出版社，2006年。

[88] 陈荣捷编著，杨儒宾等译:《中国哲学文献选编》，台北巨流图书公司出版社，1993年。

[89] 陈荣捷:《近思录详注集评》，华东师范大学出版社，2007年。

[90] 朱谦之:《中国哲学对欧洲的影响》，河北人民出版社，

1999年。

[91] 谢扶雅:《巨流点滴》，香港基督教文艺出版社，1970年。

[92] 谢扶雅:《宗教哲学》，山东人民出版社，1998年。

[93] [韩] 金永植著，潘文国译:《朱熹的自然哲学》，华东师范大学出版社，2003年。

[94] 蒙培元:《理学范畴系统》，人民出版社，1989年。

[95] 钱穆:《朱子新学案》，巴蜀书社，1986年。

[96] 陈来:《朱子哲学研究》，华东师大出版社，2000年。

[97] 陈来:《新原仁：仁学本体论》，生活·读书·新知三联书店，2014年。

[98] 张立文:《朱熹思想研究》，中国社会科学出版社，1981年。

[99] 刘述先:《朱子哲学思想的发展及完成》，台湾学生书局，1982年。

[100] 金春峰:《朱熹哲学思想》，台北东大图书公司，1998年。

[101] 石力善:《战后日本朱子学研究述评：1946—2006》，选自《鉴往瞻来——儒学文化研究的回顾与展望》，复旦大学出版社，2006年10月。

[102] 王治河、樊美筠著:《第二次启蒙》，北京大学出版社，2011年。

[103] 吴森:《比较哲学与文化》(1、2卷)，台北东大图书公司，1978年。

[104] 俞懿娴:《怀特海的自然哲学：机体哲学初探》，北京大学出版社，2012年。

[105] 孙智燊主编、俞懿娴校注:《广大和谐：比较哲学与文化——纪念方东美先生诞辰双甲子》，台湾时英出版社，2019年。

[106] 沈清松:《现代哲学论衡》，台北黎明文化事业公司，1985 年。

[107] 吴怡:《生命的哲学》，台北三民书局，2004 年。

[108] 俞懿娴:《圆融与机体——论方东美、程石泉二先生的核心思想》,《孔子研究》2006 年，第 3 期。

[109] [美] 小约翰・科布著，张学广译:《怀特海的价值理论》,《中国过程研究》第一辑，中国社会科学出版社，2004 年。

[110] 姜允明:《熊十力与怀特海的机体论哲学》，中国文化大学哲学所编《东西哲学比较论文集》(上册)，1989 年。

[111] 杨国荣:《成己与成物——意义世界的生成》，人民出版社，2010 年。

[112] 杨国荣:《意义世界的生成》,《哲学研究》2010 年第 1 期。

[113] 陈少明:《作为精神现象之“物”》,《孔学堂》2021 年第 4 期。

[114] 陈来:《中国文明的哲学基础是宇宙观》,《人民论坛报》2016 年 6 月 27 日。

[115] 白诗朗著，俞懿娴译:《道学是否为过程哲学》,《哲学与文化》2007 年第 6 期。

[116] 蒙培元：“所以然”与“所当然”如何统一？——对朱子的一个解释，http://confucius2000.com/writer/mengpeiyuan.htm。

[117] 郭齐勇：从场有哲学的视域看中国哲学的特性，http://www.confuchina.com。

[118] 金春峰:《宋明理学若干特性的再认识》,《陕西师范大学学报》，2008 年第 4 期。

[119]《人类文明新形态与生态文明——世界著名后现代思想家

小约翰·柯布访谈录》,《世界哲学》2022 年第 1 期。

[120] 樊美筠:《怀特海美学初探》,《江苏社会科学》2015 年第 3 期。

[121] 成中英:《论重新诠释、理解与评价朱子》,《文史知识》2006 年第 6 期。

[122] 贡华南:《"咸":从"味"到"感"》,《复旦学报》2007 年第 4 期。

[123] 王锟:《天地以生物为心——朱熹哲学的"生本论"》,《哲学研究》2006 年第 2 期。

[124] 王锟:《论朱熹的生命哲学》,《光明日报》2020 年 7 月 18 日。

[125] 张俊:《中西会通的生命哲学建构:方东美与罗光两模式》,《南京大学学报》2019 年第 3 期。

外文:

[1] Alfred. North. Whitehead, *The Concept of Nature*, Cambridge, The University Press, 1971.

[2] Alfred. North. Whitehead, *Adventures of Ideas*, New York, The Free Press, 1961.

[3] Alfred. North. Whitehead, *Process and Reality*, NewYork, The Free Press, 1978.

[4] Alfred. North. Whitehead, *Mode of Thought*, New York, The Free Press, 1961.

[5] Alfred. North. Whitehead, *Essays in Science and Philosophy*, New York, Philosphical Library, 1947.

[6] Alfred. North. Whitehead, *The Function of Reason*, Boston, Beacon Press, 1958.

[7] Alfred. North. Whitehead, *Religion in the Making*, New York, Macmillan Company, 1927.

[8] Wing-tsit Chan: *The Study of Chu His in the West*, the Journal of Asian Studies, Vol.35. No.4, 1976.

[9] Wm. Theodore de Bary, Wing-tsit Chan（陈荣捷）, Burton Watson 编，*Sources of Chinese Tradition*, New York, Columbia University Press, 1960 年。

[10] Wing-tsit Chan 编译，*A Source Book in Chinese Philosophy*, Priceton University Press, 1963 年。

[11] olaf Graf 译，*Dschu His, Djinsilu, die Sungkonfuzianische Summa mit dem Kommentar des Yatsai*, 东京，Sophia 大学，1953 年。

[12] Wing-tsit Chan 译，*Reflections on Things at Hand*, Columbia University Press, 1967 年。

[13] Olaf Graf, Tao and Jen: *Sein und Sollenimsung chinesischen Monismus*, Wiesbaden, Otto Harrassowitz, 1970.

[14] David Yu, "*A Comparative Study of the Metaphysics of Chu Hsi and A. N. Whitehead*" (Ph.D. disserertation, University of Chicago, 1959).

[15] David. C.Yu（俞检身），*Chu His's Approach to Knowlegde*, Chinese Culture, 第 10 卷，1969 年，第 4 期。

[16] David. C.Yu（俞检身），*The Conceptions of Self in Whitehead and Chu His*, Journal of Chinese Philisophy，第 7 卷，1980 年，第 2 期。

[17] Julia Ching, "*God and the World: Chu His and Whitehead*",

Journal of Chinese Philisophy, 第 3 卷，1979 年，第 3 期。

［18］John Berthrong, “Inventing Zhu Xi: Process of Principle.” Journal of Chinese Philosophy, 第 32 卷，2005 年，第 2 期。

［19］Cheng, Chung-Ying. “*Categories of Creativity in Whitehead and Neo-Confucianism*”, Journal of Chinese Philosophy, 1979 年，第 6 期。

图书在版编目(CIP)数据

朱熹与怀特海哲学比较研究/王锟著.—上海:
上海三联书店,2023.10
ISBN 978-7-5426-8260-4

Ⅰ.①朱… Ⅱ.①王… Ⅲ.①朱熹(1130-1200)-
哲学思想-研究②怀特海(Whitehead, Alfred North
1861-1947)-哲学思想-研究 Ⅳ.①B244.75②B561.52

中国国家版本馆 CIP 数据核字(2023)第 190533 号

朱熹与怀特海哲学比较研究

著　　者 / 王　锟

责任编辑 / 徐建新
装帧设计 / 一本好书
监　　制 / 姚　军
责任校对 / 王凌霄　赵莉生　张　瑞

出版发行 / 上海三联书店
(200030)中国上海市漕溪北路 331 号 A 座 6 楼
邮　　箱 / sdxsanlian@sina.com
邮购电话 / 021-22895540
印　　刷 / 上海惠敦印务科技有限公司

版　　次 / 2023 年 10 月第 1 版
印　　次 / 2023 年 10 月第 1 次印刷
开　　本 / 890mm×1240mm　1/32
字　　数 / 260 千字
印　　张 / 11
书　　号 / ISBN 978-7-5426-8260-4/B·866
定　　价 / 78.00 元

敬启读者,如发现本书有印装质量问题,请与印刷厂联系 021-63779028